안티호모에렉투스

박동환
철학선집 III

안티호모에렉투스

사월의책

안티호모에렉투스

1판 1쇄 발행 2017년 4월 1일
(초판 2001년 3월 1일 도서출판 길)

지은이 박동환
펴낸이 안희곤
펴낸곳 사월의책

편집 박동수
디자인 김현진

등록번호 2009년 8월 20일 제396-2009-126호
주소 경기도 고양시 일산동구 무궁화로 7-45 451호
전화 031)912-9491 | 팩스 031)913-9491
이메일 aprilbooks@aprilbooks.net
홈페이지 www.aprilbooks.net
블로그 blog.naver.com/aprilbooks

ISBN 978-89-97186-67-9 94100
ISBN 978-89-97186-64-8 (세트)

* 책값은 뒤표지에 있습니다.
* 이 도서의 국립중앙도서관 출판예정도서목록(CIP)은 서지정보유통지원시스템 홈페이지(http://seoji.nl.go.kr)와 국가자료공동목록시스템(http://www.nl.go.kr/kolisnet)에서 이용하실 수 있습니다.
(CIP제어번호: CIP2017004100)

한 조각의 철학적 회고 3

"지금도 철학은 연구되고 있는 학문일까?" 이것이 내가 소년시절 어느 시골 피난지에서 철학을 공부하고 싶다는 생각을 할 때 가지고 있었던 가장 궁금한 질문이다. 그때는 1950년에 일어난 한국전쟁이 잠시 휴전상태로 들어가서 모든 것이 예측할 수 없는 상황이었다. 그런가 하면 세계에서는 2차 대전이 끝나고 과학과 산업문명이 막 폭발적으로 발전하는 단계에 들어가서 철학이라는 고대적인 학문은 점차 그 용도가 소멸되어 갈수도 있다는 전망을 말하는 분들도 있었다.

그 후 대학에 들어가 철학을 전공으로 잡은 다음에도 나는 과연 이것이 나의 일생을 걸만한 주제인지를 수없이 돌이켜 봤다. 이 책은 자기의 일생을 건 학문에 대해 거의 방관자 아니면 비평가의 관점에서 바라본 결과로 얻은 산물이라고 볼 수 있다.

현대 고고학은 철학자들에게 두 가지 돌이켜 볼 문제의 안건을 가져다준다. 하나는 인류의 문명이 이룬 정신적 업적의 으뜸으로 자부하는 철학의 3000년 역사가 적어도 150만 년 전의 출발점으로 이어져야 한다는 것이다. 현대문명의 첨단을 대표하는 고도의 산업문명과 그것을 뒷받침하는 과학의 기본범주와 그 체계가 원시 인류 호모에렉투스가 발명했던 연장 돌도끼와 그에 따르는 존재양식과 관점의 변화에 크게 다를 바 없다는 생각이다. 이렇게 호모에렉투스가 가져온 관점 변화의 연장선 위에서 고대 그리스철학과 고대 중국철학을 분석하는 실험이 이 책 Ⅱ장에서 '유(類)들의 생태분석'이라는 문제 아래에 정리되어 있다.

다른 하나는 자연의 개체생명들이 시간의 흐름 가운데서 몸을 드러냈다가 그 잠깐의 흔적을 남기며 사라진다는 한없이 가벼운 존재감이다. 고고학자를 따라 지층 아래로 더 내려가면 고생태학자(paleo-ecologist)들이 캐어내는 수천만 수십억 년의 기억, 곧 다양한 존재양식들을 가지고 살았던 고대 생명의 흔적들을 만난다. 그런 고대 생명의 존재양식들과 현대 인류의 존재양식 사이에 어떤 차이가 있는 것인가? 이렇게 생명이 거쳐 온 긴 변화의 시간대를 배경으로 현대 인류의 생존양식과 그의 존재론 또는 세계관을 해석 평가하며 재구성해야 할 필요가 생긴 것이다. 이를테면 '나는 누구인가?' '어디서 와서 어디로 가는가?' 이렇게 되풀이하는 그러나 아무도 시원하게 해답해 주지 않는 우리들의 질문은 우주와 그 안에 출현한 생명의 긴 시간대에 투영시켜 다시 돌아볼 수밖에 없게 되었다.

우리들이 세상에서 부딪치며 겪는 사건과 경험 가운데서 어떤 것을 잡고 이것이 무엇'이다'라고 그 자체의 불변하는 같음을 확인할(identify) 수 있는 방법이 없다. 왜 그럴까? 당대에 거의 미친 생각으로 취급될까 두려워 출판하기를 꺼렸던 지동설의 이론가 코페르니쿠스(N. Copernicus, 1473-1543)가 일으킨 관점의 혁명이 있은 다음 지구는 더 이상 우주의 중심이 아니다. 인류가 중심이 되어 이루어 놓은 듯한 6천 년 아니면 수만 년의 문명과 그 역사는 수십억 년에 걸쳐 일어난 우주와 생명의 역사 가운데의 한 짧은 에피소드로 기억될 날이 올 것이다. 아직도 세계의 통치자들 그리고 특히 철학자들은 그들이 세계를 이해함에 있어 판단의 주체인 것처럼 생각한다. 『안티호모에렉투스』는 그 '안티'로써 인류의 역사를 역행하고 있는 것이 아니라 인류의 존재양식과 그의 역사 그리고 그의 미래에 대한 질문 또는 반성과제를 제안하고 있는 것이다. (161211)

초판의 머리말(해제)

이것은 책으로 엮을 만한 것이 아니다. 계속되는 부딪힘 가운데 고쳐져야 할 것을 돌이켜 보기 위해 묶어 놓은 것이다. 여기 놓은 것은 그 고침이 전제되어 있는 두 가지 가설이다. 하나는 지난 3천 년 동안 이루어져 온 인류의 철학사라는 것이, 고고학자들이 가리키는 적어도 백수십만 년 전 호모에렉투스의 출현과 그 증명된 생존 양식으로부터 시작하는 것으로 보는 것이다. 호모에렉투스로부터 현대철학자에 이르기까지 나타나는 하나의 긴요한 생명행태로서 탐구행위가 '해답의 논리'로 간추려져 있다. 그 해답의 논리에 따라 희랍의 도시문명 가운데서 1표의 세계 인식과 모임형식이, 先秦 도시문명 가운데서 2표의 세계 인식과 모임형식이 이루어지는 것으로 본다.

다른 하나는 태고로부터 변함없이 펼쳐져 왔을 생명행태로서 탐구행위 가운데 해답의 논리 밖에 '물음의 논리'로 대표되는 3표의 세계 인식과 모임형식이 있다는 것이다. 이 물음의 논리는 도시문명 가운데서 완성된 해답의 논리보다 원시적이지만 오히려 영원한 생명의 탐구행위로 이어져 온 것이다. 물음의 논리가 해답의 논리보다 깊이 들어가게 해주는 가장 으뜸되는 일은 그것이 인간 경험의 암호 성격 또는 [ ]에 빠져 있음을 가르쳐 주는 것인데 이러한 경험의 모양이 전통적 경험분석의 잉여 지대에도 드러나 있음을 본다. (00.7.31)

마디나뉨

새판의 머리말 5
초판의 머리말(해제) 9
마디나뉨 11
마디엮임 13
프로젝트 안티호모에렉투스 17

Ⅰ 생명의 논리

1. 끝없는 물음으로 생명이 19

2. 상대의 다름, 절대의 다름 31

Ⅱ 도시의 類, 자연의 類: 類들의 생태분석

3. 고생태학으로 함몰하는 철학사 49

4. 古代漢語와 原始反求: 철학사 비판 1 61

ⅰ. 人文主義로서의 反求: 『論語』와 古代漢語에서
ⅱ. 原始生態로서의 反求: 殷代甲骨卜辭에서

5. 先秦 및 희랍철학 밖에서: 철학사 비판 2 101

ⅰ. 周髀와 八卦: 表란 무엇인가?
ⅱ. 集體不爭의 표
ⅲ. 우주無厚[人文]觀과 도시의 논리
1. 類들의 集體不爭과 그 논리: 對待, 無待
2. 類들의 正體爭議와 그 논리: 동일보존, 모순배제
ⅳ. 類들의 생태와 그 미지의 표: [ ]에 '빠져 있음'.

6. 대화록
정리 1: [ ]에 대하여 177
정리 2: 3표의 모임, 논리, 형이상학 182
정리 3: 질문과 응답 184

Ⅲ 암호에 다름없는 경험

7. Leibniz as empiricist 227
8. An empiricist way out 249

Ⅳ 해석과 재구(再構)

1. 김상봉/박동환 267
2. 최세만/박동환 271
3. 김상환/박동환 281

원문출처 325

마디엮임

최면의 신경생리학자 샤코(J.-M. Charcot, 1825-1893)의 영향 아래서 지그문트 프로이드가 발견했던 것처럼 억압이 제거된 마음에서 일어나는 낱말들은 자유로운, 실은 내면의 숨겨진 경험의 고리를 스스로 찾아가는 연상과 그 구도를 드러내는 것이다. 오늘 이렇게 엮인 것은 그 아래의 마디들이 굴절과 소멸, 분절과 연합을 거듭하는 가운데 내일 다른 엮음으로 변이하는 현실 세계에 대응해서 움직이는 깊은 마음의 지도와 같은 것이다. 그런데 마디 또는 낱말들을 엮어내는 내면의 고리가 어떤 이에게는 보이지 않는 데에 문제가 있다. 애써 보지 않는 데에 마음의 평화가 있다. (01.1.11)

1

강약 /강약의 고리 /먹이사슬 /약육강식 /22, 38, 218+++

모임 /모임살이 /무리지음 /51+, 80, 164+, 182, 199+ /群居 /116+, 120, 164+

類와 개체 /22+, 45+, 52, 55, 135, 151, 163+++171, 182+, 213

생명행태 /탐구행위 (물음의 논리 /해답의 논리) /9, 63, 96++, 169+ /논리형식 /문장구성법 /syntax /43+++, 74, 88+, 109+, 137, 164++, 182

생태분석 (자연생태 /도시체제) /83, 85, 163+++ /表 /대표 /지표 /척도 /metron /104+++110, 115+++, 144++, 150, 164+++, 179++

2

3표 /9, 180++, 199+++216

자연생태 /123, 182+, 199+++ /붙음살이 /171, 181++, 186+, 193, 195, 206+ /빠져있음 /함몰 /특화 /41+++46, 168+++, 179+++ /마디이음 /끝맺음 /풀이말의 방법 /한국어법 /43+++, 166, 177+ /모임형식 /9, 167, 182

접점 /tangent point /45, 97, 180, 190++, 195 /specifying the unspecifiable /46 /감 /勘 /감각 /25+, 52, 58++, 96, 168, 180

segment /subsystem /166, 258, 262+, 266 /isolated /catastrophe /251+, 254, 256, 259+++

바람 /winds /파도 /waves /34, 39, 256 /intersect /break /253+++264 /엇갈림 /이면서 아닌 /37+++, 181

절대의 다름 /시원분석 /25, 41+, 46, 58, 98, 225 /물음의 논리 (<탐구행위 <생명행태) /9, 63, 98++, 179, 220+

[ ] /암호상자 /black box /39, 43, 45++, 95++, 163+++183 /God /무한소급 /infinite regress /절대환원 /41, 168, 171, 180+++, 187+, 190, 241+++247, 256++ /무차별의 힘 /22, 23, 43, 181 /극소화 /minimizer /180, 183, 188+++, 201

안티호모에렉투스 /35+ /théologie négative /41 /原始反求 /63, 85, 97+++ / cybernetics /63, 96, 169 /카리스마 /은사 /182, 199+

3

호모에렉투스 /9, 33, 35+, 51+, 57 /돌도끼 /도구 (해답의 논리) /34, 36, 51++, 58 /극대화 /maximizer /180, 183, 188+++, 201

standpoint /perceive /reflect /232+, 239, 246+, 251, 258

상대의 다름 /42++, 46, 98 /함께 가능한 /compossible /concomitant /40, 231, 239+, 242++, 247 /모임형식 /9, 167, 182

도시문명 /도시公體 /도시체제 (집체부쟁 /정체쟁의) /9, 63, 99, 123, 137, 149+, 153++, 163+, 168, 180++, 221

인문주의 /인본주의 /65+, 94, 156, 165, 182 /우주無厚觀 /124, 129+++, 137+, 141, 149, 163+, 170

상대환원 (道 /λόγος) /42, 180+++, 187 /해답의 논리 (<탐구행위 <생명 행태) /9, 63, 97+, 193, 221

類化 /44, 180, 182+ /정합주의 /정합체계 /51, 89, 163, 168, 170

4

2표 /9, 181+

집체부쟁 /道 /81+, 111, 118+++123, 162, 163++, 177, 182

對待 /反求 /無待 /124, 131+, 165+++ /和諧 /道通爲一 /70+, 99, 132, 182, 200

無厚兩可 /122+++

兩明爭議 /反而對 /135 /相反相成 /149, 164, 167

고대한어 /현대한어 /고립어 /73+++, 79++, 164, 182 /詞類轉用 /省略 /76+, 80, 83, 88+

5

1표 /9, 181+

정체쟁의 /λόγος /137, 147+++, 156, 158, 161+++170, 182

정당화 /δικαιολογία /正義와 論理 /증명의 논리 /83+, 89, 137, 151+++161, 165+ /deductivist /pipeline /254+++258, 261+

양면논증 /dissoi logoi /adversary proceeding /109, 136, 137, 149, 155, 181

대립자의 통일 /unity of opposites /147+++

인도유럽어 /굴절어 /164, 167, 182 /주어 /주체 /subject /substance /22, 23, 34, 39, 43+++, 55, 74+++82, 84, 166+++, 178, 228+++, 236+++244, 256++

프로젝트

안티호모에렉투스

끝없는 생명의 탐구
그 물음의 논리

1
끝없는 물음으로 생명이

0004

삼십 년 전, 이십 년 전에 떠나가 없는 사람의 목소리가 더욱더 실감나게 들려오는 것은 무엇 때문인가. 그가 멀리 떠난 뒤에도 귓전에 남아 있는 소리는 어떻게 그의 있음을 절박하게 하는가. 떠나버린 이의 목소리는 어떻게 그 주인의 없음을, 없음으로 그의 있음을 알려오는가.

사라져 가는 자는 어떤 길을 따라 가는 것인가. 그도 여기 머물러 있는 자의 기억을 간직하고 떠나는가. 무엇이 사라져 가는 것을 가져가는가. 여기 머물러 있는 자는 사라져 가는 자를 향하여, 아니 그 사라져 가는 자를 데려 가는 자를 향하여 외친다.

0035

잠자리에서 일곱 살 아이가.

"사람이 죽으면 어떻게 되는 거야?" "　　　　"[1)]

"어디로 가는 거야?" "　　　　"

1) [　]에 다름 아님. 그 쓰임을 6.「[　]에 대하여」에서 찾음.

0090

자연계는 왜 약육강식의 사슬 위에 세워지는가. 갑의 생명을 을이 좌우하고 을의 생명을 병이 좌우한다. 그리고 아무의 생명도 좌우하지 않는 자는 없거니와 아무에게도 좌우되지 않는 자도 없다. 모두 강약의 고리에 묶여 있다.

이 자연의 질서처럼 도덕적으로 이해할 수 없는 사태는 없다.

0106

"아빠, 모르는 거 있어?"　　"있지!"

"사람은 다 알고 살 수 없어?"　　"　　　"

0150

20세기까지의 철학사를 돌이켜 바라보면 '무엇이 진리인가?'라고 더 이상 물을 필요를 느끼지 않는다. '어떤 것도 진리로 남겨두지 않는 영원한 거부자는 누구인가?'라고 물어야 한다. 그래야 좌충우돌하는 진리들이 시대와 문명의 단절을 넘어 모든 의문의 뿌리로 돌아가지 않을까.

0206

서양사에 두드러진 개체들의 절규.

파멸의 순간에도 자신의 결단을 굽히지 않는 비극의 주인공. 절망 속의 영혼을 구원의 대상으로 하여 펼친 예수의 복음. 보편자의 횡포를 거부한 옥캄의 개체들. 판단의 주체로 군림한 데카르트의 자아. 도대체 무슨 힘으로 자아나 개체라는 것이 우주에 등장하는가. 망각의 지대로 모든 것을 끊임없이 매장시키는 우주의 거대한 무차별의 힘에 대해 한 작은 갈대인 개체는 어떻게 저항하는가.

개체로서 영원히 남으려는 습성. 애초에 그렇게 무리한 관성이 어떻게 살아있는 자에게 주어지는가.

0294

사람 자신이 생각하는 것인가.

자아 가운데서 스스로 생각이 일어나는가. 생각의 주체는 자아인가. 자아가 아닌 그 밖의 타자인가. 그 밖의 타자가 생각하도록 만드는 것이 아닌가. 타자 없이 생각할 수 있는가. 밀려오는 물결에 따라 생각하지 않는가.

0300

현실 가운데에 결코 자신의 모습을 드러내지 않는 자는 다름으로 얽혀 저 편에 있음이다. 없음이다. 어떤 것도 아니다. 다만 아니다.

0301

'아니다'라고 하는 보편의 사태는 어떤 것인가. 그것은 세상에 주어지는 현상 뒤로 얽히는 그림자. 무차별의 힘이며 바탕이다. 그것은 일체를 무차별의 숙명으로 몰아넣는 자.

0395

묶음.

크고 으뜸되는 묶음을 찾는 것이 사람이 지닌 세계 이해의 길이겠느냐. 묶음이란 무엇이냐. 무엇과 무엇을 같음으로 여김이냐. 그러나 세상에 모습을 드러낸 무엇과 무엇을 같음으로 여기겠느냐. 모두 자기 배반의 숙명을 타고나 각기 자기와 다름으로 얽혀 사라져가는 존재가 아니더냐. 아니면, 세상에 모습을 드러낸 것과 드러내지 않은 것을 같음으로 묶을 수 있겠느냐. 사람이 무엇을 무엇에 같음이라 여길 때 정말 같음에 이른 것이겠느냐.

그 무엇이란 언제나 같음으로 거짓 행세하는 다름이라. 다름으로 얽히는 자기 배반의 모습을 떠난 무엇이 있느냐. 그러므로 다름으로 얽히는 사물의 모습을 찾는 것이 존재의 깊이를 앎이 아니냐. 사람이 어떤 것을 어떤 것에 같음으로 묶어도 다시금 그 같음을 풀어 제치며 일어나는 다름의 모습을 보는 것이 모든 있음의 것들이 뒤에 숨긴 비밀을 풀어 읽는 길이 아니겠느냐.

0400

사람은 잠에서 깨어날 뿐이다. 무엇이 잠에서 그를 밖으로 밀어냈는지 알 길이 없다. 그가 의식으로 돌아오기까지의 사태가 기억에 없다. 세상에 있는 자가 세상에 있기 전의 사태를 기억하는가.

있음으로 세상에 들어온 다음 있음의 연유(緣由)를, 그로 하여금 있게 한 자를 돌이켜보는가. 있음의 사태로부터 물러설 수 있는가. 물러설 데가 있는가. 기억이나 흔적을 더듬어서 있음을 세상에 던진 자의 모습을 돌이켜 볼 수 있는가.

0403

이해한다는 것은 뒤로 물러서는 것이다.

인상에 주어진 직접의 사태로부터 물러서는 것이다. 그래야 그러한 사태를 받쳐줄 가설에 이를 수 있다. 그러나 가설은 직접의 사태와 다른 단계에 자리하는 것일 뿐, 그것이 참으로 어떤 것인지 이데아인지 절대의 존재인지 물질인지 정신인지 氣와 理인지 道인지 누가 장담하겠는가. 사람들은 다름의 사다리를 거쳐 제각기 다른 가설의 동굴로 들어앉을 뿐이다.

0473

始原분석은 시작에 놓여있는 어떤 사태를 찾음이 아니다. 그것은 시작에서처럼 지금도 되풀이되는 그럼에도 잡히지 않고 사라져가며 결정하는 자를 찾는다.

0494

현실의 감각을 가능하게 하는 형상으로, 다시 형상의 형상으로 올라가는 플라톤의 시원분석은 더 이상 올라감이 없는 존재론을 세운다.

다시 올라가 찾은 정상에는 인간적으로 확인할 수 있는 대상이 없다. 그것은 어떤 것으로의 규정을 끊임없이 피하여 사라질 뿐이다. 그것은 모든 존재하는 것으로 하여금 그렇게 존재하게 하는 것이다. 그러나 그것이 무엇인가. 무엇이 아니다. 무엇이라고 할 수 있는 어떤 것으로부터 사라져 가는 것이다.

0495

있음의 바탕을 물음에서 라이프니츠는 어떤 논리를 끌어내었는가. 얽혀 있음. 얽힘을 찾는 두 갈래의 길이 있다. 주어진 것에 대해 안으로 혹은 필연으로 얽혀 있는 것을 찾는 내재함축의 길과 주어진 것에 대해 밖으로 혹은 우연으로 얽히는 최적 또는 최선의 가능성을 찾는 초월함축의 길이 있다.

0541

어떤 타자에게도 달려 있지 않은 자, 그리하여 어떤 타자의 한정도 받지 않고 오히려 한정하는 절대의 타자, 그런 것은 추리의 귀결이 될 수 없는가. 귀결은 반드시 전제에 의해 한정받거나 매개되는 것인가. 귀결은 언제나 전제에 달려 있는 것인가. 전제에 달려 있지 않은 귀결은 얻을 수 없는가. 오히려 전제를 한정하는 자를 귀결로 이끄는 길이 있는가.

어떤 주어진 전제도 자체 반란의 가능성을 뒤에 지고 있는 앞, 앞에 드러난 얼굴일 뿐이다. 전제가 되는 어떤 것도 그 자신 뒤에 머물러 드러나지 않는 그 자신의 한정자를 지니고 있다. 드러나지 않은 그 자신의 한정자를 피할 수 있는 자가 세상에 있는가.

그러므로 세상에 주어진 어떤 것에 대해서든지 그것을 전제로 해서 (1) 그에 달려 있는 바를 귀결로 하는 전제 안으로의 얽힘을 따르거나 (2) 그에 달려 있지 않고 오히려 그 밖에서 그를 한정하는 자를 귀결로 하는 전제 밖으로의 얽힘을 따르는 추리의 길이 있다. 개념들의 풀이와 얽힘으로 정의(定義)나 귀결에 이르는 연역의 길을 찾는 아리스토텔레스는 전제 안으로의 얽힘을 바탕으로 하는 증명의 논리의 선구자이고 감각을 가능하게 감각을 한정하는 형상과 다시 형상을 가능하게 한정하는 높은 단계의 형상을 귀결로 찾는 플라톤은 전제 밖으로의 얽힘을 끝없이 묻는 발견의 논리의 가능성을 가리키고 있다.

0544

x 아닌 것은 x에 내적인가, 외적인가. x 아닌 것이 x에 내재함으로 얽히는가 혹은 x에서 초월함으로 얽히는가.

x와 x 아닌 것 사이의 얽힘 자체는 내적인 것도 외적인 것도 아니다. 그 얽힘이 내적인지 외적인지를 좌우하는 것은 존재의 질서인지 말과 관념의 습관이 만드는 질서인지 단정할 수 없다.

0601

침묵 속에 잠긴 우주의 관리자는 누구인가.

그는 사람이 다가갈 수 있는 자인가. 아니면, 다가가서 물으려는 자에게 응답하기를 거부하는 자인가. 그는 영원히 다만 거부하는 자로 남아 있으려는 것인가.

0630

신은 사람이 경험하는 현실을 다스리기 위하여 어떤 규칙을 따를 필요가 있을까. 신이 한없는 능력과 자유의 창조자라면 그는 사람이 상상하는 어떤 규칙에 매여 움직일 까닭이 없다. 그렇다면 사람이 감히 경험의 현실이 따라야 할 일반 법칙을 따질 수 있겠는가. 이렇게 절대의 섭리자 신에 대한 몰아(沒我)의 헌신 때문에 어떤 선험적인 법칙도 거부하는 14세기 유명론자들의 경험주의로부터 새로운 철학사가 시작될 수 있었다.

왜 경험에 대한 추론이 연역의 규칙에 따를 수 없는가. 경험의 흐름은 어떤 연역적인 귀결에 대해서도 언제나 '아니다'라고 반란을 일으킬 수 있으니까. 그러한 반란의 가능성에 대한 배려가 귀납논리에 들어 있는가. 귀납논리는 다만 경험 일반화의 규칙으로 여겨질 뿐이다. 귀납논리는 경험주의의 발상을 참으로 간직하고 있는 것이 아니다. 경험주의는 예측할 수 없는 미래에 대한 상상으로 연역적인 귀결과 일반화에 부딪칠 반란의 가능성을 가르치는 것이다.

0700

철학자들은 모두 물러나 바라보려고 한다. 물러나 바라보며 왈가왈부를 한다. 뒤로 물러나 앞에 놓인 세계를 내려다보는 한 계단 높은 디딤돌이 언제나 있다. 그러나, 참으로 있는가. 물러남으로 얻은 조망의 디딤돌을 철학자들은 참으로 있음이라 혹은 가장 높은 참이라 한다.

그것이 믿어지지 않는다. 물러남으로 얻은 그것에 참이라는 이름을 붙일 수 있는지. 실체니 형상이니 정신이니 물질이니 개체니 보편자니 無니 虛니 혹은 그밖에 말할 수 없는 무엇이니 하는 참들이란

뒷걸음쳐 물러나며 밟는
끝없는 연장선 위의
점, 점, 점,
점들이 아닌가.

점들은 모두 물러나는 길에 걸리는 매듭이든가 디딤돌이든가. 언제나 참으로 거부할 수 없는 것은 점, 점, 점들로 이어지는 길. 그 길에서 뒤로 물러서거나 앞으로 나아갈 수 있을 뿐. 옛날로부터 그런 길을 오락가락하는 철학자들은 거리의 사람들과 무엇이 다른가. 그들의 방황과 집착이.

0701

싸늘한 방 한가운데 놓인 난로에 안심하고 손을 대 본다. 얼음처럼 차갑다. 그러나, 거의 같은 순간에 너무 뜨거워 어쩔 줄을 모른

다. 처음에 느낀 차가움은 상상의 착각이며 다음에 느낀 뜨거움은 착각을 거두어낸 대상의 참 모습인가. 차가운 대상은 한낱 착각으로 거부되고 뜨거운 대상이 그 자리를 메운다. 그러나 차가운 대상의 자리에 들어선 뜨거운 대상은 여전히 또 하나의 착각이 아닌가. 뜨거운 대상은 역시 지각으로 주어진 것일 뿐, 그 지각은 다시금 주어지는 새로운 지각에 자리를 내놓지 않겠는가.

착각이 아닌 대상의 참 모습은 어디에 있는가. 인상인가. 수정된 관념인가. 관념을 벗겨낸 물질인가. 착각의 뒤에는 원자의 운동이 있을 뿐인가. 아니면, 어떤 물리학자나 불가(佛家)가 말하듯이 空인가. 어떤 것을 대상의 참 모습으로 여길 수 있는가.

순간에 머무는 착각을 거부하고 대상의 참 모습을 찾아가는 길은 어디서 끝나는가. 상상이나 착각이 거부되는 순간에 만나는 것을 대상이라고 말할 것인가. 원시적인 착각이나 상상에 부정을 거듭하여 감으로써 보다 참다운 대상을 만나게 되는 것인가. 부정의 부정이 거듭하는 데서 만나는 어떤 것을 보다 참다운 대상이라고 주장할 이유가 있는가. 부정이나 '아니다'는 대상의 실재를 지어내는 마술의 논리인가. 아니면, 사람에게 피할 수 없이 얽히는 부정이나 '아니다'는 참 대상이라는 끝없는 착각을 겹겹으로 일으키는 것이 아닌가.

0730

사람에게 정한 대상이라는 것이 없다. 예수를 치던 사람이 같은 열심으로 그를 섬기지 않는가. 그가 타고난 소질을 휘둘러 우연히 놓인 자리에 어울리는 무슨 일이든지 하지 않을까. 사람을 휘두르는 것은 무엇인가.

무엇이 아니다.
세상에 무엇이 있는가.
무엇이라 할 만한 것이 없다.

이것인가 하면
저것이고
저것인가 하면
이것이다.

사람은 얽혀 이어진 가운데 끼어 있는 한 점이다. 하나의 이음 사이에 끼어 보다 나은 이음을 찾아 밀리며 흘러가는 것이다.

얽혀 이어지며
밀리며 흩어져가는
그 밖에 무엇이 있는가.

0779

참으로 있는 대상은 어떤 것이라거나 어디에 있는 것이라고 말할 수 있는 것이 아니다. 사람은 어떤 것으로부터 밀려오는 여러 가지 암호를 만날 뿐이다. 의식이니 파동이니 입자니 존재니 無니 하는 것은 실재의 대상이 아니라 다만 사람이 만나는 암호현상 [ ]에 붙인 여러 가지 이름이다.(1987) (00.7.31)

2

상대의 다름, 절대의 다름

1.4.3 「전도서」의 필자가 엮어 놓은 다음의 사태에 대해 논리학자는 어떤 따짐의 그물을 가지고 풀이할 수 있는가?

> 발이 빠르다고 달음박질에 우승하는 것도 아니고 힘이 세다고 싸움에 이기는 것도 아니며 지혜가 있다고 먹을 것이 생기는 것도 아니고 슬기롭다고 돈을 모으는 것도 아니며 ….
> 사람은 아무도 자기가 죽을 날을 모른다. 모두들 그물에 든 물고기 같고 덫에 치인 새와 같은 신세라 갑자기 액운이 닥치면 벗어날 길이 없다.[1)]

3.1.2 인류의 철학사는 결코 고대 희랍 또는 先秦 철학자들에게서 비로소 시작되었다고 말할 수 없다. 그들의 철학적 발상, 말하자면 존재에 대한 논리적 분석은 원시의 호모에렉투스(homo erectus)가 지구 위의 자유로운 보행자로 등장하면서부터 발전시켜 온 자연에

---

1) 공동번역, 『성서』 (서울: 대한성서공회, 1977), 「전도서」 9: 11-12.

의 대응관계라는 오랜 삶의 역사에서 아주 최근에 파생된 하나의 혁명이었을 뿐이다.

3.2.5 인류가 처음에 자연의 환경을 자신의 생존 목적에 따르게 하기 위해 발명한 도구들 가운데 하나는 돌로 만든 도끼였다. 날카로운 도끼로 덤벼드는 짐승을 잡아 그 가죽을 찢고 먹기에 적당한 크기로 살을 썰어 나누거나 나무를 잘라 자신을 보호하는 울타리를 짓거나 그것을 깎아 다른 도구를 만들 수 있었을 것이다. 이런 수많은 작업의 절차들이 그들이 만든 도끼라는 하나의 도구에 집약되어 있다. 그러나 도구는 자연이 제공하는 감성의 다양한 기회를 거부하고 오직 그 자신에게 주어진 단일한 목적수행을 고집하는 것이다.

그것은 자신이 소속한 생명 개체의 실현이라는 편협한 목적을 위해 세계 자체가 지닌 무한정성을 단순화하고 추상화하는 것이다. 여기서 목적 수행자로서 도구는 그것이 지닌 숙명의 추상성 또는 자의성을 망각하고 그것에 의해 매개된 실제 또는 현실을 세계가 함축하는 사태 자체와 '같음'으로 강요하는 것이다.

3.3.1 처음에 의식은 누구의 것도 아니었다. 파도처럼 바람이 부는 대로 이는 의식은 다만 흔들리며 흐르는 것이었다. 공중에 떠도는 바람에 주인이 없듯이 처음에 이는 의식에도 주체가 없다.

그에게는 우리 집도 우리 마당도 없고, 더구나 나의 집, 나의 것은 있을 수 없다. 처음부터 아예 우리니 나니 하는 주체란 있는 것이 아니었다. 세상을 오고 가는 말에도 오랫동안 이른바 主語라는 것이 없었다. '벼락치다'라는 놀라움에서 그 힘의 주인으로 '하늘님이' 떠오르고 '배고프다'라는 느낌에서 먹을 것을 찾는 '내가' 나서게 되었다.

3.4.1 어느 때 자기 의식을 잃는가? 고통과 충격이 닥쳐왔을 때. 더 이상 버틸 수 없어서 자기 아닌 것이 되어 사태를 감당하는 것이다. 다름으로 뒤집히는 흐름에다 자기를 포기하는 것이다. 그것을 깨침의 순간이 아니라고 말할 수 없다. 다름으로 뒤집힘에 대항할 수 있는 자는 없다.

3.4.3 의식이 자연으로부터의 진화적 소산이라면 이해하기 어려운 것은, 왜 자연은 그 자체 안에 자기 부정의 매개자인 의식을 잉태하고 있느냐 하는 것이다. 고도의 의식활동이 가능해진 인간은 자연을 향하여, 아니 자기를 잉태한 자를 향하여 대결한다. 그것을 자기 의식으로, 자신의 같음이 보존되는 지평으로 눕히려고. 천하의 관통 또는 하나의 진리라는 목표를 향하여.

이것은 호모에렉투스의 의식에 자리잡은 오만의 프로젝트이다. 그러나 이 독백의 인식론, 독선의 논리학에 따르지 않는 마음이 있다. [그것은 세상과 하나가 아니고 다름이다. 그것은 현실에 있는 자신과도 같이 하지 않는 다름이다. (『서양의 논리, 동양의 마음』 0290)]

2.2.1 의식은 그 자신의 같음이 지지되는 지평으로 사물들을 눕힌다. 사물들을 같음의 지평으로 눕히려는 의식의 활동으로서 논리적 추론과 세계인식의 체계가 이루어져 왔다. 그러나 그 자신 다른 모든 있는 것과 함께 임시의 이탈자로 세상에 등장한 것이어서 '바로 이것이다'라고 그의 같음으로 눕힐 수 있는 사물은 세상에 없다.

2.2.2 사물들을 같음의 지평으로 눕히려는 의식은 주장한다.

'이것은 나무다.'
'이것은 돌이다.'
'이것은 바람이다.'

그러나 그들은 모두 거부하는 몸짓을 한다.

'나는 나무가 아니다.'
'나는 돌이 아니다.'
'나는 바람이 아니다.'

그러니 나무이면서 나무가 아니다. 돌이면서 돌이 아니다. 바람이면서 바람이 아니다.

2.2.6 의식이 그의 원칙으로서 고집하는 동일법칙, $\forall x(x=x)$, 그것은 호모에렉투스가 세계를 향해 휘두르는 폭력의 도구다.

2.2.7 가장 엄밀한 증명의 바탕을 찾아 가장 기초적인 것으로 내려간 논리학자 프레게는 동일법칙에 부딪쳐 더 이상 내려갈 수가 없었다. 그는 동일법칙에 대하여 증명을 제시하지 않고 다만 그것을 받아들이지 않는 것은 미친 짓이라고 단언한다.[2)] 그러나 동일법칙은 가장 엄밀한 증명을 찾는 사람이 바탕으로 삼을 수 있는 가장 기초적인 것이 아니다.

동일법칙에 대한 증명을 찾을 수 없다면, 거기에 머물러서 그것을 가장 기초적인 바탕이라고 선언해야 할 이유가 없다. 증명되지 않는 것을 가차없이 배제하는 가장 엄밀한 추적 끝에 마지막으로 만나는 것은 동일법칙이 아니다.

2.2.8 X로 드러난 사태는 X'이다'. '이다'로서 그 사태의 흔들림이 없는 '같음'을 나타낸다. 그런데 한 흔들림이 없는 '같음'의 사태로 드러남은 그렇게 그 사태를 구별하는 행위이며, 그 사태를 그렇게 구별하는 행위는 그 사태를 그렇게 '다름'으로 분별해 세우는 것이다. 그래서 한 드러난 사태의 흔들림이 없는 같음을 세우는 것은 바로 그 사태의 확연한 다름을 주장하는 것이다. 한 사태의 같음의 주장은 그 사태의 다름의 주장이다. 그러니 한 사태의 같음은 바로 그 사태의 다름이다. 한 사태의 '이다'는 '아니다'로서 '아니다'는 '이다'로서 행위한다.

이렇게 자기 분열하는 논리적 그리고 초시간적 반란(反亂)의 관계를 외면하고 '이다'의 '이다'만을 그리고 '아니다'의 '아니다'만을 고집할 때 가면의 자기 동일자가 나타난다. 그러나 '이다'(같음)의

---

2) "Herr Erdmann's conception of the laws of logic is quite different. He doubts their unconditional and eternal validity …. … Accordingly the possibility remains *of men or other beings being discovered who were capable of bringing off judgments contradicting our laws of logic*. If this were to happen? Herr Erdmann would say: here we see that these principles do not hold generally. … I should say: we have here a hitherto unknown type of madness." G. Frege, ***The Basic Laws of Arithmetic*** (Berkeley: University of California Press, 1964), 13-14쪽. 필자가 친 비스듬체 글귀에 대하여: 이렇게 논리법칙에 어긋나는 판단을 이끌어 낼 수 있는 또는 경험할 수 있는, 그러나 프레게는 있을 수 없다고 주장하는, 그런 類의 사람 또는 가능한 존재를 바로 안티호모에렉투스의 한 보기로 일컬을 수 있다.

'아니다'(다름)와 '아니다'(다름)의 '이다'(같음)라는 이 논리적 반란의 사태를 누를 수 있는 어떤 존재 또는 의식의 진리도 없다. 아니, 세상에 드러난 사태 아래에는 이미 자기 반란의 논리적 행위가 스며 있다.

2.2.12 나의 입 안에 들어 있는 생선구이는 즐거움인가 고통인가? 이것을 누구의 느낌으로 말할 것인가? 먹이를 얻어 생명에 힘을 더할 나의 즐거움인가? 먹혀 들어가는 생선의 몸부림치는 고통에 함께 느끼는 나의 고통인가?

나의 입 안에 든 생선구이는 즐거움이면서 고통이다. 어느 한 쪽의 느낌과 인식을 가지고 말하기 어려워지는 파라다이스의 마음이 있다. 마음이 그가 기숙(寄宿)해 있는 신체의 물리적 그리고 국지적 동일성에 따라야 할 필연성이 없다. 생선구이를 삼키는 나에게 그리고 먹히는 생선에 얽혀 일어나는, 같음으로의 길과 다름으로의 길이 엇갈리는 총체적 느낌과 인식에서 어느 쪽으로 기울 이유가 없는 것이다. 우리의 체험에 얽혀 일어나는 '이면서 아닌' 총체적 사태는 자기 분열적 혼돈의 모습을 지닌다.

2.2.13 세상에 일어나는 사태나 존재행위 자체가 다름이며 이탈이다. 무엇으로부터의 다름이며 이탈인가? 다름과 이탈로 일어난 사태 뒤에 숨은 자로부터, 그런 사태를 다시 거두어 가는 자로부터 떠나는 다름이며 이탈이다. 다름과 이탈로서 일어난 존재의 행위는 그러니까 임시의 동일자를 세움이다.

임시의 동일자를 지탱하려고 펼치는 존재행위에 맞서 그것을 거두어 가는 자가 있다. 임시의 동일자들이 제각기 자신을 같음으로 지키려고 투쟁하는 세계에는 펼친 것을 거두어 가는 그리고 다시 펼치는 존재론적 엇갈림이 쉼 없이 일고 있다. 그러나 펼치는 자에 맞서 거두어 가는 자는 그의 비밀을 드러내는 일이 없다. 그는 펼치는 자에 맞서 다름으로 깨뜨리고 사라져 가는 자로서만 다가온다. 그러나 하이데거의 이른바 '존재론적 다름'으로 가리키는 은폐된 존재란 깨뜨리고 거두어 사라져 가는 자가 마치 그 정체가 잡힌 듯이 드러나고 있는 것이다. '존재론적 엇갈림'은 서로 말려들기를 거부하는 힘들의 자기 기회를 향한 반란이며 대결이다. 거두어 사라져 가는 그는 말려들기를 거부하며 자신을 결코 드러내지 않는다.

4.1.3 나의 생명 실현의 과정에 쉼 없이 끼어 드는 다름의 주재자는 마침내 생명의 정보를 내게 건네주기는커녕 그 동안 임시나마 유지되던 정보의 한 조직체로서의 '나'라는 단위를 취소해 버린다. 내가 환경으로부터 부지런히 섭취하고 조직한 모든 정보를 몽땅 박탈해 버림으로 그는 죽음을 가져온다. 정보의 조직체로서 존재하는 나, 정보의 조직행위로서의 나의 삶, 여기에 근본적 주체성이 없다. 정보흐름의 우주적 질서와 그 법칙은 정보의 임시 주체인 나에게 그리고 어떤 존재하는 행위자에게도 달린 것이 아니다. 그것은 세상에 있는 모든 것의 정체가 말살되는 암호상자 [ ] 가운데서 온갖 현실의 모순과 반전을 연출하는 다름의 관리자에 달린 것이다.

나 그리고 모든 있는 것이 수억 년을 거쳐 소용돌이치며 흘러가는 정보의 파도 가운데서 각기 다름으로 엇갈리는 순간의 매듭으로 참여한다. 파도에 휘말려 가는 한 알갱이의 물방울이 거칠은 급류에서 그 임시의 조직을 지탱하는 것처럼 나도 같은 급류에 휘말리며 가면의 동일성을 유지하다가 사라져 간다.

6.1.4; 6.1.5 다만 우연한 것들이 본디 아무 것도 아니었던 있지도 않았던 '나'라고 하는 이 한 점에 밀려 왔다가 그리고 물러가면 그 하나의 점, 그 자리조차 사라져 버리는 것이다. 우연한 것들로 채워졌다가 빠져나가는 빈 껍질, 잠시 머물다가 떠나는 덧없는 그 한 점의 자리는 어디에도 있는 것이 아니다. 있다는 것은 그 자리에 있으면서도 있지 않은 것이다. 정처 없는 그런 것들의 오고 감이 혹은 무엇 같음으로 드러나고 혹은 그와 다름으로 사라져 가는 길이 엇갈리며 되풀이되는 것이다. 이것은 허무주의가 아니라 물리적 현실이다.

6.1.6 모든 서로 다른 것들이 같은 운명으로, 각기 같음을 잡고 있는 것들이 모두 다름으로 빠지는 하나의 질서에 복종한다는 사실이 모든 것들로 하여금 무엇이게 하는가? 아무 것도 아니게 한다. 모든 것들은 그러하고 그러하지 않은 것으로 엇갈려서 혼돈의 수렁으로 빠져 갈 뿐이다. 그것들은 무엇이라고 잡을 만한 어떤 정체가 없다.

6.2.2 라이프니츠의 특이한 기여는 존재하는 개체에 대하여 논리적으로 제약된 동일성을 준 데에 있다. 개체는 무조건의 동일자가 아니다. 어째서 그런가? 개체는 그의 상대 타자와 함께 가능함(compossibility)이라는 논리적 긴장의 관계에서 그의 있음의 기회를 얻고 있다. 세상에 나타나는 개체는 그 있음의 모양이 세상에 있는 타자와 함께 가능함의 관계, 곧 상대와의 다름에 의해 규정되는 것이므로 그의 같음은 이미 그와의 다름에 의해 매개 규정된 것이다.

그래서 모든 개체는 이미 다름으로서 같음이다.

6.2.3 그러니 세상에 있는 것이 각기 다른 조건부 동일성 위에 있는 것이다. 누구든지 그 자신의 동일성의 제약조건으로서 지닌 숙명의 타자성을 다른 누구와도 완전히 공유할 수 없기 때문이다. 내일의 나를 제약할 타자조차 오늘의 나를 제약하는 타자로부터 달라지는 것이다. 사람은 그 자신의 그림자처럼 언제나 따라오는 타자성 곧 상대와의 다름에 결박된 채 세계를 향해 동일자로서, 실은 조건부 임시의 동일자로서 행세하는 것이다.

6.1.11 흔적에는 흔적의 자족성을 허용하지 않는 배후의 결정자로서 타자가 있을 수밖에 없다. 비록 그 배후의 타자를 무엇이라고 이름하거나 가리킬 수 없더라도.

부정신학(théologie négative), 그것은 논리적 추적의 귀결이다. 그것은 부정의 귀결이다. 그것은 신의 죽음을 뜻하는 것이 아니다. 오히려 신을 향한 인간의 죽음을 뜻한다. 신을 향한 절대의 다름으로써 전적인 자기 부정에 이르는 것이다. 이 절대에의 다름의 관계를 반전시킬 수 없는 절대의 의존 관계 가운데로, 상대와의 다름의 관계로 묶인 조건부 동일자들이 모두 함몰한다.

6.2.6 세상에 그 몸을 드러낸 자치고 상대와의 공존관계와 절대에의 복종관계라고 하는 힘의 얽힘을 물리칠 수 있는 자는 없다. 이것이 세상에 주어지는 모든 조건부 동일자의 피할 수 없는 논리적 숙명이며 한계이다.[3)]

6.2.7 조건부 동일자가 그의 제약조건인 상대와의 다름과 절대에의 다름에 대하여 펼치는 굴절과 연합, 변이와 지연, 함몰과 입몰

의 관계는 예측할 수 있는 시간표를 따르는 것이 아니다. 이 연합, 굴절, 변이, 지연, 입몰 또는 함몰의 전략은 언제나 강약의 관계, 말하자면 다름으로의 운동과 같음으로의 운동이 서로 엇갈리며 겨루는 관계 가운데서 이루어진다. 상대와의 다름과 절대에의 다름을 향하여 자신의 같음을 한껏 겨루며 지연, 확장시키려는 전략으로서 무자비한 투쟁 그리고 자기 굴절과 위장(僞裝)의 온갖 형식들이 펼쳐진다.

6.2.8 왜 경험이라는 것은 그 고유한 논리의 옷을 입어야 하는가? 그렇지 않으면 그것은 모든 일어나는 일을 같음으로 길들이는 논리인 귀납법, 연역법, 변증법 또는 음양대대법 따위로 동화되고 매개되기를 기다리는 굴복자로서 남을 뿐이다. 그러나 경험은 그 자신의 뿌리를 알 수 없는 깊이 [ ]에 숨겨 암호를 진달하는 밀사와 같다.

경험이 펼치는 누를 수 없는 다름으로의 곡예. 경험은 상대와의 다름, 절대에의 다름을 연출하는 무한의 곡예사다. 그것은 어떤 획일(劃一)의 명령에 복종하는, 그래서 다만 같아지기를 기다리는 단순 노예들처럼 뒤로 감춘 비밀의 길이라고는 아무 것도 없는 맹목의 행

3) 이러한 상대 및 절대의 관계를 한 그림으로 묶을 수 있다.

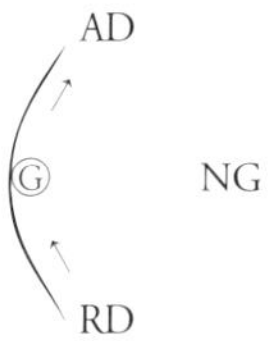

G : 所與(세상에 있음) /경험
NG : 非所與(세상에 있지 않음) /[ ]
RD : 상대와의 다름 /상대환원(Ⓖ $\overleftarrow{RD}$)
AD : 절대에의 다름 /절대환원(Ⓖ $\overrightarrow{AD}$ = $\overrightarrow{AD}$ [ ])

위자가 아니다.

6.2.9 세상은 자기 같음의 길에 집착하는 있음의 분신들로 하여금 예외 없이 그 자신의 다름으로 말려들게 해서 흩어져 가는 모습을 보여 준다. 그의 몸을 드러내 세상에 있는 것들이 상대와 절대의 다름으로 제약 지양되며 무한으로의 출구를 가리키는 암호로서 일한다. 세상의 경험은 어떤 이름할 수 있는 같음으로의 길도 가르치는 바가 없다. 세상의 경험은 다만 상대와의 다름, 절대에의 다름이라는 무한으로의 함몰, 곧 무차별 [ ]로의 같음을 가리키는 암호이다.

6.4.3 '이다' '아니다'의 자리가 보여주듯 풀이말의 끝맺음이 마지막으로 미루어져야 하는 한국말의 방법에서 이른바 임자말 또는 주어 자리에 놓이는 사태의 어떠함이나 어떠하지 않음을 미리 잡을 수가 없다. 판단대상 또는 주제로서 사태의 귀추는 암호상자 [ ]에 빠져 있어 뒤로 미루고 기다리는 자에게 잡힌다. 한국어법에서 판단하는 자는 남아서 기다리며 마지막에 결정하는 주변자다.

6.4.4 사람들은 허상을 외면하고 실상을 찾는다. 그러나 세상에 무엇으로 고정시켜 놓을 수 있는 어떤 실상도 실체도 없다. 그것이 무엇이든 간에 그것은 그것에 대하여 매겨지는 풀이말의 마디이음과 끝맺음에[4] 달려있다.

---

4) 한국말에서는 여러 마디들을 이어서 이루는 풀이말 이른바 합성동사 '스쳐① 지나② 가③ 셨④ 겠⑤ 습니⑥ 다⑦'라는 표현이 있을 수 있다. (허웅, 『국어학』 (서울: 샘문화사, 1983), 188쪽; 강현화, 『국어의 동사연결구성에 대한 연구』 (서울: 한국문화사,

1998), 287쪽) 이 가운데 실질마디로서 스쳐지나감을 나타내는 ①②③, 그리고 형식마디로서 그 행위자를 높이면서 그의 행위가 이미 끝났음을 나타내는 ④, 그것(행위의 끝났음)을 추측으로 나타내는 ⑤, 말을 직접 듣는 이를 높이고 있음을 나타내는 ⑥, 그리고 말하는 이가 자신의 진술을 끝맺는 ⑦이라는 7마디가 이어져서 하나의 풀이말이 된다. 이렇게 여러 마디들이 이어지면서 풀이말이 묘사하려는 현상 또는 대상이 전체적으로 드러나게 된다. 이렇게 굴절(꺾임)이 자유로운 마디이음의 방법을 지닌 풀이말은 문제의 현상 또는 대상에 대해 보다 밀착하는 규정성을 첨가하고 변이시킴으로써 특화하는(specifying) 기능을 수행하고 있다. 만약 한두 마디의 꾸미는 말씨를 더하여 '이미 스쳐지나가셨겠습니다'라고 말한다면 같이 기다리고 있는 윗사람에게 정확한 (충분히 특화된) 상황판단을 보고하는 것이 된다. 여기서 말하고 듣는 두 사람이 만나려고 하는 그 사람은 누구인가? 상황과 대상을 묘사하는 실질 및 형식기능을 지니는 여러 마디들을 이음으로써 그 사람이 누구인지를 이른바 주어로 굳이 가리켜서 드러내지 않더라도 짐작할 수 있게 해주는 것이다. 경우에 따라서는 공유하고 있는 숙지사항을 드러내어 '그 분은 이미 스쳐지나가셨겠습니다'라고 말하는 것은 오히려 서먹하게 때로는 당돌하게 들릴 수도 있다.

그런데 영국의 언어분석철학자 스트로슨에 의하면, 일상의 진술에서 우리는 주어를 가지고 한 특정한 인물이나 대상을 가리키며 그것에 어떤 성질이나 類를 매기는 일을 술어를 가지고 행한다. ("In making ordinary statements, we are constantly concerned to *refer* to a particular person, object or place, to a particular episode, situation or institution, to a particular quality or fact, and to *ascribe* to it some property or to *describe* or *classify* it in some way …." P. F. Strawson, ***Introduction to Logical Theory*** (London: Methuen, 1966), 145쪽) 그리고 그는 특정한 사물뿐만 아니라 그것에 성질과 類를 매기는 일반개념도 역시 특화(specifying)의 대상이라고 말한다. ("… it [a sentence] contains a *pair* of expressions, one specifying the particular in question and one specifying the general concept in question." P. F. Strawson, ***Subject and Predicate in Logic and Grammar*** (London: Methuen, 1974), 21쪽) 예를 들어 'Socrates is brave'에서 'Socrates'는 특정한 인물을, 'is brave'는 일반개념으로서 용감성을 특화하고 있다고 본다. 그러나, 여기서 'is brave'라는 풀이말은 특화하고 있는 것이 아니라 類化하고 있는 것이다.

그러나 한국말에서 묘사 또는 진술이 특화하는 방법은 그 풀이말의 마디이음에 호소한다. 풀이말의 마디이음만 가지고서도 풀이의 대상 또는 사태를 구성하고 가리키는 특화의 기능을 발휘할 수 있기 때문에 (3.3.1 "'벼락치다'라는 놀라움

한국말에서 '이다'와 '아니다'를 끝맺음으로[5] 하는 풀이말이 그

에서 그 힘의 주인으로 '하늘님이' 떠오르고 '배고프다'라는 느낌에서 먹을 것을 찾는 '내가' 나서게 되었다") 그럴 경우에 그 특화의 대상 또는 사태 자체를 가리키는 임자말의 특화기능은 생략할 수도 있다. 또한 엄밀히 따지면 풀이의 대상과 사태로서(사람들이 주어라고 하는) 임자말이 가리키는 어떤 類도 개체도 [ ]에 빠져 있어 그것을 가려내어 가리킬 수 없음으로 해서 풀이말의 마디이음 가운데 이루어지는 분절, 연합, 변이같은 특화기능에 호소하는 것이다. 말하자면, 이러한 풀이말의 방법은 근본적으로 특화할 수 없게 [ ]에 빠져 있는 세계의 사태를 쉼 없는 물음으로 만나는 접점에서 특화하는 이른바 3표의 논리적 기능을 발휘하는 것이다.

5) 앞에서 말하는 이의 진술을 끝맺는 ⑦ 곧 '다'는 무엇을 끝맺음인가? 하나의 진술 또는 판단의 끝맺음으로 나타나는 '다'는 무엇을 뜻하는 것인가? 최현배 선생에 의하면, '그가 온다'라는 판단은 '그가 오는 것이다'로 풀이해서 볼 수 있는데 ("잡음씨에 대하여", 『延世論叢』, 제2집 (서울: 연세대학교, 1963), 4-5쪽) 여기서 '온다'라는 움직씨의 끝맺음 '다'가 '오는 것이다'의 '이다'라는 끝맺음으로 바뀌는 것을 본다. 이것은 아리스토텔레스 논리학 안에서 'He is one who comes'라고 바꾸어 표현할 수도 있지만 (최현배 선생 글에는 'He is coming one'이라고 번역되어 있는데) 'It is the case that he comes'라고 함이 '그가 오는 것이다'라고 풀이하는 최현배 선생의 뜻에 딱 맞는 것이 된다. 'A dog barks', '개가 짖는다'는 또한 'It is the case that a dog barks', '개가 짖는 것이다'라고 다시 풀이할 수 있듯이 다른 풀이말에 대해서도 같은 꼴바꿈에 의해 '이다' 또는 'it is the case that'라는 마디를 첨가할 수 있다. 이렇게 풀이말의 끝맺음 '다' 아래에는 주어진 사태 또는 대상의 어떠함을 그러함으로 긍정하는 '이다'의 뜻이 놓여있다고 볼 수 있다.

따라서 '개가 짖지 않는다'('A dog does not bark'에 대비)에 나타나는 부정의 풀이말 아래에는 '개가 짖는 것이 아니다'('It is not the case that a dog barks'에 대비)에서 드러나는 것처럼 '아니다'라는 끝맺음이 놓여있다. 그러나 'it is the case that' 또는 'it is not the case that'에서처럼 서구문장구성법의 긍정 및 부정기능이 임의의 명제 또는 진술 앞에 놓일 수 있음("… the word 'not' is a negative operator. Other negative operators in English are 'it is not the case that', 'it is false that', and 'no', to name a few." B. L. Tapscott, ***Elementary Applied Symbolic Logic*** (Englewood Cliffs, N.J.: Prentice-Hall, 1976), 22쪽. "In sentential calculus, the word 'not' is put in front of the whole sentence, whereas in everyday language it is customary to place it with the verb." A. Tarski,

앞에 세워지는 주제 또는 임자말 그리고 그 밖의 성분들에 밀려 마지막에 나타나는 데에 무슨 뜻이 있는가? 임자말 또는 주제로 세워진 것이 무엇이든 간에 그것은 결국 그것에 대하여 마지막으로 값을 매겨 말하는 풀이말, 특히 그 끝맺음 '이다' '아니다'에 의해 비로소 어떠하고 어떠하지 않음, 그러하고 그러하지 않음이 결정된다. 사태의 그러함과 그러하지 않음이 언제나 뒤에 나타나는 끝맺음에서야 실마리가 드러난다. 그래서 자주 주제어 또는 인도유럽계 문법가들의 이른바 주어라는 것이 없이 풀이말의 마디이음과 끝맺음으로 특화(specifying)해서 어떤 사태 또는 그 주체를 드러내 가리키거나 그 모양과 추세를 그리거나 판단한다. 類도 개체도 가릴 것 없이 모든 것의 始原은 [ ]에 빠져 있어 그에 대한 판단이나 묘사는 본디 특화할 수 없는 것을 특화하는(specifying the unspecifiable) 행위다.

풀이말, 특히 그 끝맺음의 결정기능이 함축하는 논리는, 실체의 담지자에 다름 아닌 주어의 같음으로 술어를 귀속시키는 전략을 구사하는 아리스토텔레스 논리전통과는 달리, 주어진 사태의 같음도 귀추도 잡을 수 없어 [ ]로부터의 신호를 기다리며 술어를 매기는 자의 특이한 세계 인식을 반영한다. 그는 세상에 드러난 사물의 참모습을 '같음'에서가 아니라 [ ]에 빠져 온갖 다름을 연출하는 모든 것의 상대와 절대의 다름으로의 길에서 잡으려고 주변에 산다.

Introduction to Logic (A Galaxy Book, 1965), 20쪽)에 대비해 한국말에서는 긍정과 부정이 진술 또는 명제를 끝맺음하는 기능을 한다. 최현배 선생의 이른바 잡음씨 '이다' '아니다'는 모든 진술 또는 판단에서 풀이말의 마디이음을 끝맺음함으로써 어떠어떠한 사태 또는 대상의 그러하거나 그러하지 않음을 가르며 덧붙이는 특화의 마지막 논리기능을 하는 것이다.

2.2.3 진리를 찾아 광야를 헤매는 자는 어디에도 머물지 않는다. 아무 것도 잡지 않는다.

2.2.4 마음은 어디에 있는가? 그것은 어떤 틀에 놓일 수 있는 것이 아니다. 마음은 언제나 영원한 잉여 [ ]에 산다. 자신을 어떤 같음으로 묶는 울타리를 떠난다.

마음은 어디에 묶어 놓을 수 있는 것이 아니다. 그것은 어디에 있는 것이 아니다. 그것은 어떤 것이 아니다. 그것은 다만 아니다. (1993) (00.7.31)

3

고생태학으로 함몰하는 철학사

호모에렉투스가 출현한 시대의 터에서 돌을 깎아 만든 주먹도끼, 다른 지역으로부터 채취운반되어 쌓여있는 돌조각들, 불을 때던 화덕이 발굴될 때 고고학자는 그들에게도 생존을 위한 계획과 행위 그리고 모임살이가 있었음을 확인한다. 그리고 이러한 작업행위와 모임살이를 위한 의사소통의 수단으로 언어의 출현을 추측하기도 한다. 이러한 관찰에 의해 인류문화는 호모에렉투스와 함께 또는 그 이전에 시작되었다고 주장되기도 하지만 어떤 단계에 이른 것을 문화로 간주하느냐 하는 점에서 엇갈려 유보적인 태도를 보이는 학자도 있다.[1) 그러나 적어도 하나의 확실한 주장이 가능하다. 호모에렉투스는 동일보존 및 모순배제 또는 집체구성의 규칙, 곧 논리학에서 말하는 정합체계구성의 기본법칙을 이미 그들의 작업행위와 모임살이 가운데서 실행하고 있었다는 점이다.

현대고고학은 철학자에게 두 가지 돌이켜 볼 사색거리

를 준다. 하나는 인류의 문명이 이룬 정신적 업적의 으뜸으로 자부하는 철학의 3000년 역사를 150만 년 전의 출발점으로 이어주는 것이다. 현대문명의 첨단을 대표하는 고도의 산물이 그 구성의 기본법칙에서 원시의 인류 호모에렉투스가 발명했던 연장 돌도끼에 크게 다를 바 없는 것으로 보인다. 또 하나는 모든 생명개체들이 시간의 흐름 가운데서 나타났다가 그 '임시의' 흔적을 남기며 사라진다는 것이다. 고고학자를 따라 더 내려가면 古生態學者(paleoecologist)가 캐어내는 수억 년의 기억, 그 무수한 생명개체의 흔적들을 만난다. 그 흔적들은, 모두 사라져 어디로 갔는지 추적할 수 없는 것 [ ]을 가리키는 나름 아닌 암호일 뿐이다. 사람들이 집착하는 자신의 있음이 스치며 사라져 갈 궤도를 그려주는 가장 생생한 모델은 태고의 기억을 좇아 쉼 없이 흩어져 가는 잠시의 감각이다. 흩어져 가는 잠시의 감각에서 억 년의 경험과 기억을 더듬으며 생명의 끝없는 물음이 이어진다. (00.8.10)

---

1) "The assumption that early hominid toolmaking was mediated by language, and that culture arrived wholesale when hominids began making tools, obscures the lengthy evolutionary history that the complex capacities underlying language and culture must have undergone during the course of human evolution." Richard Potts, "Archeological interpretations of early hominid behavior and ecology", ***The Origin and Evolution of Humans and Humanness***, ed. D. T. Rasmussen (Boston: Jones and Bartlett, 1993), 68쪽.

1

1.1 고고학이 탐구하는 원시의 유물들을 보면 세계 어디서나 비슷한 용도의 단순한 도구를 만들어 사용했던 것을 알 수 있다. 자연환경에 관계하는 비슷한 양식으로서 원시 도구들은 인류의 원시적 세계인식에 공통점이 있음을 나타낸다. 이 공통점은 아마도 인류의 생존을 위한 물리적 조건의 공통점에서 나왔을 것이다.

그럼에도 인류는 지난 수천 년 사이에 다른 지역에서 각기 판이한 문화권을 형성하며 서로 이해하기도 비교하기도 어려운 단절의 경지에 이르고 말았다. 현대인은 제각기 개인차를 자유라는 이름 아래 더욱 계발하여 보편의 진실인 것처럼 주장하고 있다. 더하여, 각자의 철학적 선택에서 오는 차이는 적대 배타적 관계로 빠지기까지 한다. 그러니까 문화와 철학체계들 사이의 대화불능 및 배타 관계 아래에 흐르는 원시의 통일성에 대한 탐구의 기반으로 수십만 년 된 원시 도구, 원시 세계관으로서 샤머니즘과 점복, 기원의 형식, 그리고 수만 년을 거쳐온 사유형식의 흔적으로서 古代語法 같은 것을 분석할 필요가 있다.

그렇다면 온갖 流派에 시달리며 지엽적 다양성에 빠지기 시작하는 문자 기록의 古典시대를 인류의 철학적 사유의 시작이라고 말할 수 없다. 문자 이전의 시대에 수없이 거듭해온 생존양식 및 도구의 혁명과 개량 끝에 드디어 지구 위의 지배자로 등장할 수 있었던 원시 인류에게 세련된 논리적 사유가 없었다고 말할 것인가?

1.2 문명 이후의 인류는 그가 개발한 心性과 文字 체계에 갇혀 그 자신의 영원한 원시성을 망각한다. 문자의 조작과 논리적 규칙

의 인식이 아직 이루어지지 않았을 때 인류는 그의 자연환경에 어떻게 관계하였는가? 원시의 샤먼과 卜官도 오늘의 과학자들처럼 삶의 환경에 일어난 자연의 이변에 의문을 던지고 응답을 얻었을 것이다. 그들은 생사를 가름하는 조건들을 쥐고있는 어떤 主宰者와의 대화에 있어 문자나 과학의 체계를 매개로 쓰기 전에 무엇으로 하였을까? 그런 無文字 시대의 자연 또는 타자와의 대화에 있어 최초에 등장한 매개자로서 동일자의 확인, 모순배제 또는 對待和諧와 같은 단순하고도 원시적인 그러나 생명의 영원한 본능과도 같은 그런 규칙을 들 수 있다.

그러니 논리학의 기본 법칙이라는 것은 문명과 역사 이전에 있어 왔던 생명과 물질운동에 의해 강요된 인류의 가장 원시적인 세계인식에 바탕을 두고 있는 것이다.

1.3 그렇다면, 논리적 조작의 기본법칙이 반드시 문자나 기호체계가 발전한 뒤에 이루어진 것이라고 말할 수 없다. 그리고 문명과 함께 발달한 사유기능이 논리적으로 타당한 조작을 수행함에 필수적인 것도 아니다. 논리적 조작의 타당성 여부라는 것이 생물 일반의 존재와 사멸을 좌우하는 원시적 단계에서[2] 이미 수십억 년 동안의 냉혹한 기준으로 작용해 온 것임에 틀림없다.

---

2) 바이러스들이 얼마나 영리한지 의사 빰칠 정도라고 한다. 새로 개발된 페니실린에도 면역성을 얻은 새로운 다음 세대가 번식한다. 바이러스도 反省 反求의 작용을 갖추었다고 보지 않을 이유가 없다. "The Microbes strike back: Newly emerging viruses, drug-resistant bacteria … are making a mockery of the notion that humans can win the battle against infectious disease." ***TIME*** (Sept. 12, 1994), 3쪽.

2

2.1 코페르니쿠스(N. Copernicus, 1473-1543)의 혁명이 있은 다음 지구는 더 이상 우주의 중심이 아니다. 인류가 중심이 되어 이루어 놓은 듯한 6천 년의 문명과 역사는 수십억 년에 걸쳐 일어난 自然史의 한 짧은 에피소드로 기억될 날이 올 것이다. 아직도 철학자들은 그들이 세계를 이해함에 있어 주체인 것처럼 생각한다. 인간은 모두 우주의 알 수 없는 어떤 주인이 펼치는 파노라마에 초대된 客일 뿐인데.

2.2 며칠을 살아있는 나비에게 그가 걸터앉은 백 년 된 나무는 죽어있는 거나 다름없다. 백 살을 사는 사람에게 불변의 據点인 45억 년의 지구는 살아있는 것이 아니다. 그럼에도 이 모든 것은 '시간' 위에 펼쳐 있는 생명 개체들의 유한성을 공유하고 있다. 나비도 인간도 백 년의 나무도 45억 년의 지구도 각기 그 자신의 출현과 소멸의 시원을 찾아가면 모두 무한 [ ]의 構圖 가운데서 배당받은 '시간'의 것들이다.

그것들은 우리에게 잡히지 않는 어떤 구도를 중심으로 펼쳐진 사례이며 부분일 뿐이다. 세상에 펼쳐진 개체들은 우주라는 전체 구도에 '빠져 있음'의 관계를 이룬다. 개체들은 그 출현과 소멸의 기억할 수 없는 시원 [ ]에 빠져 있다. 철학자도 과학자도 다른 개체들과 함께 그 운명의 진로를 좌우하는 그럼에도 잡히지 않는 구도 [ ]의 중심을 향하여 물음을 던지며 암호를 받는다.

2.3 나무와 아메바같은 생물에는 心像이라는 것이 없을까? 심

상이란 인간의 마음에만 떠오르는 현상인가? 생물이 그 생존의 활동 가운데서 일으키는 적응 행위의 어떤 주관적 측면을 심상으로 이해할 수 있다. 그 주관적 측면이 인류 밖의 생물, 나무나 아메바에게는 존재하지 않을 것이라고 단정할 만한 근거와 권리가 인간에게 없다.

物性을 현저하게 이탈한 心性이라는 것이 어떻게 출현하였을까? 심성의 활동이 물성의 어떤 한계를 보충하고 있는 것인가? 인간의 물리적 생존의 필요가 그의 관념조작능력에 표현되는 것처럼, 심성은 물성이 추구하는 어떤 가능태를 실현하고 있는 것인가? 아니면, 심성이 물성의 실현한계를 넘어서 물성 자체를 거부하는 그리하여 때로는 물성 자체의 소멸을 지향하고 있는 것인지도 모른다. 물성 가운데서 잉태된 심성이 자신을 잉태한 자를 향해 반란을 일으키고 있는 것이다. 심성의 기교가 극치로 달려가는 지금의 인류에게 다가오는 위기감, 자신이 저지른 결과에 대해 느끼는 속수무책에 부딪쳐 보면 그런 느낌이 든다. 예리한 신경작용이 老子가 실하게 만드려는 배(腹)에[3] 끼치는 영향을 고려하면 더 그런 느낌이 든다. 세상에 있는 모든 것이 '향하여' 달리고 있는 마지막은 자체소멸이 아닌가?

2.4 사람이 그 의식에 반성능력을 갖추었더라도 자발적으로 반성하는 것은 아니다. 사람은 스스로 반성하는 일이 없다. 타자로부터 밀려 온 어떤 자극에 의해 비로소 반성을 시작한다. 타자의 자극이

3) 『老子』 3章. "… 虛其心, 實其腹, 弱其志, 强其骨. 常使民無知無欲."

없는 데는 반성의 기회가 없다. 의식현상 자체가 변화무상하게 다가오는 타자에 다름 아닌 자연의 반응으로부터 입은 충격 또는 좌절에 대한 생명의 적응 행위로서 일어난 것이라고 볼 수 있다.

2.5 생명의 쉼 없는 행태로서 탐구와 노동이 우주의 질서 가운데서 거부되지 않으려면 자연에 대해 요구와 계획을 세우기에 앞서 자연으로부터 생명에 요구되는 것에 대한 받아들임이 있어야 한다. 생명 개체에 다가온 자연의 요구와 계획에 자신을 굽힘이 없이 자연으로부터 어떤 필요한 결과를 얻을 수 없기 때문이다. 탐구와 노동은 자연에 대한 일방적 공략과 공작(工作) 행위가 아니다. 그것은 반응하는 자연과 대처하는 행위자, 대응하는 자연과 적응하는 행위자가 치열하게 맞서는 관계 행태이다. 그것은 생명의 물음과 자연의 암호가 만나 겨루며 타결하는 관계이며 절차이다.

2.6 처음 인류는 자연의 조건에 붙어살며 다만 적응하는 데 온갖 지혜를 동원했다. 살아남기만 하면 다행이었을 것이다. 그러한 생존이 안정을 얻자마자 그들은 영토를 확장하는 데에 힘을 기울였다. 주변자의 자리에서 벗어나 자기가 중심이 되는 호모에렉투스의 세계를 구축하는 패권의 다툼이 시작된 것이다.

2.7 인류는 자신의 불확실한 운명을 좌우하는 자에 대하여 도전해왔다. 옛날 희랍의 철학자와 법률가와 시인들이 각자의 선택을 정당화하고 실현하려는 도전의 역사를 대변한다. 옛날 殷周시대의 통치자와 卜官에게서도 그와 같이 극복하는 운명의 탐구가 이루어졌고 이어서 『易』과 『論語』와 『道德經』같은 해법이 나타난 것이다. 그

럼에도 그들의 도전과 해법은 인류로 하여금 그의 운명을 좌우하는 자와 같은 자리에 앉을 수 있도록 인도하지를 못하였다. 인류는 아직 그의 출현과 소멸을 좌우하는 자의 주변을 방황하며 있다. 그 동안의 해법이 그 자신을 변함없는 주변자의 자리로 추락하게 하는 것이었을 뿐이라는 자각, 이것이 남아있는 철학적 해법의 출발점일 수 있다.

3

3.1 철학사 가운데서 역대의 철인들은 누적되는 복잡성을 해소하지 못하였다. 사람들이 이 철학과 저 철학을 끊임없이 이동하며 찾는 것은 무엇인가? 서로 공유할 수 없는 차이들을 제거하면 무엇이 남겠는가? 무엇이 이 모든 철학을 거부하도록 이끄는가?

3.2 왜 많은 것을 관찰하고 경험하는가? 많은 것을 얻기 위해서가 아니라 버리기 위해서다. 이 버리는 과정이 어디에 이를지에 대하여 기왕의 논리학자는 할 말이 없다. 무엇이 이 모든 것을 버리도록 이끄는가? 이 모든 것이 절대의 다름 [　]으로 빠져 있다.

3.3 일의 분화와 전문화에 방법의 발전이 있다고 말할 수 있는가? 옛날엔 돌도끼로 하던 일을 지금은 칼과 망치, 'razor'와 'laser', 그리고 수천 가지로 개발된 첨단공구로 한다. 일의 과정은 목적에 보다 밀착하고 결과는 정확하다. 그러나 돌도끼로 하던 수많은 삶과 죽임의 공작에 따랐을 반복과 차질이, 원시의 자연으로부터 오는 그 반복된 거부의 반응이 인간에게 심어준 會通과 감각의 깊이를 재연

할 수가 없다. 끝없이 일어나 밀려오는 원시의 거부반응, 이 영겁의 소리가 자연을 향해 공략하고 공작하는 자에게 들리지 않는다.

3.4 감각은 언제나 이런저런 사건과 사례에 찾아온다. 감각은 잠시 어떤 인상을 던지며 어디론지 사라져 간다. 감각이 암시하는 것은 무엇인가? 감각은 중심의 이동을 가리킨다. 감각은 개념과 사유가 자리잡은 중심을 흔들며 허물어낸다.

감각은 개념으로 요약되거나 보편화되기를 기다리며 다만 순종하는 것들이 아니다. 감각은 어떤 보편의 개념으로 집합하기를 거부하며 하나 하나의 사건 또는 사례의 독특함을 결정한다. 감각은 먼 중심자로부터 온 고독한 전달자다. 감각은 암호와 같다. 감각은 기존의 중심을 이탈하고 미지의 중심을 향하여 흩어져 간다. 머나먼 중심을 향하여 흩어져 가는 감각 또는 인상을 좇아 그의 길을 추적하는 마음이 '현재'의 접점에서 비상한다. 현재의 접점을 스치는 감각이 다시 억 년의 기억으로 함몰한다.

3.5 감각이 스쳐가는 길처럼, 살아있는 것들이 거쳐가는 운명의 길을 가리켜 주는 것은 없다. 감각은 생각처럼 머물러 있는 자의 길을 고집하지 않는다. 생각은 감각에 암시된 것을 외면하고 허구의 존재에 집착한다. 그러나 감각은 세상에 있는 것들의 피할 수 없는 먼 여정(旅程)에 대하여 가르친다. 잠시 머물다가 흩어져 갈 차가움과 뜨거움이, 즐거움과 아픔이 살아있는 것들을 향하여 다가온다. 그리고 부름의 메시지를 남기며 떠난다.

감각은 세계에 실현되는 어떤 것에도 복종하지 않는다. 그것은 절대 [ ]로부터 보내진 부름의 사자(使者)이다.

3.6 서양철학에 대해서도 동양철학에 대해서도 한국사람은 다만 관망하고 모방할 뿐인 그래서 만들지 못하는 주변의 제삼자다. 오늘 벌어지는 현대 철학자들 사이의 논쟁은 주변에 놓인 자에게는 구경거리에 지나지 않는다. 그 논쟁에서 어느 한편에 끼어 들 만한 자기로부터의 이유나 동기를 찾을 수 없는 주변자에게도 그것이 호소할 만한 보편의 진리가 되려면 그 대부분이 깨어져 버려야 할 만큼 그것을 만들어 낸 민족의 특수한 삶의 형식과 뿌리깊은 기질에서 나온 것에 지나지 않기 때문이다. 보편의 허구를 선전하는 패권의 철학이 주변자에게서 거부될 수밖에 없다.

패권의 철학을 거부한 자에게 남는 물음들이 이어진다. '그렇다면, 패권의 문명으로 길들지 않은 사람, 끌로드 레비스트로스가 말하는 'les sauvages' 그리고 한국사람이 같이 믿는 진리는 어떤 것인가? 이 길들여지지 않은 진리도 패권의 철학처럼 모임살이, 논리, 형이상학으로서 형식을 얻을 수 있는가? 길들여지지 않는 뿌리깊은 생명개체 곧 사람에게 남아있는 진리는 무엇인가?' 주변에 놓인 자는 일시적으로 실현된 패권의 진리가 아니라 그것이 모두 무너져 흩어진 다음에도 남아 있을 원자의 진리를 구한다. 패권의 진리를 거부하는 그는 생명의 원자, 다름 아닌 모나드 곧 생명 개체의 깊이에 새겨진 억 년의 경험과 기억을 감각에 다가오는 영원의 접점, 현재에서 재현한다. (1995) (01.1.11)

4

古代漢語와 原始反求: 철학사 비판 1

ⅰ. 人文主義로서의 反求: 『論語』와 古代漢語에서

ⅱ. 原始生態로서의 反求: 殷代甲骨卜辭에서

이 글을 지은 지 5년이 지나 다시 읽으며 돌이켜 보았다. 과연 여기서 말하는 '原始反求'의 미미한 단서라도 『論語』와 古代漢語 그리고 甲骨卜辭에서 찾을 수 있는 것인지? 특히, 郭沫若을 비롯한 古文字, 古代史 연구가들이 갑골복사에서 한결같이 미신스런 문화와 통치행태를 발견하는데 나는 현대정보이론(그 보기로 cybernetics)에서와 다름없는 그러나 원시로부터 지금까지 지속되어 온 영원한 생명행태로서의 탐구행위 곧 원시반구를 본다. 이 영원한 생명행태, 원시반구는 先秦철학에서도 희랍철학에서처럼 그것이 소속한 도시 문명의 필요 곧 '해답의 논리'에 밀려 점차 쇠퇴해 갔거나 망각되어 버렸다고 생각한다. 여기서 나는 상상을 억제할 수 없는 자의 '물음의 논리'를 가지고 말하는 것이다. 그 물음의 논리는 원시반구를 거쳐 20세기 탐구이론에 이르기까지 변함없는 태고의 생명행태로 남아있다. (00.7.22)

사람들은 보편성을 잣대로 삼는다. 그 보편성에 호소해서 주어진 개별적인 것을 이해하거나 통제한다. 비트겐슈타인은 그것이 인간적인 요구에서 이루어지는 것에 지나지 않는다고 비평한다. 그러나 그도 역시 언어의 관행을 지배하는 규칙성에 대한 이론을 게을리하지 않는다. 孔子는 추상 개념에 의한 일반화를 회피한다. 그는 개별 사례 또는 상황을 떠나서는 말하지 않는다.

그의 방법은 2400년이 지나서 '하나의 사물을 그 사물되게 하는 것은 특수성이며 그 특수성이 없으면 보편성도 없을 뿐 아니라 어떤 사물도 존재하지 않는다'[1]고 말한 20세기 중국공산당의 지도자 모택동의 관점으로 이어진다. '개별 사례들로 하여금 비슷한 성질을 갖게끔 하는 배후의 보편자를 어떻게 찾을 수 있는가?' 그들은 이렇게 묻지 않는다. 正名의 철학자인 공자의 禮도 仁도 孝도 그런 보편자로서 정의되지 않는다. 그는 왜 사례와 상황을 떠나서는 말하지 않는가?

---

1) "這種特殊的矛盾, 就構成一事物區別于他事物的特殊的本質. … 矛盾的普遍性和矛盾的特殊性的關係, 就是矛盾的共性和個性的關係. … 這種共性, 卽包含于一切個性之中, 無個性卽無共性." 毛澤東, "矛盾論", 『毛澤東選集』, 第一卷 (第二版; 北京: 人民出版社, 1991), 308-309, 319-320쪽. 특수성 또는 개별사례에 대한 강조가 敎條主義를 반대하고 現場調査를 역설하는 모택동의 글 "反對本本主義"에는 이렇게 나타나 있다. "邁開你的兩脚, 到你的工作範圍的各部分各地方去走走, 學個孔夫子的 '每事問'[『論語』「八佾」 …." 『毛澤東選集』, 第一卷, 110쪽.

i
人文主義로서의 反求: 『論語』와 古代漢語에서

1

공자는 殷왕조가 夏왕조의 禮를 이어받고 周왕조가 殷왕조의 禮를 이어받았다고 말한다.[1] 그 자신도 이처럼 이행해 가고있는 춘추시대의 사조를 반영한다. 이미 은왕조의 멸망을 계기로 나타난 사조는 천명이 한결같지 않으니[2] 믿을 바가 못되어[3] 사람이 스스로 힘써서 德과 禮로 가르치고 다스려야 한다는 것이다. 그리고 천명을 탓하거나 의지함이 없이 사람 스스로 해야 할 바로서 禮教와 德治에 철학적 방법과 논리를 불어넣은 인물이 공자다.

이렇게 변화 一路에 있는 殷周 전통의 통치방식과 세계관의 핵심에 대하여 당대가 요청하는 再編의 사색을 그는 펼치고 있다. 춘추시대가 겪고 있는 사조변화에 대한 공자의 기여는 그의 역사적 위치로부터 출발한다.

그는 한편으로 "천명을 모르면 군자일 수 없다"[4]고 단언하지만 한편으로는 "귀신을 공경하되 멀리하는 것이 지혜롭다"[5]고 말한다. 공자가 귀신의 실재를 부정하지 않으면서 그것을 멀리하라고 권하

---

1) 『論語』「爲政」. "殷因於夏禮, … 周因於殷禮, …."
2) 『尙書』「康誥」. "惟命不于常." 『詩經』「文王」. "天命靡常."
3) 『尙書』「君奭」. "天不可信."
4) 『論語』「堯曰」. "不知命, 無以爲君子也."
5) 『論語』「雍也」. "敬鬼神而遠之, 可謂知矣."

는 뜻은 어디에 있는가? 천명을 깨달아 받아들이고 귀신을 섬기는 일은 바로 사람이 스스로 해야 할 일을 찾는 데서 이루어진다고 보기 때문이다. 그는 희구하는 바를 타자에게서 찾을 것이 아니라 자기 자신에게 돌아가 찾으라고 되풀이해 말한 기록을 남기고 있다. 그는 "군자는 자기 자신에게서 찾는다"[6]고 말한다. 그는 또 다음과 같이 말한다.

> 자리가 없음을 걱정하지 않고 자리에 설 만한 자격을 걱정한다. 자기를 알아 주는 사람이 없음을 걱정하지 않고 알려질 만한 것을 위해 힘쓴다.[7]
>
> 제 몸을 바르게 하면 명령을 하지 않아도 되지만 그 몸을 바르게 하지 않으면 명령을 해도 따르지 않는다.[8]
>
> 자기를 누르고 禮로 돌아가는 것이 仁이다. 하루 자기를 누르고 禮로 돌아가면 천하가 仁에 이를 것이다. 仁은 자기로부터 말미암는 것이지 다른 사람에게서 오는 것이겠는가?[9]

공자에게서 강조된 이 '求諸己'의 명제를 『中庸』의 저자는 다음과 같

---

6) 『論語』「衛靈公」. "君子求諸己." 이 밖에 그는 '求諸己'를 설득하는 많은 사례를 남기고 있다. "不患人之不己知, 患不知人也."(「學而」) "不能正其身, 如正人何?"(「子路」) "有殺身以成仁."(「衛靈公」) "吾未見能見其過而內自訟者也."(「公冶長」) "己欲立而立人, 己欲達而達人."(「雍也」) "己所不欲, 勿施於人."(「顏淵」) "修己以安人, … 修己以安百姓."(「憲問」)

7) 『論語』「里仁」. "不患無位, 患所以立. 不患莫己知, 求爲可知也."

8) 『論語』「子路」. "其身正, 不令而行; 其身不正, 雖令不從."

9) 『論語』「顏淵」. "克己復禮爲仁. 一日克己復禮, 天下歸仁焉. 爲仁由己, 而由人乎哉?"

이 풀이한다.

> 자기 자신을 바르게 하고 다른 사람에게서 구하지 않으므로 怨이 없다. 위로는 하늘을 원망하지 않고 아래로는 다른 사람을 탓하지 않는다. … 활을 쏘는 일은 군자에 닮은 데가 있으니 正鵠을 맞추지 못하면 돌이켜(反) 그 자신에게서 [맞추지 못한 원인을] 찾는(求)다.[10)]

여기에 나타난 『中庸』의 '反求諸其身'의 방법은 본디 공자에게서 수없이 쓰여진 것이다.[11)] 그리고 이 反求의 방법은 은왕조가 멸망한 다음 주왕조의 爲政者들이 천명은 한결같지 않음을 깨닫고,

> '물(水)을 거울로 삼을 것이 아니라 民心에 비친 자기를 살펴야 한다'는 말이 있듯이 殷은 이제 그 [天]命을 잃었으니 여기서 우리들 [周]이 어찌 깊이 되새기지 않으리요.[12)]

이렇게 각성하는 시기에 자리잡히는 것으로 볼 수 있다. 여기서 자신의 모습과 자기의 하는 바를 되돌려 알려주는 거울로서 민심이 있음을 강조한다. 은의 멸망이라는 천명, 그 객관적 사건의 원인이, 돌

---

10) 『中庸』 14章. "正己而不求於人, 則無怨, 上不怨天, 下不尤人. … 射有似乎君子, 失諸正鵠, 反求諸其身."

11) 참고: 『大學』 1章. "古之欲明明德於天下者, 先治其國. 欲治其國者, 先齊其家. 欲齊其家者, 先修其身. 欲修其身者, 先正其心."

12) 『尙書』「酒誥」. "古人有言曰: '人無於水監, 當於民監.' 今惟殷墜厥命, 我豈可不大監撫于時."

이켜 살펴볼 때, 은왕조를 떠난 민심에 있음을 알게되는 것이다. 周代의 통치자들은 천명을 헤아리기 위해 上帝에게 의탁하기보다는 민심으로 돌아가 자기들의 所行을 반성하고 바로 하기를 결의한다. 그리하여 다음과 같은 반구의 경고를 『尙書』「泰誓」에서 발견한다.

> 하늘은 백성을 긍휼히 여겨 (하늘은) 백성이 원하는 바를 반드시 따른다.[13]
> 하늘은 백성이 보는 바에 따라서 본다. (하늘은) 백성이 듣는 바에 따라서 듣는다.[14]

반구라는 것은 자기에게 돌아가 자아를 찾고 자기의 뜻을 세우는 것이 아니다. 자기에게 돌아가 자기를 지키는 것이 아니다. 반구는 자기의 모습과 자기의 할 바를 타자의 소리—그것이 민심이든 천명이든—에서 찾는 것이다. 말하자면, 자기로부터 타자에게 요구되는 것이 아니라 타자에게서 자기에게 요구된 것을 찾는 것이다. 타자의 소행에 비친 자기의 소행을 되돌아보고 그것을 바로 잡으려는 것이다.

반구는 타자로부터 오는 신호로써 자기를 풀고 조절하는 것이다. 그래서 공자는 "毋意, 毋必, 毋固, 毋我"(『論語』「子罕」)했다고 한다. 그는 자신이 거친 발전단계에 대해 말한 "知天命", "耳順", "從心所欲不踰矩"(『論語』「爲政」)의 경지를 지향하는 것이라고 볼 수 있다. 이러한 문맥들에서 그는 자기의 고유한 뜻에 따르기보다는 타자로

13) 『尙書』「泰誓上」. "天矜于民, 民之所欲, 天必從之."
14) 『尙書』「泰誓中」. "天視自我民視, 天聽自我民聽."

부터 오는 객관의 소리에 귀기울이려는 몸가짐을 보여주고 있다. 그러나 타자로부터의 소리에 비추어 자기를 조정하는 공자의 반구는 天人관계를 강조하는 데서 이루어지는 것이 아니다. 이른바 人我관계 곧 나와 다른 사람의 사회적 관계를 함축하는 禮, 忠, 孝, 仁, 德이라는 공자의 기본 범주가 모두 반구의 관계로써 이루어진다. 그리고 人我관계에서 드러난 반구의 방법은 모순상반에 대한 공자의 해법 이른바 和諧를 함축하고 있음을 알 수 있다. 공자는 다음과 같이 말한다.

> 仁者는 자기가 서고자 하면 다른 이를 세우고 자기가 이루고자 하면 다른 이로 하여금 이루게 한다. 가까운 데 있는 자기로부터 미루어 다른 이를 이해하는 데까지 이른다면 그것을 仁의 방법이라고 말할 수 있다.[15)]

여기서 타자에 비추어 자기에게 돌아오는 內向의 반구에서 자기에 비추어 타자에게 밀어가는 外向의 반구로 상반된 방향으로 추리하는 가운데서 相成의 화해가 이루어진다.

> 임금이 신하를 시킴에는 禮로써 하고 신하가 임금을 섬김에는 忠으로써 한다.[16)]

---

15) 『論語』「雍也」. "夫仁者, 己欲立而立人, 己欲達而達人. 能近取譬, 可謂仁之方也已."

16) 『論語』「八佾」. "君使臣以禮, 臣事君以忠."

타자에게서 자기에게 요구된 것을 찾고 이제는 그것을 타자에게 돌려서 타자가 기대하는 바를 실현하게 한다는 것이다. 그리고 이것은 동시에 자기 자신이 타자로부터 기대하는 결과를 가져올 수 있는 것이어서 모순상반하는 자들 사이에 교차대화하는 반구의 관계가 실현되는 것을 본다. 공자가 해명하는 禮, 忠, 孝 그 밖의 덕목들이 君臣 朋友 長幼 父子 夫婦 곧 人我 사이의 관계를 화해의 관계로 조정하기 위한 것이다. 그는 周왕조의 宗法 통치질서가 붕괴되어 가는 亂世를 살면서 老子에 못지 않게 모순대결의 시대상황에 대한 첨예한 문제의식을 반영하고 있다. "어떻게 하면 백성이 따르겠는가?"라는 哀公의 물음에

> 곧은 자를 굽은 자 위에 올려 놓으면 백성이 따르지만 굽은 자를 곧은 자 위에 올려 놓으면 백성이 따르지 않는다.[17]

고 공자는 답한다. 그는

> 禮의 쓰임은 和를 이루는 데 있다.[18]
> 군자는 和合하지만 雷同하지 않는다.[19]
> 군자는 두루(周) 어울리지만 패거리(比)를 이루지 않는다.[20]
> 군자는 겨루는(爭) 바가 없다.[21]

---

17) 『論語』「爲政」. "擧直錯諸枉, 則民服; 擧枉錯諸直, 則民不服."
18) 『論語』「學而」. "禮之用, 和爲貴."
19) 『論語』「子路」. "君子和而不同."
20) 『論語』「爲政」. "君子周而不比."
21) 『論語』「八佾」. "君子無所爭."

라고 하는 언명 가운데서 대립으로 얽힌 人我관계의 화해로운 조정 작용을 하는 반구의 논리를 전제하고 있다. 人我 사이의 모순을 화해 호응의 관계로 조정함에서 유래한 반구의 논리는 공자의 인식 확장의 방법을 지배하는 형식이기도 하다. 그는 다음과 같이 말한다.

> 내가 아는 것이 있겠는가? 아는 것이 없다. 아는 바가 전혀 없는 자가 내게 물어오면 나는 이 끝에서 저 끝으로 캐어 물어가면서 모든 것을 일러준다.[22)]
>
> 한 모퉁이를 들어보여 나머지 세 모퉁이의 반응(三隅反)이 없으면 되풀이하지 않는다.[23)]

여기서 '三隅反'의 '反'은 어떤 종류의 추리를 의미하는가? 類推를 의미하는가?[24)] 공자와 제자에 의해서 암시된 인식 확장의 방법을 담고있는 듯한 여러 사례가 『論語』에 주어져 있다. 이 끝에서 저 끝을 캐어내는 것은 유추가 아니다. 하나를 끌어내면 세 모퉁이가 따라오게 하거나 하나를 들어서 열을 알게 되는[25)] 과정은 연역도 귀납도 아니다. 추리의 결과로서 알려지는 또 하나의 다른 끝이든지 남은

---

22) 『論語』「子罕」. "吾有知乎哉? 無知也. 有鄙夫問於我, 空空如也. 我叩其兩端而竭焉."

23) 『論語』「述而」. "擧一隅不以三隅反, 則不復也."

24) 다음과 같이 類推로 이해하는 경향이 있다. "擧一隅以語之, 其人不思其類, 則不復重敎之." 『論語集釋』, 第二册 (北京: 中華書局, 1990), 449쪽. "擧一反三. 通過一個事例或道理, 能够用同樣的事例或道理來互相證明. 這種屬于思維的類比推理的方法, …." 燕國材, 『先秦心理思想硏究』 (長沙: 湖南人民出版社, 1981), 38쪽.

25) 『論語』「公冶長」. "回也聞一以知十, 賜也聞一以知二."

세 모퉁이든지 하나로 꿰뚫는 수많은 앎이라는[26] 것이 이미 주어져 있는 부분으로부터 그것이 확장 완성되었을 때 갖추어야 할 整合體를 끌어내는 방법에 호소하는 것이다.

주어진 추상적 부분으로부터 실제 사물의 온전한 정합체를 갖추기까지 그 밖의 부분을 찾는다. 주어진 성분으로부터 그것과 관련해서 이루어질 한 완성된 맥락을 구성한다. 여기서 주어진 부분과 그 부분을 포함하는 정합체, 또는 주어진 성분과 그의 완성된 맥락 전체 사이의 반구 관계가 이루어진다. '三隅反'의 '反'을 "還以相證"[27]이라고 한 朱熹의 주석이 바로 반구를 지시한다.

그런데 이렇게 人我관계를 비롯한 세계인식의 바탕이 되는 반구의 논리는 공자 이전에 이미 형성되었던 『易』의 사상과 고대한어의 語法 가운데에 이미 원시 모양으로 갖추어져 있음을 알게 된다. 그리고 『易』과 고대한어의 원시사상과 논리를, 공자로부터 거의 1000년 전인 은왕조에서 남겨진 수많은 종류의 점복제사행사를 기록한 갑골자료에서 확인할 수 있다. 은대의 갑골문으로부터 발달한 고대한어는 공자의 禮, 忠, 孝같은 人我관계를 결정한 반구의 방법을 논리적인 형태로 구사하고 있다. 고대한어가 구사하는 반구의 방법이란 어떤 것인가?

2

공자는 天에 대해 知天命과 耳順으로써 人에 대해 克己復禮로

---

26) 『論語』「衛靈公」. "賜也, 女以予爲多學而識之者與? … 非也, 予一以貫之."

27) 『論語集註』「述而」.

써 求諸己의 원칙을 보여준다. 求諸己는 옛날 희랍의 시인과 철인들의 발견처럼 神이나 숙명의 타자로부터 자주적으로 분리되어가는 자기 자신의 발견을 의미하지 않는다. 오히려 자기의 운명에 대하여 한계를 내려주는 天 또는 자기와 공존하는 타자의 소리에서 자기의 처신을 찾는 것이다. 말하자면, 자기의 처신이 주체 독립적으로가 아니라 그 자신을 조건지우고 제약하는 환경 또는 타자에 정합 관계로 연루된 부분으로서 규정받는다. 개체로서의 자기와 자기를 둘러싼 조건으로서의 환경은 서로 분리할 수 없이 결합하여 하나의 集體를 이룬다.

성분으로서의 부분과 그것들이 모인 집체 사이의 관계는 그러나 공자의 반구 방법이 나타나기 전에 이미 고대한어의 체계에 실현되어 있다. 그리고 그러한 부분과 집체의 반구관계는 고대로부터 현대 한어에 이르기까지 변함없는 중국의 논리 전통이다. 이는 인도유럽계의 고대 희랍어에서 착상된 연역 또는 증명이라는 서구의 논리 전통에 대조적인 것이다. 현대한어의 한 예를 보면:[가)]

(1) 我要跟你商量. (나는 당신과 상의하겠소.)
(2) 茶杯跟茶水都準備好了. (찻잔과 끓인 물이 모두 준비되었소.)
(3) 請你跟王先生. (당신은 왕 선생을 따라 가시오.)

'跟'이라는 한 낱말이 (1)에서는 전치사, (2)에서는 접속사, (3)에서는 동사의 기능을 하고 있다. 하나의 낱말이 갖는 고유한 의미와 기능이 일정함이 없이 그것이 참여하는 문맥에 따라 달라지고 있다.

이런 사례는 고대 한어에 늘 일어난다.

陛下不能將兵而善將將. (『史記』「淮陰侯列傳」)

　　　①　　①②

①은 사병이나 장군을 통솔한다는 의미로서 동사로 쓰이고 ②는 장군이란 의미의 명사로 쓰인다.

君君臣臣父父子子. (『論語』「顔淵」)

①②①②①②①②

君不君臣不臣父不父子不子. (『論語』「顔淵」)

①　②①　②①　②①　②

君①, 臣①, 父①, 子①은 임금, 신하, 아버지, 자식이라는 의미의 명사 또는 주어로서, 君②, 臣②, 父②, 子②는 임금답게 처신하다, 신하답게 처신하다, 아버지답게 처신하다, 자식답게 처신하다라는 의미의 동사 또는 술어로서 쓰인다. 이런 사례들은 주어진 문맥 전체에 비추어서 그 성분 낱말의 의미와 기능을 결정할 수 있는 경우다.

그러나 문맥을 떠나 그 문맥에 대응하는 현실사례 또는 상황에 비추어 보아야 비로소 성분 낱말이나 문장 자체를 해석할 수 있는 경우도 일어난다. 공자는 다음과 같이 말한다.

不憤不啓不悱不發. (『論語』「述而」)

이것을 우리들은 "분발하지 않으면 깨우쳐주지 않고 답답해하지 않으면 일러주지 않는다"로 풀이한다. 왜 "분발하지 않고 깨우쳐주지 않고 답답해하지 않고 일러주지 않는다"로 풀이하지 않는가? 어떤 배려에 의해서 '不憤'과 '不啓' 사이를, 그리고 '不悱'와 '不發' 사이를 각기 다른 조건문의 전건과 후건의 관계로 엮어내는 것인가? 대화자들 사이에 전제된 사례와 상황의 맥락에 비추어 봄으로써 그런 엮임이 가능할 것이다. 한어에서 주어진 문구 자체는 아직 하나의 완전한 의미 전달체가 될 수 없다. 한어의 많은 문구는 그것이 전달하려는 완전한 의미에 대하여 보류적이고 미완성적이다.[28] 지시된 사례의 맥락에 비추어 주어진 문구의 의미 그리고 그 성분들 사이의 관계를 결정할 수밖에 없다. 그러므로 하나의 주어진 문구가 그 문구의 배경이 되는 사례 또는 상황과 서로 집체정합의 관계를 이루도록 해석하게 된다. 말하자면, 고대한어로써 묘사되는 세계에서 하나의 문구는 그에 대응하는 사례 또는 상황과의 還以相證 또는 반구관계 가운데서 해석이 가능해진다.

공자가 자공에게 "너와 안회는 누가 나으냐?"고 물으니 자공이 "제가 어찌 안회를 바라보겠습니까? 안회는 하나를 들으면 열을 알고 저는 하나를 들으면 둘을 압니다"[29]로 답하였다. 여기서 공자는 말한다.

弗如也. 吾與女弗如也. (『論語』「公冶長」)

---

28) 이에 대하여 한 프랑스 문법학자의 이해는 다르다. "우리가 사고하고 말하는 것은 문장(phrases)을 통해서이다. 또한 문장(la phrase)은 완전한 의미를 표현할 목적으로 … 조직된 결집체이다. [M. Grevisse, Le Bon Usage (Gembloux, Duculot, IIe d., 1980), 25쪽]" 마리 노엘르 가리-프리외, 『문법과 언어학의 만남: 문장연구 통사론』, 이재영, 김현권 옮김 (서울: 한불출판, 1992), 61쪽.

29) 『論語』「公冶長」.

'弗如也'라고 한 말에서 누가, 혹은 누구와 누가 누구만 못하다는 것인지 모호한 채로 남겨져 있다. 이른바 한어어법학자들이 말하는 '施事者' 또는 '受事者' 곧 서구문법에서 '주어'라고 하는 것이 어째서 흔히 생략되는가?

"주어의 기능은 가장 오래된 것이면서 또한 가장 안정된 기능"[30]이라고 서구의 문법학자는 말한다. 그러나 宣公 2年에 일어난 사건에 대한 『左傳』의 기록을 보면, 극히 절제된 문장과 그 문장이 절제한 미완성 표현에 의해서 암시된 사태의 구조가 서로 還以相證 또는 정합 관계에 놓이도록 반구하지 않으면 한 마디 한 마디가 누구의 발언이며 누구의 행위인지 알 길이 없게 되어있다.

> 初, 宣子田于首山, 舍于翳桑, [1] 見靈輒餓, [2] 問其病. [3] 曰: "不食三日矣." [4] 食之, [5] 舍其半. [6] 問之. [7] 曰: "宦三年矣, 未知母之存否, 今近焉, 請以遺之." [8] 使盡之, 而爲之簞食與肉, 寘諸橐以與之.

위의 글에서 생략된 주어들은 다음과 같다. [1] 宣子 [2] 宣子 [3] 靈輒 [4] 宣子 [5] 靈輒 [6] 宣子 [7] 靈輒 [8] 宣子. 특히, '[4] 食之 [5] 舍其半'에서 '食之'의 施事者는 宣子이며 '舍其半'의 施事者는 靈輒이라는 결론에 이르기까지 주어진 사례 또는 상황에 대해 어긋나지 않는 관계에 놓이도록 [4]와 [5]를 맞추어 해석하는 반구에 호소하지 않으면 안 된다.

---

30) 마리 노엘르 가리-프리외, 앞의 책, 130쪽.

공자는 말한다.

父母在不遠遊遊必有方.(『論語』「里仁」)

여기서 '不遠遊', '遊必有方'의 施事者 곧 주어에 해당하는 자는 누구인가? 부모인가? 부모 아닌 누구인가? '父母在' '不遠遊' '遊' '必有方' 사이에 어떤 접속사가 들어가는 것으로 해석할 것인가? 레게(J. Legge)는 다음과 같이 번역한다.

[While his] parents are alive, [the son may] not go abroad to a distance. [If he does] go abroad, [he] must have a fixed place [to which he goes].[31] ([ ] 필자가 넣음)

웨일리(A. Waley)는 이와 비슷한 그 자신의 번역에다 다음과 같은 각주를 붙이고 있다.

Particularly in order that if they die he may be able to come back and perform the rites of mourning.[32]

위의 레게의 번역에서 [ ] 안에 있는 것과 웨일리의 각주는, 엄밀히 말하자면 모두 공자에 의해서 언표된 것 밖으로 가설된 상황과 당시

---

31) James Legge (trans.), ***The Chinese Classics***, Vol. I (Hong Kong: Hong Kong University Press, 1960)

32) Arthur Waley (trans.), ***The Analects of Confucius*** (London: George Allen, 1938)

관습에 비추어 끌어낸 것이라고 보아야 한다. 언표된 문구 또는 문장에 대해 整合反求 관계를 이루는 상황과 관습을 가설하지 않고서는 이런 유의 고대한어 문장은 그 의도하는 온전한 뜻을 전달한다고 볼 수 없다. 말하자면, 가설된 상황과 그 사례에 비추어 봄으로써 모호한 성분 또는 부분에 대해 어떤 기능, 어떤 의미가 요구되는지 반구 관계에 의해 결정한다. 반구 관계는 또한 일정한 기능과 의미로 결정된 성분 또는 부분이 그가 소속하는 문장 또는 문장에 대응하는 상황과 사례를 수용하는지 역방향의 추리과정을 포함한다.

문장을 이루는 성분뿐 아니라 하나의 온전한 의사를 전달하려는 문장이 그것이 가설한 상황 또는 사례와 반구관계에 있다는 것은 고대한어에 국한된 현상이 아니다. 현대한어의 어법을 논하는 陸儉明 교수는 주어와 술어라는 성분을 갖추지 않은 하나의 낱말이라도 한 온전한 뜻을 전달하는 문장으로 보아야 한다고 말한다. 예로, "誰?"라는 물음에 대한 응답으로서 "我。"는 손색없는 하나의 온전한 문장이다.[33] 고대한어 또는 갑골문의 시대로부터 현대한어에 이르기까지 하나의 문장이 갖추어야 할 최소한의 '주어와 술어'라는 조건은 없다. 한어의 문장은 서구의 문법 체계에서처럼 주어와 술어를 필수의 성분으로 여기지 않을 뿐 아니라 문장 성분들 사이의 수, 성, 격, 인칭 또는 시제의 일치관계라는 조건도 없다. 그 이유는 어디에 있는가?

한어에서 하나의 온전한 뜻을 갖춘 문장이란 문장 內的인 형식

---

33) 馬眞, 『簡明實用漢語語法』(修訂本; 北京: 北京大學出版社, 1988), 36-37쪽. 필자가 이 文例에 대한 해석과 논변을 들은 것은 馬眞 교수의 夫君인 文法學者 陸儉明 교수(北京大學)로부터였다.

조건에 의해서가 아니라 실은 언표된 것이 지시하려는 사건 또는 상황에 대해 반구관계에 놓일 때 비로소 받아들여지기 때문이다. 한어에서는 낱말 자체를 하나의 고유한 의미와 기능을 지닌 것으로 보거나 낱말들의 어떤 모임 자체를 곧 하나의 뜻을 갖춘 문장이라고 볼 수 없다. 앞의 예에서 '我。'는 그것이 소속하는 사례 또는 상황과 반구 관계로 결합할 때 비로소 주어가 생략된 한 문장 '是我。'로 기능을 하는 것이다. 이와 같이 고대에서 현대에 이르기까지 한어에서 늘 일어나는 관행으로서 이른바 '省略'과 '詞類轉用'이라는 것도 쓰여진 낱말 또는 낱말들의 모임이 그것이 소속하는 사건 또는 상황과 반구관계로 결합하는 원리에 의존하는 것이다.

3

공자의 求諸己는 객관적으로 주어진 상황에 대한 자기의 역할과 책임을 돌이켜 묻는 데서 그 자신이 현실에 벌어진 상황으로부터 분리될 수 없는 집체의 성분임을 자각하게 만드는 것이다. 그런 세계인식은 공자에게서 비로소 시작된 것이 아니라 이미 확인할 수 없이 오래 된 漢族의 語法 형성과 함께 이루어졌을 그들의 세계관의 전통이라고 볼 수 있다.

> 사람을 쓸 때 독일인들은 먼저 '이 일을 할 수 있겠느냐?'고 묻는다. 미국인들은 '이 일을 해본 경험이 있느냐?'고 묻는다. 일본인들은 '어느 대학 출신이냐?'고 묻는다. 한국에서는 면접시험 때 '고향이 어디냐?', '아버지는 뭐 하시느냐?'는 질문이 가장 먼저 던져진다.[34)]

왜 중국인에 대한 이야기는 없겠는가? 오늘 그들이 말하는 사회주의 혁명의 주요이념은 민족 集體主義의 실현에 있으며[35] 사회생활에서도 개인들 사이의 私的 '關係'를 떠나서는 어떤 어려운 일도 해결할 수 없다. 동아시아 문화권에서 '배경이 없는' 개인은 어떤 사업을 이루는 것이 불가능하다. 특히, 한 가족구성원은 그가 참여하는 온 가족이라는 집체 안에서 분리불가능한 반구 관계를 구축한다.

이 분리불가능한 집체 관계 안에서 진정으로 자주 독립의 개체, 곧 고대로부터 서구 사람들이 찾아 실현하려고 했던 주관의 실천자로서의 주체 'subjectivity'란 존재하지 않는다. 어째서 한어를 비롯한 동아시아의 언어에서 서구의 문법이 요구하는 이른바 '주어'가 없는 문장이 자연스럽게 받아들여질 수 있는가? 한어문법체계에서 본다면 주어나 主題語 또는 施事者나 受事者라는 것이 반구 관계에 있는 집체 구조에 분리될 수 없게끔 연루되어 있기 때문이다. 성분으로서 참여하는 주어, 주제어 또는 주체라고 하는 것은 그 全貌를 간직한 배후의 집체 구조에 얽혀있는 종속자에 지나지 않는다. 진술하려는 세계의 어떤 부분도 그 밖의 부분들을 결합한 집체구조에 연결되어 있어서 그 부분에 대한 이해에 시시로 轉移와 反轉이 일어날 수 있다. 그러므로 어떤 사태에 대한 진술이나 추론에서도 그 사태를 분리 고정시켜 주어 또는 주제어로 대표하거나 전제 또는 추론의 출발점으로 삼기 어려운 점이 있다. 정치와 문화같은 모임살이 방면에서

34) "萬物相",『朝鮮日報』, 1993. 8. 15.

35) 참고: "每一個人, 總要生活在集體之中. … 都要同别人接觸和交往, 活動在這個或那個集體之中. 個人離不開集體 ⋯." 國家敎委中學思想政治課敎材編寫組,『思想政治』, 一年級用上册 (北京: 北京出版社, 1993), 107쪽.

도 책임을 단독으로 수행하는 개인이라는 주체는 등장할 수 없으며 세계의 어떤 단면을 분리 고정시켜 전제로 삼아서 연역 추론을 펼칠 논리적 동기가 주어지지 않는다. 세계의 어떤 단면 또는 부분과 그 단면 또는 부분에 연루된 전체 구조가 언제나 끊임없는 反求관계에 놓이기 때문이다.

왜 공자는 一以貫之의 道를 말하면서 그 一者에 대한 어떤 하나의 개념 정의도 하지 않았는가? 집체 사태에 얽힌 사례 하나 하나의 특수를 떠나 추상적으로 일반화하기를 거부하는 전통 때문이다. 공자는 禮와 仁 그리고 군자의 길에 대한 수많은 정의를 내리고 있지만 그 어느 것이 그가 실현하려는 일이관지의 도인지 가려 낼 수 없게 한다. 그가 내린 정의의 사례들 가운데 어떤 것도 그의 일이관지의 도 그 자체는 아닐지도 모른다. 왜? 어떤 정의의 사례도 그것이 궁극적으로 실현하려는 목표 또는 이상과의 반구관계에 있는 하나의 단서에 지나지 않기 때문이다.

그는 어떤 방법으로 일이관지에 이르는가? 그의 말대로 "多學而識之"(『論語』「衛靈公」)의 방법이 아니다. "擧一隅以三隅反"(『論語』「述而」)의 절차이다. 이는 하나의 성분을 단서로 잡으면 그 성분과 반구의 관계를 이루는 全一的인 것을 추적할 수 있으므로 이런 절차와 방법으로 그 지향하는 일이관지의 도에 쉼 없이 가까워질 것이다. 이 지향의 절차는 특수자 또는 개별자로부터 보편자로, 또는 기지에서 미지로가 아니라 한 단서인 성분으로부터 그것과 정합 반구관계에 있는 집체의 형성으로 나간다.

한 성분이 그 全貌를 잡을 수 없는 미지의 집체 형성에 기여하기 위해서는 바로 그 미지의 집체를 향해 그 자신(성분)의 자리와 역할을 조정해야 한다. 반구의 추론에서 그 귀결은 일방적으로 또는 연역적으로 결정되는 것이 아니다. 반구란 기지에서 미지로의 길이 아니라 미지로써 기지를, 기지로써 미지를 집체 반구의 관계로 조정하며 엮어가는 길이다. 그러므로 어떤 성분이든지 그 성분과 반구 관계에 있는 집체 구조 가운데서 反證, 反轉될 수 있어서 그의 주변성을 면할 수 없다. 이런 집체 구조에서 한 때에 확인된 어떤 성분의 의미와 기능도 그 다음 추론의 확고한 전제가 될 수 없고 끊임없는 반구 모색에 의해서 수정되거나 전회될 운명을 지닌다.

반구와 증명의 논리 가운데서 어떤 것을 선택할 것인가 하는 것은 주어진 주제 또는 전제에 대하여 어떤 이해와 처리가 허용되는가 하는 자연생태 및 문화의 여건에 달려 있다. 연역적 증명에서처럼 전제에 일방적으로 의존하는 정보를 귀결로 이끌어 낼 것인가? 아니면, 전제에 의존하기보다는 전제로부터, 전제에 대해 반구 관계를 이루는 그래서 오히려 전제가 의존하고 있는 미지의 잉여를 귀결로서 받아들일 것인가? 이런 반구의 추론에서 전제는 전제 밖의 미지의 신호에 대하여 개방적이며 전제로부터 연역된 정보는 전제와 함께 전제 밖의 잉여 가운데로 함몰한다.[36)]

---

36) "To say that a given sentence deductively implies another is equivalent to saying that the given sentence contains the information contained in the sentence it implies. The utterance of both sentences on a given occasion of use is, in a strict sense, redundant, …." James W. Hearne, ***Classical Chinese as an instrument of deduction*** (Unpublished dissertation; University of California, Riverside, 1980), 138쪽. "It is, however, not unreasonable to identify in the mentality of traditional Chinese writers a distaste for redundant information, …." 위의 책, 139쪽. 연역의 결과인 'redundant information'을 書面上으로 번잡하게 표출하지 않는다는 원칙은 古代漢語가 추구하는 문장성분의 '省略'과 '詞類轉用' 따위에 나타난 높은 수준의 簡鍊 또는 精鍊主義 慣行에 일치한다.

증명을 위한 연역 추론에서는 전제의 동일성에 변화가 있을 수 없다. 그러나 반구의 추론에서 출발점으로 주어진 어떤 전제의 동일성도 보장받을 수 없다. 반구의 전제는 그것과 반구관계에 있는 집체에 의해 조정받아서 반전 또는 변화될 수 있다. 그럼에도 때로는 집체 자체가 전제에 의해 변화 지양될 수 있음은 그것들이 서로 반구 관계에 있기 때문이다. 반구에 참여하는 쌍방은 서로 蕩盡될 수 없는 변화 가능성을 상대자에게서 유도하는 작용을 한다.

'대하여' 진술되고 있는 바 주어, 주제 또는 전제라는 것을 드러나 있는 그 자체로서 한정해 도려낼 때 서구에서 발전해 온 연역의 논리학이 만들어질 수 있다. 그러나 주어, 주제 또는 전제라는 것을 그 밖의 것과 집체 또는 함몰 관계에 있는 것으로 열어놓을 때 반구의 논리학이 이루어진다.

ii
原始生態로서의 反求: 殷代甲骨卜辭에서

1

『小屯: 殷虛文字: 丙編』에서 다섯째 圖版을 보면 殷代 武丁 시기에 西方의 영토를 다스리는 旨가 변방의 古에게 禍를 입힐 것인지 아닌지를 占친 卜辭가 左右로 다섯 짝이 새겨져 있다.[37] 그리고 그 새겨진 순서를 다음과 같이 隸書體로 풀이해 놓을 수 있다.

(1) 庚子卜, 爭貞: 西史旨亡囚古?[38]

(2) 庚子卜, 爭貞: 西史旨其㞢囚?

(3) 貞: 西史旨亡囚古?

(4) 西史旨其㞢囚?

(5) 貞: 旨亡囚?

(6) 旨其㞢囚?

(7) 旨亡囚?

(8) 其㞢囚?

(9) 旨亡囚?

(10) 其㞢囚?

---

37) 張秉權, 『小屯: 殷虛文字: 丙編』, 上輯(一) (臺北: 中央硏究院歷史語言硏究所, 1957), 圖版伍(五).

38) 여기에 참고된 대부분의 甲骨文例에 대한 隸定과 考釋의 방식은 北京大 中文系 沈培 교수에게서 받은 수업에 의존한 것이나 오류가 있다면 나의 未及한 이해로부터 발생했을 것이다.

(1)과 (2), (3)과 (4), (5)와 (6), (7)과 (8), (9)와 (10)의 다섯 짝으로 이루어진 각각의 對貞은 禍를 입히지 않을 것인지 입힐 것인지 상반된 가능성에 대한 의문을 반복해 던지고 있다. 이 동일한 미결의 사항에 대하여 첫째(1)의 의문이 던져진 다음으로 이어지는 의문들에서 그 뜻을 잃지 않는 한계에 이르기까지 진술을 점차 축약해 간다.

武丁은 반란을 일으킨 변방 下危와 巴方을 토벌하는 전투에 직접 나서려고 한다. 下危를 토벌하는 데는 望乘이라는 지방에서, 巴方을 토벌하는 데는 沚戛이라는 지방에서 쳐들어가야 한다. 여기서 무정이 어느 길을 택해야 할지 점을 친 두 짝의 복사는 다음과 같다.[39]

(1) 辛酉卜, 設貞: 今春王从望乘伐下危, 受㞢又?

(2) 辛酉卜, 設貞: 今春王勿从望乘伐下危, 弗其受㞢又?

(3) 貞: 王从沚戛?

(4) 貞: 王勿从沚戛?

(3)과 (4)에서 축약되기 전의 온전한 문장을 (1)과 (2)에 주어진 문맥에서 추리해 낼 수 없다. 武丁은 沚戛에서 어디로 쳐들어가야 上帝의 保佑를 받을 것인가? 武丁이 어디를 치겠다는 것인가가 나타나 있지 않다. 같은 상황을 놓고 점친 다른 卜辭資料에 나타난 것으로[40] 미

39) 張秉權, 앞의 책, 圖版壹玖(二O).

40) 예를 들면 다른 하나의 綴合된 甲骨圖版(『小屯: 殷虛文字: 丙編』, 上輯(一), 考釋 49쪽, 挿圖貳(圖版貳參+京津1266))에서 "辛酉卜, 爭貞: 王从望乘伐下危?", "(辛)酉卜, 爭(貞): 王勿隹(望)乘从?", "貞: 王[叀]沚戛从伐巴方?", "貞: 王勿隹沚戛从?"이라고 4줄이 함께 수록되어 있음을 발견한다. 여기서 沚戛로부터 쳐들어가려고 하는 곳은 巴方이라는 것을 알게 된다.

루어 당시의 지리와 전략의 상황을 구성해 본 뒤에야 巴方에 대한 공격을 고려하는 것으로 확인할 수 있고 "(3) [辛酉卜殼]貞: 王从沚戛[伐巴方受㞢又]?", "(4) [辛酉卜殼]貞: 王勿从沚戛[伐巴方弗其受㞢又]?"라는 완성된 의문의 진술을 만들어낼 수 있다. 先秦시대의 한어에서 그렇거니와 이미 은대 갑골문에서도 축약된 문구의 뜻은 이른바 上下문맥에 의해서만 아니라 그 불완전 문장이 반영하는, 그래서 그 문구와 반구 관계에 있는 실제 상황에 조회함으로써 해석할 수 있다.

그런데 張秉權은 『小屯: 殷虛文字: 丙編』 考釋 79쪽에서 "▨(从)與方伐下危?"(『乙』 5159)라는 한 파손된 갑골문구를 놓고 두 가지 해석이 가능하다고 본다. 하나는 파손된 부분에 본디 '从'(從)字가 있었다고 보고 "與方에서 下危로 쳐들어가면 어떤가?"로 이해한다. 與方과 下危는 서로 가까운 거리에 있었기 때문에 그런 전략에 대해 점을 쳤을 수 있다. 그러나 문제는 與方이라는 한 지방 또는 方國의 이름이 그곳의 人民이나 部隊 또는 將首의 이름일 수도 있다는 데 있다. 그렇다면 "與方(부대 또는 장수)이 下危를 칠 것인가?"라고 물은 것으로 볼 수 있다. 은대의 갑골문에서 人名과 地名, 族名과 國名이 하나로 통용되고 있어서 오직 문맥 가운데서 또는 문맥과 문맥이 지시하는 실제 상황 사이의 반구 관계에 의해서 그 뜻하는 바를 추리할 수 있다.

어떻게 은대에는 개인과 그가 끼어있는 집단, 사람과 그가 사는 지역이 모두 하나의 이름으로 불려질 수 있었는가? 다음의 갑골 문례에 나타나듯이 '我'[]는 (1) 殷代의 王 武丁 자신 또는 殷나라, 아니면 (2) 當代의 貞人 가운데 한 사람이거나 (3) 殷나라 또는 殷의 백성 또는 군대일 수도 있고 (4) 그 밖의 주변국 또는 그것을 대표하는

인물의 이름일 수도 있다.[41]

· 王固曰: 吉. 我受[42]黍年. (『合集』 9934 正) … (1)

· 王貞: 余…于示…我又? (『合集』 20322) … (1)

· 丁未卜, 我貞: 今夕…? (『合集』 21598) … (2)

· 庚午卜, 我貞: 今秋我入商? (『合集』 21715) … (2)

· 甲辰卜, 爭貞: 我伐馬方, 帝受[43]我又? (『合集』 6664 正) … (3)

· 口丑卜, 內[貞]: 我弗其冑? (『後』 下 36.5) … (3)

· 我來三十. (『丙』 39) … (4)

· 我氏(致)千. (『乙』 6969) … (4)

위의 사례들은 하나의 문구가 표현하려는 온전한 뜻이 그 문구 자체에 실려 있지 않다고 하는, 갑골문을 비롯한 고대한어의 문장 구성의 원리가 부분과 그 밖의 잉여 사이의 반구 관계를 구성하는 방법에 있음을 알려준다. 한어의 축약 또는 轉用의 관행은 어떤 규칙이

41) 아래와 다음 쪽들에 인용된 甲骨文例가 실려있는 책이름의 약칭 풀이표(나타난 순서에 따랐음): 『合集』·『甲骨文合集』(中國社會科學院歷史研究所); 『後』·『殷虛文字: 後編』(羅振玉); 『丙』·『小屯: 殷虛文字: 丙編』(張秉權); 『乙』·『小屯: 殷虛文字: 乙編』(董作賓); 『前』·『殷虛書契前編』(羅振玉); 『合』·『殷虛文字綴合』(郭若愚); 『粹』·『殷契粹編』(郭沫若); 『庫』·『庫方二氏藏甲骨卜辭』(方法斂); 『通』·『卜辭通纂』(郭沫若); 『南輔』·『戰後南北所見甲骨錄: 輔仁大學所藏甲骨文字』(胡厚宣); 『存』·『甲骨續存』(胡厚宣)

42) 여기서 '受'는 '받는다'는 의미로 쓰이고 있다.

43) 이 '受'는 '준다' 곧 '授'의 의미로 쓰인다. 같은 字 43)의 受()와 44)의 受()가 문맥에 따라 다른 의미를 지니는 古代漢語의 관행이 이 甲骨文例에 나타나고 있다.

없이 그때 그때의 문맥에서 뜻이 통하도록 융통성 있는 해석을 한다는 막연한 文理주의에 있지 않다.

앞의 갑골 문례 "(1) 庚子卜, 爭貞: 西史旨亡囚古?"로부터 "(9) 旨亡囚?"로 축약되어 가는 단계에 나타나듯이 필요불가결하지 않은 말에 대하여 중복을 피하려는 문법 또는 修辭의 簡鍊主義가 고대한어의 어법을 지배한다. 이런 간련주의는 어떤 원칙을 따르는가? 갑골문을 포함하는 대부분의 고대 한어 문장은 서구 문법의 전통에서 요구하는 완전한 문장의 조건을 갖춘 것이 아니다. 한어의 문장 또는 그 성분들은 일반적으로 그것이 소속한 문맥 또는 실제 상황에 대한 반구 관계에 의해서 해석하는 것이 원칙이다. 문장 성분들 사이의 수, 격, 성, 인칭, 시제의 내적 일치라는 서구 문장구성법의 원칙이 모순배제의 정합주의라면 한어의 문장 구성법을 지배하는 원칙은 집체 반구의 정합주의다. 모순배제의 정합주의에서 증명의 논리가, 집체 반구의 정합주의에서 轉化(對待 또는 無待로서)의 논리가 착상되는 것으로 볼 수 있다.

2

지금까지 발견된 갑골 문례의 대부분은 B.C. 14세기 초엽 商의 도읍을 殷으로 옮긴 盤庚(B.C. 1385-1371) 또는 (그 자료로써 정확하게 말할 수 있는 것은) 武丁(B.C. 1339-1281)으로부터 殷이 멸망하는 때인 帝辛(紂)에 이르기까지 이루어진 점복 행사의 기록이다. 왕실에서 집행하는 일에 관련된 거의 모든 중요한 사항—예를 들면, 邊方의 부족들과의 전쟁; 왕이 친히 나서는 순찰, 정벌, 사냥; 제사의 형식과 택일, 祭物의 선택; 자연의 재해 또는 풍부한 수확의 여부; 열흘

(旬) 동안 또는 저녁에 일어날 일의 吉凶禍福—에 대한 점을 쳤다. 그 점복과 제사의 대상으로는 天神으로서 上帝를 비롯한 日, 風, 雨, 云이 있고 地神으로서 四方과 山河같은 것이 있고 祖神으로서 先王, 先公, 先妣 같은 것이 있다. 그 가운데서 상제는 문의와 祈求의 최고 대상이어서 그 많은 文例를 남기고 있다.

· 帝令雨足年. 帝令雨弗其足年. (『前』 1.50.1)
· 羽丙子帝令雨. (『合』 115)
· 伐邛方, 帝受我又. 伐邛方, 帝不我其受又. (『乙』 3787)
· 惟王往我邛方, 受有又. (『粹』 1081)
· 王乍邑, 帝若. (『乙』 1947, 6750)
· 帝勿若王. (『合』 323)
· 帝其降我. 帝不我降. (『乙』 7793)
· 帝其乍王禍. 帝弗乍王禍. (『乙』 1707, 4861)
· 帝弗其福王. (『庫』 561)

이것은 모두 상제에게 求雨求年 또는 그 밖의 기원하며 문의한 사항을 기록한 것이다. 이런 형식의 내용을 命辭라고 한다. 그런데 복사 문례에는 점을 친 날짜의 干支와 점칠 사항을 묻는 貞人의 이름을 기록한 前辭, 물음의 사항인 命辭, 그 사항을 점친 바에 대하여 판단하고 예견하는 占辭 그리고 점의 판단과 예견의 적중 여부를 기록한 驗辭가 있다.

여기서 驗辭는 命辭로써 祈求 問疑하고 占辭에서 판단 예견한 것이 어떤 결과를 가져왔는지 기록한 것으로서 다음과 같은 文例(밑줄 친 부분)들을 남기고 있다.

· 壬辰卜, 貞: 田玟, 往來亡災? 王固曰: "吉." 才十月. 玆果, 隻鹿六. (『通』 698)

· 癸丑卜, 爭貞: 自今至于丁巳我𢦏宙 [주변 적국의 이름]? 王固曰: "丁巳我毋其𢦏, 于來甲子𢦏." 旬㞢一日癸亥車[전투 무기?]弗𢦏. 之夕向甲子允𢦏. (『合集』 6834 正)

· 癸丑卜, 爭貞: 旬亡囚? 王固曰: "㞢咎. 㞢夢[좋지 않은 꿈]." 甲寅允㞢來艱. 左告曰: "㞢奉[逃跑]芻自盆[地名]十人㞢二." (『合集』 137 正)

驗辭는 우리에게 무엇을 암시하는가? 이 驗辭뿐만 아니라 복사 전체가 자연에 대한 無知 때문에 일어난 환상이며 미신의 행사라고 말할 수 있다.[44] 또는 무지한 백성을 향한 왕실의 통치 수단으로서 상제에 의탁한 권위가 필요해서 만들어진 의례와 절차로 이해할 수도 있다. 그러나 자연의 법칙에 대한 보다 체계적인 지식이 없었던 원시의 그들이 불확실하고도 급박한 상황에 대응하는 판단과 행위에서 그밖에 무엇에 호소할 수 있었던가? 첨단 과학의 시대인 지금도 많은 사람들의 삶에 다가오는 불안한 미래에 대하여 안심시킬 만한 어떤 예견도 해답도 없다. 그들이 추구하는 삶의 목적이나 이념에 대하여 확실하게 보장할 수 있는 방법도 없다. 인류는 아직도 그의 가장 깊은 곳으로부터 일어나는 의문과 절규를 神에게 던진다.

자연에 대한 지식은 아직도 언제나 삶에 일어나는 그런 절박한 본능의 절규와 기원에 대한 오랜 추적과 반향으로부터 얻은 아주 지

44) "奴隸制時代的殷王朝是十分迷信的, 每事必卜, 每卜必至多次. … 一切大事小事都要通過龜甲獸骨的占卜以請命于'上帝'." 郭沫若, "古代文字之辯證的發展", 『考古學報』 (1972年 第一期; 北京: 科學出版社, 1972), 3쪽.

엽적인 참고 사항일 뿐이다. 은대의 왕과 수많은 貞人들이 상제에게 던진 의문과 기원에 대한 회답 또는 결과로서 驗辭를 기록했을 것이고 그 驗辭를 반성하며 다시 의문과 기원을 던지기를 되풀이하는 가운데서 아마도 그 의문과 기원 자체를 돌이켜 고쳐 보는 반구의 태도가 잡혔을 것이다. 그들은 모두 삶의 방향을 찾아서 어디론가 그들의 의문과 기원을 던지며 이미 주어진 험사 또는 회답과 결과를 놓고 자신을 반성 반구하며 조정하지 않을 수 없다. 험사가 보여주는 결과와 회답에 이르기까지 무엇이 잘못되었던가? 다음의 기원과 시도를 어떻게 할 것인가? 은의 盤庚 또는 武丁으로부터 주공을 거쳐 공자에 이르기까지 적어도 세 차례 점차 거대해지는 人民集體의 생존경영을 위한 반구의 방향이 고쳐졌다는 것을 알 수 있다.

(1) 고쳐져가는 반구의 첫째 계기는 祖甲의 이른바 新派改革에서 나타난다. 그것은 그 이전까지 행해진 점복제사의 禮制 가운데서 번거롭거나 헛되다고 여겨진 것들을 과감하게 제거하고 정리한 데에 있다.[45] 董作賓의 통계에 의하면 新派 禮制에 따른 왕들의 통치 기간은 145년간이고 舊派 禮制에 따른 왕들의 통치기간은 128년간이다.[46] 그러나 보다 오랜 기간을 통치한 신파의 甲骨片이 오히려 구파가 남긴 것의 半에도 미치지 못한다는 사실이 의미하는 바는 무엇인가? 왕실에서 시행해야 하는 많은 사항들에 대하여 더 이상 점복이나 祈求에 의존하지 않았다는 것이다. 그리고 신파의 개혁과 비슷한 시기인 祖康 祖甲시대로부터 우주와 인간의 행사를 주재하는

45) 董作賓, 『갑골학 60년』, 이형구 옮김 (서울: 民音社, 1993), 179쪽.
46) 위의 책, 180쪽.

최고의 권위로 여겨졌던 상제의 專有 呼稱인 '帝'字가 先王에게도 붙여진 文例가 나타난다.

· 乙卯卜: 其又歲于帝丁一牢. (『南輔』62)
· 貞: 其[?]帝甲告其弘二牛. (『庫』1772)
· …文武帝升正, 王受㞢又. (『前』1.22.2)
· 王卜曰: 玆下…若, 玆求于王帝. (『存』上1594)

『史記』「殷本記」에도 殷末의 王이 帝乙, 帝辛으로 등장하기는 하지만 이런 호칭의 관행은 「五帝本記」의 黃帝에까지 소급하는 것이어서 위의 史實을 확인해주지는 못한다. 하지만 갑골 기록에 나타난 帝丁, 帝甲, 文武帝, 王帝라는 호칭은 비록 先王을 지칭하는 것이기는 하지만 이미 인간 君王이 종래에 상제가 지녔던 권위에 근접하기 시작한 징조로 볼 수 있는 것이 아닐까?

(2) 군왕에 대한 이 새로운 호칭의 계기로부터 상제의 후손으로서의 군왕 곧 周代의 天子가 태어날 수 있는 것이다. 주 武王이 은의 紂王을 타도한 후에도 反周운동이 끊이지 않는 것을 본 周公은 血緣宗法의 유대와 君臣上下 또는 尊卑관계를 강화하고 반란을 통치하기 위해서도 상제로부터 천명을 위임받은 천자가 필요했을 것이다. 그러나 그 천명은 더 이상 상제로부터 일방적으로 주어지는 것이 아니라 천자 자신의 쉬지 않는 자기성찰과 窮行을 토대로 한 반구의 실천에 의해 허락되는 것이다. 『尙書』「洪範」을 보면, 그것이 비록 은의 殘留民인 箕子의 口傳이라고는 하지만 주 武王의 요청에 의한 것이라고 전해지는 만큼, 周代에 와서도 결코 왕실의 점복관행이 사

라진 것은 아니었음을 짐작하게 한다.

> 만약 네게 중대 의문이 있다면 먼저 자기의 마음 가운데서 궁리하고 다시 신하와 상의하고 다음에 백성과 상의하고 그리고 점괘에 물어라.[47)]

이렇게, 의문에 부딪쳤을 때 점괘나 누구의 도움을 구하여 밖으로 나가기에 앞서 먼저 자기의 마음으로 돌아가 할 바를 스스로 생각하는 반구를 권하였다.

(3) 여기서 天人관계에서 일어난 原始生態로서의 반구를 떠나 人我관계에서 자기를 돌아보는 "求諸己"(『論語』「衛靈公」) "克己復禮"(『論語』「顔淵」) 가운데 矛盾對待의 화해로써 禮와 仁에 이르는 공자의 인문주의 반구법에 이르는 것이다.

先秦 철학의 전통에서 이해하고 실현하려는 천하의 질서가 모순배제나 同化의 논리에 의존하지 않는 데에 그것이 희랍 전통의 철학과 문화에 합류하기 어려운 점이 있다. 중국 전통의 논리적 사유를 처음으로 드러낸다고 볼 수 있는 공자도 『論語』에서 天人, 人我의 관계가 모순배제와 同化의 단순한 원리로 이루어질 수 없음을 보인다. 그는 같아질 수 없는 다름을 반구 논리의 영역으로서 받아들인다. 그는 逆說의 철인 노자에 못지 않게 君臣諸候들 사이의 모순과 투쟁이 끊이지 않았던 난세를 살았다. 그는 "道不同不相爲謀"(「衛靈

---

47) 『尙書』「洪範」. "汝則有大疑, 謀及乃心, 謀及卿士, 謀及庶人, 謀及卜筮."

公」) "和而不同"(「子路」)으로써 대립상반의 人我관계를, "敬鬼神而遠之"(「雍也」) "未能事人焉能事鬼"(「先進」)로써 괴리하는 天人관계를 확인하고 있다. 그럼에도 다시 노자처럼 공자도 대립상반, 矛盾乖離하는 천하의 질서를 플라톤이 했듯이 보편개념의 위계와 연역질서로써 통일하려고 하지 않았다.

殷의 상제를 향한 점복기구의 시대로부터 殷周교체에 임하는 周公의 성찰을 거쳐 공자에 이르기까지 집체 인민의 생존과 세계인식의 방법으로서 발전한 반구의 논리는 희랍철학사에서 나타난 논리적 방법의 주류와는 확연한 다름을 보인다. 'X란 무엇인가?'라는 사물의 본질 또는 개념 定義에 대한 소크라테스의 집요한 물음으로부터 시작한 플라톤의 상향 및 하향추론 또는 모음과 나눔으로 이루어지는 변증법의 탐구는 아리스토텔레스로 하여금 연역과 증명의 방법으로서 삼단논법을 발견하도록 이끄는 바탕이 된다. 그들은 사물 또는 개념에 대한 일의적 규정을 추구한다. 그리고 이렇게 규정받은 기지의 보편개념으로써 미지의 대상을 매개 수렴하는 논리전략을 구사한다. 이런 전략으로서 연역법, 귀납법, 변증법은 효과적이다. 그것은 기지를 據点으로 해서 잉여의 미지를 해소하고 밀어내는 전략이다. 그들의 세계에서는 기지가 미지와의 同居를 거부하기 때문이다.

그러나 어떤 대상을 그것으로서 정의할 수 있는가? 어떤 정의하려는 대상도 그 전모를 알 수 없는 잉여에서 떼어낼 수 없는 부분일 뿐이다. 누가 '인간'이란 무엇이다라고 정의할 수 있겠는가? '神'은 어떻게 존재하는 것이다라고 말할 수 있겠는가? 인간이 추적하려는 모든 대상이 그리고 자기 신체를 움직이고 있는 자연의 조건과 원인조차 다가갈 수 없는 암호상자 안에 숨겨져 있다. 우리는 지금도 은대의 貞人처럼 그 암호상자를 향하여 의문을 던지고 그로부터 반사되어 오는(貞人의 驗辭처럼) 신호를 가지고 지식으로 삼는다.

정보의 흐름과 조정에 관한 현대과학인 'cybernetics'의 창시자 위너(N. Wiener)는 그 주제의 이름을 희랍어 'κυβερνήτης'로부터 끌어내었다.[48] 그것은 舵手(steersman)를 의미한다. 뱃사공이 노를 지으며 강을 건너가는 것은 반구운동에 의존한다. 말하자면 뱃사공이 젓는 노와 강의 흐름 사이의 반구관계를 이용해서 배의 방향을 잡을 수 있다. 노에 부딪쳐오는 물살의 방향과 세기에서 강의 흐름을 받아들이며 강의 흐름에 맞추어 노젓기의 방향과 세기가 조정된다. 눈이 보이지 않는 사람은 지팡이로 길을 두들기며 그의 목적지를 찾아간다. 그는 지팡이를 잡은 손에 닿는 감(勘) 또는 신호에 따라 이리저리 방향을 틀어간다. 이렇게 되먹임(feedback)과 방향들기 또는 흔들림(oscillation)[49]이 연계되어 일어나는 반구운동은 생명 가진 類와 개체들이, 노를 젓는 뱃사공이나 지팡이를 흔드는 앞못보는 사람과 같이, 그들의 존재를 지탱하고 실현하기 위하여 환경에 대해 벌이는 탐구행위에 다름 아니다. 類와 개체들이 변화무쌍한 환경에 대응하며 수십억 년을 수행해 온 생명 행태 곧 탐구행위로서의 반구 운동은 원시로부터 지금까지 영원한 것이다.

포퍼도 아메바로부터 아인슈타인에 이르는 유기체가 수행하는 생명행태의 논리형식을 제시한다. 그것은 시행착오의 진행형식이다. 그것은 되먹임과 흔들림의 경우처럼, 추측(conjectures)과 반박

48) Nobert Wiener, ***Cybernetics: or Control and Communication in the Animal and the Machine***, 2nd ed. (Cambridge, Mass.: M.I.T. Press, 1961), 11쪽.
49) 위의 책, 95쪽. "Feed-Back and Oscillation"은 이 책 4章의 제목임.

(refutations)[50]이 연계되는 "P1→TS→EE→P2"[51]라는 절차로 나타난다. 여기서, 주어진 문제(P1)에 대한 어떤 해답도 언제나 오류에 부딪쳐 고쳐질(Error Elimination) 수밖에 없는 그래서 또 하나의 문제(P2)를 낳는 임시의 해답(Tentative Solution)에 지나지 않는다. 생명행태로 그려지는 이 탐구의 절차를 밀고 나아가게 하는 것은 확실한 해답에 이르려는 데 있지 않고 반박 가능성 또는 그러하거나 그러하지 않음을 확인하는 추측 또는 실험의 과정에 있다. 추측과 실험은 그러니까 알 수 없는 자연으로부터 어떤 응답, 어떤 반박이 나올지 확인하려고 던지는 물음이다.

이 탐구의 절차 그리고 이 절차에 다름없는 생명행태는 물음과 그로부터 이끌어내지는 응답, 응답에 대한 새로운 물음으로 이어져 간다. 생명의 탐구행위는 쉼 없이 다가오는 자연의 암호 [ ]R(Black boxed Response)에 부딪치는 접점에서 던지는 끝없는 물음 아니면 실험 TQ(Tangential Question)로 이어지는 반구운동 '[ ]R→TQ'이다. 그런데 태고로부터 이어져 온 생명의 변함없는 원시반구 '[ ]R→TQ'에는 오류제거 EE 또는 오류제거에 의한 해답 TS의 단계라고 할 만한 것이 없다. 거기서 사람들은 다른 생명 있는 것들과 같이 무엇이 오류인지 어디에 해답이 있는지 참으로 알지 못한다. TS에서 EE, EE에서 TS로 거듭되는 절차를 밀고 있는 포퍼는 패권의 문명에 길들여진 모든 철학자들과 함께 해답의 논리에 굴복한 한 실용주의

---

50) Karl R. Popper, ***Conjectures and Refutations***, 2nd ed. (New York: Harper & Row, 1965), 46쪽. "This was a theory of trial and error—of conjectures and refutations. … conjectures boldly put forward for trial, to be eliminated …."

51) Karl R. Popper, ***Objective Knowledge*** (London: Oxford University Press, 1975), 144, 243쪽.

자에 지나지 않는다. 길들여지지 않는 생명의 상징에 다름 아닌 '[ ] R→TQ'는 반응과 물음의 논리이지 패권의 진리를 세우기 위한 오류제거와 해답의 논리가 아니다.

은대의 貞人도 현대의 물리학자도 암호에 다름없는 경험과 관찰에 대한 물음, 물음으로 이끌어낸 새로운 경험과 관찰에 의존해서 판단하며 살아간다. 그러나 은대의 정인은 기지의 경험과 관찰로써 미지의 비밀을 해소하거나 밀어낼 수 있기를 기대하지 않는다. 기지는 미지와의 동거를 거부할 수 없음을 알기 때문이다. 오히려 닿을 수 없는 미지의 영토에 비추어 기지의 작은 조각에 담지시킬 수 있는 정보의 신뢰도를 제한한다. 그는 자신의 주변성 인식을 확인하기 위하여 언제나 다시금 기지로서의 자기 영토의 위치를 미지의 끝없는 영토 가운데서 바로 잡는다. 이것은 끝없는 물음으로 이어지는 반구 곧 함몰의 과정이다. 말하자면, 기지의 사태(A)로 하여금 미지의 잉여에, 그 잉여를 상대의 다름($\bar{A}$) 또는 절대의 다름($\overline{A \cup \bar{A}}$) 어느 것으로 이해하든 간에, 대응해서 반구관계를 이루도록 자리매김을 하는 것이다. 이렇게 기지를 미지로써 길들이는 함몰실현으로서의 원시반구의 논리가 시원의 진리에 접근하는 최선의 방법일 수 있다.

그는 의문과 祈求를 던지며 그것이 전해질 미지의 영주 [ ]를 향하여 두려운 마음으로 자기 자신을 조정한다. 은대의 정인도 은의 殘黨을 토벌하고 禮敎德治를 주장한 주공도 주공을 꿈에서 그리던 공자도 난세의 처신을 숙고한 노자도 모두 미지의 영토를 향하여 근신하며 자신의 임무를 찾았다. 그들은 쉼 없는 반구의 역사 가운데서 이 미지의 정체(identity)를 그 자체로서 확인하려 하거나 자기 자신의 정체를 단언하는 것을 아직 보류할 수밖에 없는 자리에 놓인다. 이런 上古의 원시반구의 전통에 비추어 본다면 "萬物皆備於我"

(『孟子』「盡心上」), “萬物與我爲一”(『莊子』「齊物論」), “心卽[天]理”(『傳習錄』 上 3)로써 미지의 영토를 축소해 간 道通의 철인들 그리고 최고의 존재인 神의 정체를 추적하여 상향추론을 하거나 ‘나는 누구인가?’라고 자기 실체를 묻고 찾은 서구의 철인들은 각기 소속한 도시 문명이라는 논리적 한계 곧 ‘해답의 논리’에 그들의 탐구와 반구행위를 굴복시킨 것이다.

3

증명의 논리로써는 자기 초월의 타자에 접근할 수 없다. 그러면, 사례들의 단순한 나열 가운데서 전체의 구도를 지배하는 자에 다가갈 수 있는가? 은시대에 세상의 만사를 주재한다고 여겼던 상제의 의도를 인간의 점복과 기원에 따라 나타나는 경험의 사례들 곧 驗辭 가운데서 확인했다. 그것은 유명론자 옥캄(W. Ockham)이 말하는 절대 자유의 신이 인간으로 하여금 낱낱의 경험 사례들 가운데서 그의 섭리를 확인하도록 한 것과 같다. 14세기의 유명론자에게 낱낱의 경험 사례를 지배하는 그러나 알 수 없는 신의 구도 전체에 대한 추론이나 증명은 허용되지 않는다.

반구의 관계로써 실재를 접근하게 한 當代의 계기는 어디에 있었는가? 오랜 옛날로부터 변방의 부족들과 수없이 되풀이한 공격과 방어의 관계로 얽히며 생사의 命運을 판가름해야 하는 상황으로부터 그런 실재 인식의 관행이 계발되었을 것이다. 中原의 광야에서 어떤 부족 집단도 그 밖의 다른 부족 집단을 일방적으로 제압할 수 있는 안전한 교두보를 확보할 수 없었다. 그들 사이에 쉼 없이 이루어진 공격과 방어의 형국에 대처하는 지혜와 전략이 요구될 수밖에 없다. 대결의 관계에 결부된 어느 쪽도 상대를 임의로 선택할 수도 피할 수도 없는 숙명의 적수로 받아들여야 한다. 사람의 운명에 관여하는 가장 중요한 변수는 내적인 것이든 외적인 것이든 사람으로부터 오는 것이든 자연으로부터 오는 것이든 모두 타자의 영역에 숨겨져 있다. 원시의 인류에게도 이 숨겨진 타자의 영역은 공포와 주의의 대상이었을 것이며 그로 인해 끝없이 던져진 물음과 주어진 응답으로 이어지는 그들의 반구의 경험은 10만의 갑골복사 조각들을 채우기에 충분했을 것이다. (1995) (00.7.30)

가) 이 훌륭한 예를 보여준 현대한어어법의 책을 기억할 길이 없어서 밝히지 못해 그 지은이에게 미안한 마음을 지니고 있다.

5

先秦 및 희랍철학 밖에서: 철학사 비판 2

i. 周髀와 八卦: 表란 무엇인가?

ii. 集體不爭의 표

iii. 우주無厚[人文]觀과 도시의 논리

1. 類들의 集體不爭과 그 논리: 對待, 無待

2. 類들의 正體爭議와 그 논리: 동일보존, 모순배제

iv. 類들의 생태와 그 미지의 표: [ ]에 '빠져 있음'

i
周髀와 八卦: 表란 무엇인가?

『周髀算經』에 보면 西周開國 시기에 周公이 당대의 수학에 밝은 商高에게 請敎하는 형식으로 이루어진 질의응답이 있다.

> 周公이 商高에게 물었다. … "옛날 包犧는 天體의 經度를 어떻게 세웠는지 알고싶소. 하늘은 사다리를 타고 올라갈 수 없고 땅은 자로 잴 수 없는데 그 수치를 어떻게 얻는지 알고싶소." 상고가 응답했다. "그 수의 원리는 둥근꼴과 네모꼴로부터 나오지요. 둥근꼴은 네모꼴에서, 네모꼴은 직각자(矩)에서, 직각자는 구구법(九九法)에서 얻지요."[1]
>
> 주공이 말했다. … "직각자(矩)의 원리에 대해 알고싶소." 상고가 말했다. "직각자를 바로 놓고[][2] 수직선을 떨어뜨리면 그것과 만나는 수평선을 얻고, 직각자를 눕히면[][3] 높이를 가늠하고, 엎어놓으면[][4] 깊이를 재고, 자의 전체를

1) 『周髀算經』 卷上. "周公問於商高曰. … 請問古者包犧立周天曆度. 夫天不可階而升. 地不可得尺寸而度. 請問數從安出. 商高曰. 數之法出於圓方. 圓出於方. 方出於矩. 矩出於九九八十一." (漢)趙君卿注, 『周髀算經』 (上海: 上海古籍出版社, 1990). 이하 『周髀算經』 원문은 이 책에 의함.

2) [........................]에 놓인 세모꼴에서 굵은 변은 地面(평면)에 놓이는 부분이다. 勾股法의 해석에 대하여 참고된 자료는: 王鴻鈞, 孫宏安, 『中國古代數學思想方法』 (南京: 江蘇敎育出版社, 1988), 31-33쪽. 曲安京, "日高圖復原: 周髀雜論之一", 『數學史研究文集』, 第3輯 (臺北: 九章出版社, 1992)

3) 위와 같음.

평면에 눕혀놓으면[......_______......][5] 거리(遠)를 알지요. 직각자를 돌려서 둥근꼴을, 두 개를 합해서 네모꼴을 만듭니다. 네모꼴은 땅에 해당하고 둥근꼴은 하늘에 해당합니다. 하늘은 둥글고 땅은 모나기 때문이지요. ….[6]

그러므로 땅을 아는 자는 智者가 되고 하늘을 아는 자는 聖人입니다. 지혜는 지면에 놓인 변(句)인 그림자에서 말미암고 그 변(句)은 직각자(矩)에서 말미암는데 이렇게 직각자로써 수치를 미루어 알고 그것으로 모든 사물을 가늠하고 다스립니다."[7]

『周髀算經』에 전해지는 주공과 상고의 대화는, 하늘의 높음과 땅의 두터움을 헤아리고 해와 달의 운행을 추리 예측하는 수의 원리를 밝힘으로써 智者와 聖人의 길을 제시하고 있다. 8척이 되는 푯말인 '髀'[8](이는 '表'라고도 하며 직각자에서 세워진 변에 해당하는 股)를 세워 여기에 떨어지는 햇볕의 그림자(직각자에서 바닥에 놓인 변에 해당하는 勾)가 가장 짧아지는 하지로부터 추분, 동지, 춘분 등으로 이행하

---

4) 위와 같음.

5) 위와 같음.

6) 『周髀算經』 卷上. "周公曰. … 請問用矩之道. 商高曰. 平矩以正繩. 偃矩以望高. 覆矩以測深. 臥矩以知遠. 環矩以爲圓. 合矩以爲方. 方屬地. 圓屬天. 天圓地方. …."

7) 『周髀算經』 卷上. "是故知地者智. 知天者聖. 智出於句. 句出於矩. 夫矩之於數. 其裁制萬物. 唯所爲耳."

8) 『周髀算經』 卷上에서 髀는 다름 아닌 股이다. 또한 髀는 表라고도 하였다. ┛ 모양으로 세워진 직각자에서 수직 변의 부분이다. 해의 그림자길이를 재기 위하여 세워놓은 푯말 또는 表에 해당한다. 그리고 이 髀 또는 表는 길이가 8尺이고 여기에 떨어지는 夏至 해의 그림자(직각자에서 바닥에 깔린 그림자 변인 勾)는 1尺 6寸으로 기록되어있다.

는 계절의 마디들을 나누고 日光陰影의 消長盛衰와 晝夜의 長短에 대응한다. 말하자면 日光陰影, 消長, 盛衰, 長短을 따라 節氣의 類別과 주야의 교체가 흔들림이 없는 준거의 척도인 髀 또는 表에 의존하여 알려진다.

이렇게 包犧가 髀를 세워 하늘의 높음과 땅의 두터움을 헤아렸던 일은, 『周髀算經』의 주석자에 의하면, 그가 천하를 다스리기 위하여 위로는 하늘을 본받고 아래로는 땅을 본떠서 여덟 가지의 卦象을 만드는 『易』의 시작과 같이 이루어지는 일로 본다.[9] 『易』이 天地雷風水火山澤의 物象을 여덟 개의 卦로써 대표하는 것은 이로써 천지만물을 그 高下, 尊卑, 動靜, 剛柔에 따라 類別하고 관통하는 표를 세우려는 것이다.[10]

八卦의 구성을 거슬러가면 四象이 있고 兩儀가 있다. 天地未分의 太極에서 分陽分陰하여 일어난 兩儀는 그 陽(⚊)이 다시 分陽分陰하여 太陽 또는 老陽(⚌)과 少陰(⚍)을 낳고, 그 陰(⚋)이 다시 分陽分陰하여 少陽(⚎)과 太陰 또는 老陰(⚏)을 낳는다. 陽이 미미한 상태인 少陽에서 현저한 상태인 老陽으로 나아가고, 陰이 미미한 상태인 少陰에서 현저한 老陰으로 나아간다. 그 역으로도 나아간다. 이

9) 『周髀算經』 卷上. "請問古者包犧立周天曆度. [注] … 古者包犧氏之王天下也. 仰則觀象於天. 俯則觀法於地. 此之謂也." 淸의 江愼修는 『河洛精蘊』(北京: 學苑出版社, 1989) 卷6에서 모든 算術은 『河圖』 『洛書』에서 본받은 것이므로 『周髀算經』의 勾股法이 『易』의 八卦에 대응하는 것이라고 설명하고 있다.

10) 『周易』 「繫辭下」. "古者包犧氏之王天下也, 仰則觀象於天, 俯則觀法於地, … 於是始作八卦, 以通神明之德, 以類萬物之情." 「繫辭上」 "天尊地卑, 乾坤定矣. 卑高以陳. 貴賤位矣. 動靜有常, 剛柔斷矣. 方以類聚, 物以群分, 吉凶生矣." 高亨, 『周易大傳今注』(濟南: 齊魯書社, 1979)

렇게 이루어진 四象은 이미 그 체계 안에 음양의 消長變化의 관계를 함축한다.

四象은 老陽(⚌)이 다시 分陽하여 그 위에 더함으로 乾卦(☰)를 낳고, 分陰하여 그 위에 더함으로 兌卦(☱)를 낳는다. 少陰(⚍)이 分陽分陰하여 각기 그 위에 더함으로 離卦(☲)와 震卦(☳)를 낳는다. 少陽(⚎)이 分陽分陰하여 巽卦(☴)와 坎卦(☵)를 낳고 老陰(⚏)은 分陽分陰하여 艮卦(☶)와 坤卦(☷)를 낳는다. 이렇게 分陽分陰하는 가운데 각각 음양이 다르게 조합됨으로 나타나는 乾卦(☰)는 天, 坤卦(☷)는 地, 震卦(☳)는 雷, 巽卦(☴)는 風, 坎卦(☵)는 水, 離卦(☲)는 火, 艮卦(☶)는 山, 兌卦(☱)는 澤이라는 자연현상을 대표한다. 팔괘는 위의 하늘이 내리는 日光과 아래로 땅에 떨어지는 陰影이 일정한 순위와 비율로 배합되는 관계를 형상화하는 데서 이루어진다.

'卦'字에 포함된 '圭'는 하늘이 둥글고 땅이 모난 것을 본뜬 玉패를 의미하기도 하고 해의 그림자를 측정하여 계절이 나타내는 陽光陰影의 變移를 알리는 土圭 또는 圭表를 의미하기도 한다.[11] 팔괘는 본디 周髀와 같이 원시 인류에게 긴급했던 天候 환경의 관찰과 적응의 기술로서 개발된 자연분류의 준거 表라고 할 만하다. 팔괘라는 자연 분류의 준거 표는, 말하자면, 계절의 변화와 주야의 교대같은 天候 현상의 오랜 관찰 및 측정경험에서 집적된 산물로 보이는 것이다. 그리고 '易'字 또한 음양을 가리키는 日月[12]로 이루어져 日光陰影이 서로 관계 배합하여 구체화하는 天候地氣를 관찰 측정하던 上

11) 許愼撰, 段玉裁注, 『說文解字注』(上海: 上海書社, 1992), 土部. "圭. 瑞玉也. 上圜下方. [注] … 法天地也. 故應劭曰圭自然之形陰陽之始也. 以圭爲陰陽之始."

12) 위의 책, 易部. "秘書說曰日月爲易. 象会易也."

古의 지혜에 뿌리를 두고 있는 것으로 보인다. '易'과 '卦'는 그 解字로 볼 때 길흉화복의 추세를 예단하는 인문도덕방면의 준거로서 작용하기에 앞서, 자연수리방면에 대한 관찰분류의 척도 또는 준거의 표로서 작용했음을 암시하는 뜻을 지니고 있다. 인류는 언제나 그 생명을 지속 신장하기 위하여 그 자신 또는 타인에 앞서 일차적으로 자연에 관계하지 않으면 안 된다. 일차적으로 자연에 관계하지 않으면 안 되는 이 조건은, 기적이 개입하지 않는 한, 지금도 인류에게 내려진 절대 명령과도 같다.

殷代의 甲骨資料에서도 '易'은 天候의 자연조건, 특히 태양에 관련된 天候地氣의 변화에 관련하여 쓰이고 있다.

乙巳易日, 不易日? 雨. (『續編』 4.14.4)[13)]

庚寅易日. 昃雨. (『庫』 1668)[14)]

乙亥卜. 賓貞: 翌乙亥酌, 丝易日? 乙亥酌, 允易日. (『前編』 7.4.1)[15)]

賓貞: 翌乙亥不雨, 易日? (『丙編』 32)[16)]

위의 문례에서처럼 '비가 오다', '저녁에 비가 오다', '다음 을해날에 주제를 지낼까?', '을해날에 주제를 지내다', '다음 을해날에 비가 안 올까?'와 같은 命辭, 占辭 또는 驗辭와 함께 쓰이는 '易日' '不易日'은 무엇을 의미하는가? '易日' '不易日'의 '易'은 孫海波의 考證에 의하

13) 羅振玉, 『殷虛書契續編』.
14) 方法斂, 『庫方二氏藏甲骨卜辭』.
15) 羅振玉, 『殷虛書契前編』.
16) 張秉權, 『小屯: 殷虛文字: 丙編』, 上輯(一) (臺北: 中央研究院歷史語言研究所, 1957)

면, '更' 또는 '變'을 의미한다.[17] 따라서 '易日' '不易日'은 '變天' 또는 '不變天'을 의미한다. 陳蒙家에 의하면, '易日'은 '구름 낀 흐린 날'을 의미하고 따라서 '易日' '不易日'은 '陰(天)' '不陰(天)'을 가리킨다.[18]

殷代貞人들은 또한

丁巳卜. 又出日. (『合集』 34163)[19]

丁巳卜. 又入日. (『合集』 34163)[20]

乙酉卜. 又出日入日. (『懷特』 B 1569)[21]

弜又出入日. (『屯南』 1126)[22]

에서와 같이 해가 뜨고 사라지는 아침, 저녁의 제사 기록을 남기고 있다. 이는 上帝, 日月, 星辰에게 지내는 제사의 하나로 보인다. 이는 지구의 공, 자전으로 인한 태양과의 관계에 따르는 계절 변화 및 주야 교체에 적응하며 대응하는 원시 인류의 관찰이며 행위이다. 그러니 적어도 팔괘가 이루어지는 당시의 『易』은 日光陰影, 出日入日, 晝夜, 日月[23] 사이의 상대적 관계 변화에 대한 실제적이고도 규칙적인

17) 于省吾編, 『甲骨文字詁林』, 第4冊 (北京: 中華書局, 1996), 「易」.

18) 陳蒙家, 『殷虛卜辭綜述』 (北京: 中華書局, 1992), 244쪽.

19) 中國社會科學院歷史研究所, 『甲骨文合集』, 第十一冊 (上海: 中華書局, 1982)

20) 위의 책.

21) 許進雄編, 『懷特氏等所藏甲骨文集』 (加拿大安大略博物館, 1979)

22) 中國社會科學院考古研究所, 『小屯南地甲骨』, 上冊, 第一分冊 (上海: 中華書局, 1980)

23) 于省吾編, 앞의 책, 第2冊, 「日」. 이 항목의 마지막에 다음과 같은 요약이 있다. "卜辭'日'字之用法大體有三: (1) 日月相對爲言… (2) 日夕相對爲言… (3) 一晝夜爲一日…."

관찰경험이 집약된 자연 분류의 준거로서 나타나는 것이다. 天光地影의 상관 배합으로 이루어진 팔괘는 상고의 인류가 인문도덕방면의 준거와 분류 질서를 세우기에 앞서 대응하지 않으면 안 되었던 자연수리방면에 대한 관찰 및 행위의 준거 또는 분류의 표로서 절대적인 의미를 발휘해 온 것이다.

팔괘는 시대의 흐름과 함께 천지만물과 人事에 대하여 高下, 尊卑, 動靜, 剛柔로써 類聚群分하는 인문도덕방면의 표로서 발전하고 測地窺天하는 勾股法인 周髀는 節氣의 盛衰, 晝夜의 長短, 山河의 高深遠近을 분류규정하는 자연수리방면의 표로서 작용한다. 자연수리방면에 대해서든, 인문도덕방면에 대해서든, 인류는 어떤 분류의 준거와 체계가 없이는 세계를 이해하고 삶을 영위할 수 없었으니 이런 '類'의 질서가 이루어지도록 이끌어주는 것은 그것이 음양배합의 表象으로서 팔괘이든 勾股法이라는 周髀이든 간에 바로 '表'라고 하는 것이다.

그럼에도 표 자체가 인문도덕 방면에 또는 자연수리 방면에 보편적으로 실재해서 영구히 작용하는 것으로 보장해 줄 만한 표의 표는 잡기 어려우니 표는 지역과 사람에 따라 달리 세워지는 다만 임시의 '代表'일 뿐이다. 그렇기 때문에 중국의 上古時代는 八卦와 周髀로서 시작하여 天命과 無厚兩可(鄧析), 尙同兼愛(墨子), 無爲自然(老子), 反求諸己(孔子), 一與一爲二(公孫龍) 같은 다양한 표의 是非進退로 이어지며 고대 희랍에서는 正義 또는 정당화의 심판척도(metron, measure)로서 물(탈레스), 무한정자(아낙시만드로스), 로고스(헤라클레이토스), 사유의 존재에 대한 동일법칙(파르메니데스), 兩面論證(프로타고라스), 최고 類를 향한 변증법(플라톤), 삼단논법(아리스토텔레스) 같은 異論이 대안의 표로서 꼬리를 물고 일어나 역사의 흐름을 잡았다. 역사에 등장하는 철학들은 類들의 새로운 체계와 방법을 제시하며 그것은 언제나 진정한 表 또는 척도에 대한 탐구에서 이끌어져 나오는 것이다. 중국과 희랍전통의 철학자들은 이렇게 '表' '準據' '尺度' 'metron' 'measure' 'criterion'에 대한 서로 다른 각도의 탐구로서 시작하는데 여기서 類의 다른 개념이 주어지고 이에 따라 다른 類類관계의 문법과 논리형식을 가리키는 같지 않은 'syntax'가 이루어지는 것이다.[24] 이제 20세기가 끝난 시점의 많은 철학자들이 찾고있는 철학사의 새로운 정리와 평가를 내는 것은 이렇게 사람들이 끊임없는 변형 가운데 모색해온 東西 전통의 '표', 그것은 과학사에서 토마스 쿤이 끄집어 낸 'paradigm'에 해당하는 것인데 그러나 이것과 달리 명료하게 드러나는 형식과 몇 가지 규칙들을 갖춘 틀인 '표'를 집어내어 그것이 각기 문명권 안에서 지녀온 기능과 한계를 가리킴으로 가능한 것이라고 본다. 비트겐슈타인이 '게임'이라고 부르는 것들에서 공통성분을 찾을 수 없음을 지적했듯이 쿤도 어떤 과학의 분야에서 '패러다임'이 지닌 공통의 탐구규칙을 잡아내기 어렵다고 말한다. 이런 점에서 게임의 규칙이나 패러다임은, 명백한 지향의 표적 또는 탐구의 공통 준거가 되는 '표'와는 다르다.[25)]

---

24) 중국철학의 전통은 논리학의 방법을 제시하는가? 先秦時代에 이루어진 주요 논리사상으로 여겨지는 名實關係論은 중국논리학의 완전한 방법이 될 수 없다. 그것은 의미론(semantics)의 차원에 머무를 뿐이다. 논리학은 類와 類 또는 기호와 기호의 관계론 곧 문장구성법(syntax) 그리고 그 논리형식을 제시해야 한다. 그런 논리학의 중국적 모형이 先秦철학의 전통 가운데 잠재해 있지 않다고 말할 수 없다.

25) 그럼에도 쿤은 '패러다임'이, 비트겐슈타인의 게임들을 묶어주는 가족유사성이 있는 것처럼, 한 시대의 과학 또는 한 분야 전반을 대표하며 이끌어가는 것으로 확실한 것이라고 주장한다. Thomas Kuhn, ***The Structure of Scientific Revolutions***,

ii
集體不爭의 표

『周髀算經』과 『易』에서 준거로서의 '표'의 개념이 명시적으로 논의된 일은 없다. 역사상 최초로 '표'라는 것이 匠人의 工作과 천하의 통치에 있어 떠날 수 없는 준거의 법칙이라고 주장한 사람은 墨子이다.

> 천하의 무슨 일에서든지 법칙에 準하지 않을 수 없다. … 匠人이 네모꼴을 그리는 데 직각자(矩)로써, 둥근꼴을 컴파스(規)로써, 직선을 긋는 데 먹줄(繩)로써, 기울기를 바로 잡는 데 추(錘)와 수평(水平)으로써 한다. 기술이 뛰어난 匠人이든 어설픈 匠人이든 모두 이 다섯 가지 공구를 준거로 한다. 기술이 뛰어난 자는 이 준거에 일치해서, 어설픈 자는 비록 완전히 일치하지 못할지라도 이 준거에 의한다면, 자기 자신의 직감에 의하는 것보다 훨씬 나을(逾己) 것이다.[26]

2nd ed. (Chicago: The University of Chicago Press, 1970), 44-46쪽. "Paradigms may be prior to, more binding, and more complete than any set of rules for research that could be unequivocally abstracted from them. … paradigms could determine normal science without the intervention of discoverable rules." 위의 책, 46쪽.

26) 『墨子』「法儀」. "天下從事者不可以無法儀, … 百工爲方以矩, 爲圓以規, 直以繩, 正以縣. 無巧工不巧工, 皆以此五者爲法. 巧者能中之, 不巧者雖不能中, 放依以從事, 猶逾己." 周才珠, 齊瑞端, 『墨子全譯』(貴陽: 貴州人民出版社, 1995). 이하 『墨子』 원문은 이 책에 의함.

矩, 規, 繩과 같은 공구에 준거하는 것이 자기 자신 또는 사람에 준거하는 것보다 나을 것이라고 주장하는 묵자는 그 이유를 다음 같은 예로 밝힌다.

> 지금 크게는 천하를 다스리고 다음으로는 큰 나라를 다스림에 있어 준거하는 법칙이 없다. … 그렇다면 무엇을 다스림의 준거로 할 것인가? 각자의 부모를 준거로 함이 어떤가? 천하에 부모된 이는 흔하지만 어진 이는 드무니 부모를 준거한다면 이는 곧 어질지 않음을 따르는 것이다. … 각자의 스승에 준거하면 어떨까? 천하에 스승되는 이는 많지만 어진 이는 드무니 스승에 준거한다면 이는 곧 어질지 않음을 따르는 것이다. … 자기의 임금에 준거하면 어떤가? 천하에 임금되는 이는 많지만 어진 이는 드무니 임금에 준거한다면 이는 곧 어질지 않음을 따르는 것이다. … 따라서 부모, 스승, 임금 삼자는 다스림의 준거가 될 수 없다. 그러면 무엇을 다스림의 준거로 할 것인가? 하늘을 따르는 것만한 것이 없다.[27]

하늘의 뜻을 다스림의 준거로 함은 마치 컴파스(規)를 바퀴를 만드는 데, 자(矩)를 네모꼴을 재단하는 데 척도로 삼는 것과 같다.[28] 하늘은 그 덕행이 넓고 사사로움이 없으며 厚히 베풀면서 그 공로를

---

27) 『墨子』「法儀」. "今大者治天下, 其次治大國, 而無法所度, … 然則奚以爲治法而可? 當皆法其父母奚若? 天下之爲父母者衆, 而仁者寡, 若皆法其父母, 此法不仁也. … 當皆法其學奚若? 天下之爲學者衆, 而仁者寡, 若皆法其學, 此法不仁也. … 當皆法其君奚若? 天下之爲君者衆, 而仁者寡, 若皆法其君, 此法不仁也. … 故父母, 學, 君三者, 莫可以爲治法. 然則奚以爲治法而可? 故曰莫若法天."

28) 『墨子』「天志下」. "… 置立天之[志], 以爲儀法, 若輪人之有規, 匠人之有矩也."

찾지 않으니 聖王이 그를 준거의 법칙으로 삼는다.[29] 하늘을 준거로 삼는다는 것은 하늘이 희망하는 것을 하고 하늘이 희망하지 않는 것을 하지 않는 것이다.[30] 하늘이 희망하는 것이 무엇인가? 사사로움으로 차별하지 않고 넓게 베푸는 것이다.

> 자기 나라를 보듯이 남의 나라를 보고, 자기 집을 보듯이 남의 집을 보고, 자기 몸을 보듯이 남의 몸을 보는 것이다.[31]

이렇게 해서 하늘이 소망하는 바 "兼相愛交相利"[32]가 실현될 수 있다.

묵자는 하늘이 소망하는 바 天志가 실현되는 데 어려움이 있음을 안다. 현실에서 사람들은 兼相愛交相利하는 것이 아니라 "交相非"[33]하기 때문이다. 자연 상태의 사람들이 자기의 도리를 옳다고 하면서 남의 도리는 옳지 않다고 거부하는 交相非에 대하여 이렇게 말한다.

> 한 사람이 있으면 하나의 도리가 있고 두 사람이 있으면 둘의 도리가 있고 열 사람이 있으면 열의 도리가 있다. 사람이 많아지면 도리라는 것도 많아진다.[34]

---

29) 『墨子』「法儀」. "天之行廣而無私, 其施厚而不德, … 故聖王法之."
30) 『墨子』「法儀」. "天之所欲則爲之, 天所不欲則止."
31) 『墨子』「兼愛中」. "視人之國若視其國, 視人之家若視其家, 視人之身若視其身."
32) 『墨子』「兼愛中」. "以兼相愛交相利之法易之."
33) 『墨子』「尙同上」. "人是其義, 以非人之義, 故交相非也."
34) 『墨子』「尙同上」. "一人則一義, 二人則二義, 十人則十義, 其人玆衆, 其所謂義者亦

묵자는 이 交相非의 관계를 해소하기 위하여 보다 어질고 현명한 上級者와 官長에, 가장 높게는 天子에, 그리고 천자는 하늘의 바라는 바 天志에 따라야 한다고 주장한다.

> [천하의 백성이] 천자에 따르더라도 하늘에 따르지 않는다면 하늘의 화(禍)가 멈추지 않을 것이다. … 그러므로 옛날 성왕은 하늘(天)과 귀신(鬼)이 바라는 바를 밝히고, 하늘과 귀신이 싫어하는 바를 피해서, ….[35]

하늘이 바라는 바는 천하의 백성을 거느리고 제사지낼 때 차리는 술과 음식이 청결하고 풍성하게 하고 獄訟을 심사할 때에는 공정하지 않음이 없도록 하며 재물을 분배함에 공평하지 않음이 없도록 하는 것이다.

백성과 관장과 천자가 함께 준거로 받아들여야 하는 하늘의 바라는 바 天志란 무엇을 달리하는가? 묵자가 준거로 삼는 천지는 先秦 시대에 이르기까지 여러 차례 변혁을 거친 천명의 관념을 다시 비판하는 것이다. 묵자가 비판하는 천명은 그가 이른바 '有命'이라고 하는 견해이다.

> 하늘이 부유하기를 명하면 부유하게 되고 가난을 명하면 가난하게 되고 … 다스려지기를 명하면 다스려지고 혼란을 명하면 혼란스러

茲衆."

35) 『墨子』「尙同中」. "夫旣尙同乎天子, 而未上同乎天者, 則天災將猶未止也. … 故古者聖王, 明天鬼之所欲, 而避天鬼之所憎, …."

> 워지고 장수를 명하면 장수하고 요절을 명하면 요절한다. ….[36]

이와 같은 설법의 시비를 어떻게 가릴 수 있는가? 설법의 是非를 가리는 준거의 법칙을 이렇게 말한다.

> 반드시 준칙을 세워야 한다. 말함에 있어 준거의 법칙이 없다면, 그것은 마치 빙빙 도는 판 위에서 아침저녁의 시각을 정하는 것과 같다. 그러면 옳고 그름, 이롭고 해로움의 분별이 이루어질 수 없다. 그러므로 시비이해를 가리는 데 반드시 三表가 있어야 한다.[37]

三表의 첫째는 옛날 聖王의 事迹을 본받는 것으로 '本之'라는 것이다. 둘째는 백성의 보고 듣는 바 실정에 맞추는 것으로 '原之'라는 것이다. 세째는 刑을 처리하고 정치를 함에 나라와 백성에 이로움이 있는지를 보는 것으로 '用之'라는 것이다.[38]

묵자는 표라는 것을 자연수리방면(匠人의 工作)과 인문도덕방면(천하의 통치)에 공통적으로 요구되는 準則으로 이해할 뿐만 아니라 그것이 해답하는 문제와 그것이 지향하는 목표에 관련하여 검증되는 법칙으로 설명한다. 보편적으로 요구되는 규칙으로서 또는 문제와 목표에 관련하여 검증되는 법칙으로서 나타난 표는 사람들이 주

---

36) 『墨子』「非命上」. "命富則富, 命貧則貧, … 命治則治, 命亂則亂, 命壽則壽, 命夭則夭, …."

37) 『墨子』「非命上」. "必立儀, 言而毋儀, 譬猶運鈞之上而立朝夕者也, 是非利害之辨, 不可得而明之也. 故言必有三表."

38) 『墨子』「非命上」. "有本之者, 有原之者, 有用之者. … 上本之于古者聖王之事. … 下原察百姓耳目之實. … 廢以爲刑政, 觀其中國家百姓人民之利."

관, 직감, 편견 따위에 기울어 十人則十義가, 그래서 서로 다른 類들의 交相非가 일어나는 경향을 소멸하기 위한 방법이다. 三表의 '本之' '原之' '用之'는 과거 聖王의 事迹과 현재 人民의 實情 관찰과 實行의 效用이라는 넓은 경험의 토대 위에서 주관, 직감, 편견에 의한 交相非를 소멸하며 兼相愛交相利라는 집체의 질서를 지향하게 하는 준거의 법칙으로서 기능을 지닌다.

上向 또는 下向의 집체질서를 지향하는 세계관의 경향은 묵자 그리고 노자와 공자 같은 先秦 철학자들이 등장하기 훨씬 이전 "率民以事神"[39]하던 殷代와 "天命靡常"[40]을 의식하고 德治禮敎를 강조한 周代의 통치체제 가운데에 이미 나타난 것으로 보아야 한다. 그럼에도 집체를 지향하도록 이끄는 준거로서 표가 묵자에서처럼 보편의 규칙으로서 그리고 검증받을 수 있는 법칙으로서 지시되고 의식화된 일은 일찍이 없었다. 묵자의 표사상은 무엇을 이루었는가? 그는 노자, 공자에 이르기까지 희미하게 의식되어온 변함없는 준거에의 지향성을 구체적으로 명시해서 중국적 세계관의 계통으로 확인시켜 주고 있다. 묵자에게서 구체화된 표의 사상과 방법은 중국문명 가운데서 자리잡히고 있는 사유체계가 집체질서를 지향함으로써 도시의 논리로 화하고 있음을 알려주는 것이다. 十人則十義에서 交相非하는 혼란에 群居[41]집체의 질서와 그 논리를 부여하려는 것

39) 『禮記正義』「表記」(『十三經注疏』(北京: 中華書局, 1980))

40) 『毛詩正義』「文王」(『十三經注疏』). 그러나 『尙書』「咸有一德」에도 "天難諶命靡常"이라고 있다.

41) 荀子에 이르면 禮義라는 것이 群居集體의 질서로서 확실히 인식된다. 『荀子』「王制」. "人何以能群? 曰: 分." "群而無分則爭, 爭則亂, …." "先王惡其亂也, 故制禮義以分之, …." 北京大學注釋組, 『荀子新注』(北京: 中華書局, 1979)

이 중국전통의 세계관에 일관되게 나타나는 준거로서의 표의 이념이다. 周髀와 八卦에서는 아직 그 표가 群居 또는 집체의 질서를 지향하는 이념으로서 의식화되어 있지 않다. 돌이켜보면, 주비와 팔괘는 자연수리방면의 표로서 기능하는 단순한 기술처방의 단계를 이제 막 넘어서고 있는 것이다.

묵자에 앞서 『老子』와 『論語』가 반영하는 사상에서 이미 인문도덕방면 곧 修身과 天下治理의 준거로서의 표에 대한 문제의식이 일어나고 있다. 노자는 禍福이 交叉轉化하는 과정에 대하여 말한다.

> 화(禍)에는 복이 기대있고 복에는 화가 숨어있다. 누가 그 그치는 데(極)를 알리요? 그것이 그치는 正面이라는 데가 없다.[42]

화복이 일정함이 없이 교차하다가 드디어 그치는, 바로 그것이라고 할 만한 그런 定點(正)이 없다. 어떤 反面도 없이 不倚不伏하는 正面定準이라는 것은 없다. 이렇게 서로 다른 類들이 反面相依하는 변화세계에서 無爲로써 "法自然"[43]하는 것이 노자가 찾는 준거의 표라고 할 만하다. 노자가 찾은 이 준거의 표는 도시의 집체질서를 지향하는 것인가? 脫도시의 무위자연을 지향하는 것인가? "不自是" "不自伐" "不自矜"[44] "不爲主"[45]하는 不爭의 無爲자세는 脫도시의 삶에 대해서가 아니라 난세에 처한 人民集體에 대해서 제시되는 준거

42) 『老子』 58章. "禍兮, 福之所倚; 福兮, 禍之所伏. 孰知其極? 其無正也." 陳鼓應, 『老子注譯及評價』(北京: 中華書局, 1984). 이하 『老子』 원문은 이 책에 의함.

43) 『老子』 25章. "人法地, 地法天, 天法道, 道法自然."

44) 『老子』 22章. "不自是, 故彰; 不自伐, 故有功; 不自矜, 故長. 夫唯不爭, 故天下莫能與之爭."

의 표라고 볼 수 있다. 말하자면 不自是, 不自伐, 不自矜, 不爲主의 不爭主義는 交相非 같은 도시 집체의 逆기능을 소멸하는 데에 목표가 있다. 사실 노자의 不爲主, 法自然해서 "知天下" "不爲而成"(『老子』 47章)에 이르는 治身治世의 행위가 類를 달리하는 힘들의 양보 없는 대결과 강제의 퇴출이 恣行되는 순수자연의 상태에서 허용되는 것이 아니라 인문도덕의 일정한 수준에 도달한, 비록 난세에 처했을지라도 문명의 체제가 전제된 상황조건 안에서 비로소 실천가능한 것이라고 볼 수 있다.

노자가 주장하는 '不爲主', '無爲', '法自然'이라는 준거의 표는 그 실현이 가능한 조건으로서 일정수준의 인류집체 또는 도시를 전제하면서 지향하고 있는 것이다. 『老子』는 그 81토막의 章 가운데 7토막의 章에서 '不爭'의 治身治世法을 역설하고 있다.

不尙賢, 使民不爭. (3章)[46]

上善若水. 水善利萬物而不爭. (8章)

夫唯不爭, 故天下莫能與之爭. (22章)

以其不爭, 故天下莫能與之爭. (66章)

善用人者, 爲之下. 是謂不爭之德. (68章)

---

45) 『老子』 69章. "用兵有言: '吾不敢爲主, 而爲客; 不敢進寸, 而退尺.'" 『老子』 34章. "大道氾兮, … 衣養萬物而不爲主, … 萬物歸焉而不爲主, …."

46) 우리말로 익히 알려진 『老子』 『論語』 같은 고전에서 끌어온 짧은 글귀들은 옮겨서 그 簡鍊漢語法을 흐트러지게 함이 이 글 논지에 어긋나는 것으로 보았다. 『周髀算經』 『墨子』 『公孫龍子』의 글귀들은 익히 알려져있지 않아서 그 옮긴 것을 본문에, 『尙書』 『鄧析子』의 글귀들은 그 簡鍊法을 본문에 살리고 옮긴 것을 각주에 넣었다.

天之道, 不爭而善勝. (73章)

人之道, 爲而不爭. (81章)

그는 "不尙賢, 使民不爭"으로 시작된 토막글을 "爲無爲則無不治"(『老子』 3章)로 끝맺는다. 이는 부쟁과 무위로써 다스림이 이루어지지 않음이 없음을 역설하는 것이다. 이는 부쟁과 무위가 治身治世에 있어 준거의 표로 제시되고 있음이다. 노자가 부쟁과 무위 또는 法自然이라는 준거의 표에 의하여 지향하고 있는 것은 다름 아닌 無不治의 목표, 곧 도시 또는 국가의 집체질서임이 명백하다.

노자와 공자는 그 방법과 지향하는 세계에 있어 서로 일치할 수 없는 도가와 유가라는 차이점에 의해서 이해되어 왔다. 이는 거의 모든 중국철학사가들의 벗어날 수 없는 관행이기도 하다. 이러한 고전적 분류는 東西의 경계와 역사의 시대를 넘어 지구 위의 새로운 인류생태에 대해 고려하게 될 다음 세기의 철학자, 경영이론가에게 주어지는 문제이며 장애가 아닐 수 없다. 그런데 부인할 수 없는 점은, 공자는 혼란에 빠져 실종된 上古 전통의 집체에의 복귀라는 이념을, 그리고 그것을 "爲政以德, 譬如北辰居其所而衆星共之"[47]로써 이해하든지 "無爲而治者其舜也與? … 恭己正南面而已矣"[48]로써 이해하든지 간에 그 실현을 위한 治身治世의 큰 틀로서 '不爭'을 노자와 공유한다는 사실이다. 공자의 不爭은 자기를 돌이켜보고 자기를 누름으로써 되는 "求諸己"[49] "克己復禮"[50]라는 기본방법의 큰 바탕

47) 『論語』 「爲政」. 楊伯峻, 『論語譯注』 (北京: 中華書局, 1980). 이하 『論語』 원문은 이 책에 의함.

48) 『論語』 「衛靈公」.

이며 國家[51]라는 군거집체의 실현이 그 지향하는 이념이라는 것을 다음과 같은 마디에서 잡을 수 있다.

> 君子無所爭. (「八佾」)
> 君子和而不同. (「子路」)
> (有子曰) 禮之用, 和爲貴. (「學而」)
> 能以禮讓爲國乎? 何有? (「里仁」)

'無所爭'이란 不同한 자와의 관계가 禮에 의해 和에 이르기 때문에 가능한 것이며 그런 類의 禮讓에 의해 국가라는 집체를 이루는 데 어려움이 없다는 것이다. 求諸己, 克己復禮의 방법으로써 無所爭, 禮讓의 국가집체가 이루어진다. 공자의 求諸己, 克己復禮, 그리고 一以貫之의 요체라고 일컬어지는 反己 또는 推己及人에 의한 "忠恕"[52]는 국가라는 집체를 지향하는 방법밖에 다름이 아니다. 공자는 국가집체 또는 집체질서를 실현함에 있어 필수의 방법이 되는 준거의 표가 무엇인지 비록 그 자체를 가리켜 정의하지는 않았지만 수많은 사

---

49) 『論語』「衛靈公」. "君子求諸己."

50) 『論語』「顔淵」. "克己復禮爲仁."

51) '國'은 본디 封地에 임한 제후가 종묘사직을 세우고 居하며 통치하는 중심도읍이며 '家'는 다시 分封된 卿大夫의 가족, 그에게 소속한 노예, 그가 관할하는 토지를 가리킨다. 卿大夫는 힘을 키워 제후와 대등하게 되기도 하는데 晉國이 三家에 의해 韓, 趙, 魏 三國으로 갈라져 독립하는 史例와 같다. 이 簒越관계를 공자는 극렬하게 비판하지만, '家'가 확대되어서 '國'을 이루는 것이다. '家'의 연장선 위에 '國'이 놓여있다. 여기에 동아시아에서 통용되는 '國家' 그리고 그 集體觀의 유래가 있다.

52) 『論語』「里仁」. "子曰: '參乎, 吾道一以貫之.' … 曾子曰: '夫子之道, 忠恕而已矣.'"

례로써 역설한다.

> 道之以德, 齊之以禮, 有恥且格. (「爲政」)
> 從心所欲, 不踰矩. (「爲政」)
> 擧直錯諸枉, 則民服. (「爲政」)
> 吾未見能見其過而內自訟者也. (「公冶長」)
> 民可使由之, 不可使知之. (「泰伯」)
> 政者, 正也. 子帥以正, 孰敢不正? (「顔淵」)
> 名不正, 則言不順; 言不順, 則事不成; … 禮樂不興, 則刑罰不中; 刑罰不中, 則民無所錯手足. (「子路」)
> 其身正, 不令而行; 其身不正, 雖令不從. (「子路」)
> 上好禮, 則民易使也. (「憲問」)

공자는 '民服' '孰敢不正' '民(無)所錯手足' '不令而行' '民易使'로써 국가라는 집체의 실현을 앞세워 지향하며 '以德' '以禮' '格' '矩' '擧直' '內自訟' '使由之' '帥以正' '名(不)正' '其身正' '上好禮'로 집체실현을 함에 있어 바탕이 되는 준거의 표를 가리키고 있다. 공자가 위의 사례들에서 가리키는 준거의 표는 집체구성분자들 사이의 이른바 '人我'관계에 작용하는 것이다. 집체가 천자, 제후, 대부, 백성이라는 상하관계로 이루어지므로 그 준거의 표는 上下向的일 수밖에 없다. 따라서 이들 모두에게 위로부터 다가오는 가장 높은 준거의 표는,『墨子』『老子』『論語』에 나타나는 것으로 본다면, 표의 표라고 할 만한 天志, 본받음(法)의 마지막 준거로서의 自然, 그리고 천명이다. 공자는 人我관계라는 현실 차원의 계단을 넘는 가장 높은 표에 대한 떨칠 수 없는 歸依의 一念을 드러낸다.

獲罪於天, 無所禱也. (「八佾」)

述而不作, 信而好古. (「述而」)

하늘은 공자에 있어 바라보며 경청하는 마지막 준거로 인식되어있다. 그리고 임의로 조작하지 않고 옛것을 숭상함에서도 묵자의 '本之'에서와 같이 과거 성현의 事迹과 古籍을 현재에 대한 至上의 준거표로 받아들이는 것이다.

노자와 공자와 묵자는 그들 사이의 가까이할 수 없는 이념적 차이에도 불구하고 不爭의 집체실현을 표로서 지향하는 바 같은 시대의 문제와 이념을 공유한다. 그들은 은주 시대로부터 내려오는 정치와 도덕의 전통이념 그리고 不同한 類 곧 상반대립자들 사이의 疏通과 和議의 매체로서 漢語라는 千年의 유산을 공유하면서 부쟁의 집체로 이끌 수 있는 새 시대의 준거표를 다투어 모색하는 것이다. 노자, 공자, 묵자에 의해 시작된 철학적 사유의 전통 자체가 부쟁의 집체라는 도시 또는 국가체제의 실현에 대한 서로 다른 해법을 찾으려는 사색가들의 운동에 말미암은 것이다. 그런데 은주 전통의 통치질서가 붕괴되어 가는 이 혼란의 시대체험을 거의 같이 하는 또 하나의 사변가 鄧析의 '無厚兩可論'은 그들이 공유하는 시대의 요청 또는 배경을 보다 근원적으로 드러내주는 것이어서, 帝令과 天命을 가장 높은 준거로 삼아 백성을 이끌고 다스리던 은주 시대의 통치관으로부터 선진시대 철학자들이 이탈하는 계기 또는 이유를 대변하는 것으로 볼 수 있다.

은주 시대의 帝令, 天命에의 의존상태를 벗어난 선진 시대의 철학자 노자, 공자, 묵자는 해체되어가는 통치체제의 천자, 제후, 경대부, 백성에게 새로운 준거의 표를 제시한다. 그들이 제시하는 '不爲

主의 自然' '天命' '天志'라는 것은 더 이상 恣意로 움직이는, 그렇기 때문에 卜問과 祈求 또는 제사로써 매달려야 하는 은주 시대의 상제, 그리고 天地雷風의 神鬼와 같은 초월의 존재를 가리키는 것이 아니다. 사람들은 이제 초월의 힘을 가진 존재와의 이른바 '天人'관계에 의해서가 아니라 집체를 이루어 같이 살아가는 또는 난세에 치열하게 공존 경쟁하는 사람들과의 이른바 '人我'관계에 의해서 그 생사의 운명이 결정되고 있는 것이다. 선진시대에 있어 철학사조의 등장은 이렇게 그 생사의 운명이 '人我'관계에서 결정되는 사람들이 준거해야 하는 표에 대한 사색의 결과로 볼 수 있다. 그들은 집체 부쟁의 도시 또는 국가 체제라는 이념을 지향하면서 그 逆기능을 해소하는 준거의 표를 서로 다른 각도에서 내놓고 있는 것이다. 그들은 모두 초월의 타자로써, 이를테면 상제 또는 天地雷風의 神鬼로써 결정받는 생사와 운명의 섭리에 대하여 사색하기를 단념한 도시의 철학자들이다. 그리고 지금까지 철학은 인간이성의 開明이라는 이념 아래 도시의 철학으로 이어져 왔을 뿐이다. 그러나 사람들은 모두 不可解 아니면 초월의 타자에 의해 결정되는 생사와 운명의 한계 안에 있고 거기에 빠져 있는 것이 자연에 소속한 모든 살아있는 것의 생태로서 그들은 도시 밖의 철학을 지닌다. 그것은 한국 사람들이, 그리고 도시문명 전통 밖에 뿌리를 가진 사람들이 다른 생명 가진 것들과 함께 지니는 자연생태로서의 철학이다.

iii
우주無厚[人文]觀과 도시의 논리

1
類들의 集體不爭과 그 논리: 對待, 無待

춘추말에 들어서 諸侯將相이 패권을 향한 다툼을 벌이는 가운데 난세를 가라앉히기 위한 百家의 제안이 나왔다. 그러니, 제후장상과 백가는 실상 當代 천하의 질서가 붕괴되고 시비의 준거는 혼란에 빠지는 데 모두 기여하고 있는 것이다. 백가들이 천하의 질서를 바로잡고 시비의 새로운 준거를 세우려는 가운데 노자는 無爲無不爲를, 공자는 求諸己, 克己復禮를, 묵자는 尙同兼愛에 다름 아닌 天志를 대안으로 내놓는다. 그들의 대안은 말하자면 천하의 질서와 시비의 준거로서 부쟁의 집체를 지향하는 것이다. 그럼에도 같은 시대의 鄧析이 내놓는 준거의 표는 부쟁의 집체를 지향하는 것으로 보이지 않는다. 그는 비슷한 시대의 체험과 관찰에 대하여 '兩可爭議'라는 다른 준거의 표를 보여준다. 그의 양가는 천하가 요동치며 시비가 지리멸렬한 당대의 상황에 대한 또 하나의 분석과 대응의 태도로서 나타나는 것이다. 등석은 말한다.

> 異同之不可別, 是非之不可定, 白黑之不可分, 淸濁之不可理, 久矣.[53]

---

53) "다름과 같음을 구별할 수 없고 옳음과 그름을 판정할 수 없고 흰 것과 검은 것을 구분할 수 없고 맑음과 흐림을 가릴 수 없게 된 지 오래이다." 伍非百, 「鄧析子辯僞」『先秦名學七書』(臺北: 洪氏出版社, 1984). 이하 『鄧析子』 원문은 이 책에 의함.

(『鄧析子』「無厚」)

以天下之目視, 則無不見. 以天下之耳聽, 則無不聞. 以天下之智慮, 則無不知.[54] (「轉辭」)

어째서 異同, 是非, 白黑, 淸濁은 각기 일정함이 없고, 또한 서로 가려지지 않는가? 그것은 천하와 함께하는 눈과 귀와 사려가 아닌 일상의 눈과 귀와 사려로써 보고 듣고 생각하기 때문이다. 日常의 눈과 귀와 사려는 사사로운 의도와 소견에 잡히기 때문에 사물의 類를 따라 적절하게 분별하고 관계를 매길 수 없다. 그는 사사로움이 公道인 法에 어긋남을 묘사한다.

今也立法而行私, 是私與法爭.[55] (「轉辭」)

故有道之國, 法立則私善不行.[56] (「轉辭」)

『鄧析子』에 실린 「無厚」「轉辭」 두 편이 그 編名을 제외한 대부분이 후대에 조작된 僞書라는 평가에 개의하지 않았다. (위의 책, 845쪽 이하; 馮友蘭, 『中國哲學史新編』, 第一冊 (北京: 人民出版社, 1992: 1980年 修訂本), 181-183쪽 참고)

등석이라는 독특한 사상가의 行蹟 아래에 모일 수 있는 글귀들은 先秦시대에 이루어진 한 유형의 세계인식과 모임살이를 대표하고 있기 때문이다. 여기서 역사에 등장하는 철학고전과 체계는 다만 당대의 공유하는 문제와 실험된 해답의 유형을 객관적으로 분석하기 위한 자료로서 이해할 뿐 어떤 진리값을 지닌 한 철학자 개인의 고립된 사상으로 보지 않는 데에 글쓴 자의 관점이 있다.

54) "천하의 눈으로 보면 보이지 않는 것이 없고 천하의 귀로 들으면 들리지 않는 것이 없고 천하의 지혜로 생각하면 알지 못할 것이 없다."

55) "오늘날 법을 세우고도 사사롭게 행하니 이는 사사로움이 법에 대해 겨루는 것이다."

56) "그러니 도가 있는 나라에 법이 세워지면 사사로이 좋음이 행해지지 않는다."

사사로움을 떠나 천하와 함께하는 눈과 귀와 사려로써 사물을 잡을 수 있는가? 천하와 함께하는 눈과 귀와 사려라는 것은 상이한 類의 사물들로 하여금 제자리를 찾아 서로 배치되거나 모순되지 않도록 하는 포괄의 조정기능 또는 按排를 가리킨다. 그리고 이 포괄의 按排 기능에 다름 아닌 "參以相平, 轉而相成"(「轉辭」)에 의해 등석의 是非兩可의 쟁의가 다음의 예에서처럼 해결되는 것으로 본다.

動之以其類, 安有不應者?[57] (「轉辭」)
別殊類使不相害. 序異端使不相亂.[58] (「無厚」)

鄧析의 무궁한 변론과 임기응변하는 대항의 상대였던 子產 또한 시비양가의 의론을 施政의 한 방편으로 동조하고 있다. 國政을 논란하는 모임터로 化한 鄉校를 헐어버릴 것을 권하는 然明에 대한 子產의 응답은 등석의 시비양가관에서 멀지 않은 것이다. "사람들이 朝夕으로 모여 施政의 옳고 그름을 따진다면 그 옳은 것을 시행하고 그른 것을 고칠 것이니 이는 나를 가르치는 스승인데 어째서 그것을 헐어버리겠는가?"[59]

그러나 정치의 공개적 토의에 대한 유, 도, 묵가의 입장은 소극적이다. 공자에 의하면 정권과 시정에 대한 토의는 누구에게나 자유

57) "그 [마땅한] 類를 따라 움직인다면 어찌 응하지 않는 것이 있겠는가?"
58) "類가 같지 않은 것을 구별하여 서로 해치지 않게 하며 단서를 달리하는 것에 순서를 매겨서 서로 어지럽히지 않게 한다."
59) 『左傳』 襄公 31年. "夫人朝夕退而游焉, 以議執政之善否. 其所善者, 吾則行之; 其所惡者, 吾則改之, 是吾師也. 若之何毁之?" 楊伯峻, 『春秋左傳注』 (北京: 中華書局, 1993)

롭게 개방될 수 있는 것이 아니다.

天下有道, 則政不在大夫. 天下有道, 則庶人不議. (『論語』「季氏」)

이렇게 부쟁의 집체를 지향하는 유, 도, 묵가에 있어 정권과 시정에 대하여 시비쟁의를 하는 것은 바람직한 것이 아니다. 그들은 叔向이 子産에게 써 보냈듯이 모두 같은 마음으로 "懼民之有爭心"(『左傳』 昭公 6年)하는 것이다. 이는 무엇보다도 유가의 士大夫들이 주장하는 禮治에 어긋나는 것이다. 周代의 『尙書』「呂刑」에도 그 條款이 三千에 이르는 것으로 알려져 있으나 그것은 공포되지 않은 채 施刑者의 隨時 해석 또는 任意 시행이 가능했다. 그러므로 "刑不可知, 則威不可測"이라는 孔穎達의 疏語(『左傳』 昭公 6年)는 그 被治者가 겪는 상황의 실감을 전하고 있다.[60]

그러나 횡포에 가까운 判罪 통치에 대한 반발과 성문법에 대한 신흥지주와 평민계층으로부터의 漸增하는 시대적 요구를 반영하는 것이 자산과 등석의 시비양가 또는 시비쟁의관이다. 시비쟁의는 시비양단의 불확정성을 전제하는 것이니 쟁의 가운데서 시비의 판결이 이쪽으로든지 저쪽으로든지 기울 수 있는 가능성이 있기 때문이다. 등석의 이러한 시비양가관에 대한 비평이 『呂氏春秋』에 소개되어 있다.

以非爲是, 以是爲非, 是非無度, 而可與不可日變.[61] (『呂氏春秋』「離謂」)

60) 馮友蘭, 앞의 책, 175쪽.

시체를 찾는 가족에게 그것을 건진 자가 터무니없는 대가를 요구한다. 그 가족이 등석에게 가서 호소하니, "안심하라. 다른 누구도 그 시체를 사지 않을 것이다"라고 하고, 시체를 가진 자가 은근히 염려하여 와서 물으니 "안심하라. 그 시체를 다른 어디서도 팔지 않을 것이다"라고 하였다.[62] 이렇게 이쪽의 '是'는 저쪽의 '非'가 되고 이쪽의 '非'는 저쪽의 '是'로 되는 것이다.

可不可는 언제나 상황에 따라 바뀌는 것인가? 등석의 시비양가는 시비 또는 可不可의 판별에 기준이 없음을 말하는가? 시비, 가불가의 판별이 혼란에 빠지는 것은 사물의 양면이 그 類를 따라가지 않고 사사로운 판단으로 偏溺하기 때문이다. 시비, 가불가의 양면이 쟁의의 국면과 관련된 類에 따라 드러나도록 하는 것은 사물에 대한 판단과 실행이 어느 쪽으로 偏溺하지 않도록 하는 것이다. 어째서 시비양가의 쟁의 방법이 새로운 시대의 준거로 등장하는가? 천명이라는 전통적인 준거의 표가 집체의 통치질서 곧 人我관계를 조절 按排함에 있어 無效로 되어 버렸기 때문이다. 등석의 양가쟁의는 전통의 준거가 無效化한 데서 발생한다. "惟命不于常" 敬德 "保民"(『尙書』「康誥」)은 周代에 들어서 이미 上古의 통치준거가 변했음을 알려주는데 『尙書』「呂刑」에도 등석에 앞서는 다음과 같은 시비양가관이 나타난다.

---

61) "그른 것을 옳다 하고 옳은 것을 그르다고 하여 옳음과 그름의 척도가 없으니 可와 不可가 날마다 바뀌었다." 谷聲應譯注, 『呂氏春秋』(北京: 中國書店, 1992)

62) 『呂氏春秋』「離謂」. "…鄭之富人有溺者. 人得其死者. 富人請贖之, 其人求金甚多, 以告鄧析. 鄧析曰: '安之. 人必莫之賣矣.' 得死者患之, 以告鄧析. 鄧析 又答之曰: '安之. 此必無所更買矣.'"

天齊于民, 俾我一日, 非終惟終, 在人.[63]

明淸于單辭, 民之亂, 罔不中聽獄之兩辭, 無或私家于獄之兩辭.[64]

每事를 천명에 호소하고 의지하던 上古 전통의 有故를 알리는 가장 두드러진 사건 묘사 또한 「呂刑」에 나타난다.

乃命重, 黎, 絶地天通, 罔有降格.[65]

有故 이후 上古로부터 내려오는 준거인 천명의 無效를 등석은 '無厚'라는 개념으로 표현한다.

天於人無厚也, 君於民無厚也, 父於子無厚也, 兄於弟無厚也.[66] (『鄧析子』「無厚」)

등석은 無厚의 이유를 天, 君, 父, 兄이 人, 民, 子, 弟로 하여금 호소하

---

63) 『尙書』「呂刑」. "하늘(또는 상제)은 백성을 다스림에 있어 잠시 우리에게 맡긴 바 있으니 그 이루어지고 이루어지지 않음이 사람에 달려 있도다." 周秉鈞審校, 『尙書全譯』(貴陽: 貴州人民出版社, 1990). 이하 『尙書』 원문은 이 책에 의함.

64) 『尙書』「呂刑」. "한쪽의 하소연을 밝게 살펴서 백성을 다스리며 양쪽 訟事를 공정하게 심사하지 않음이 없도록 하며 결코 어느 쪽에서 私利를 취함이 없게 할 것이니라."

65) 『尙書』「呂刑」. "또한 상제는 명하되 重으로 하여금 하늘의 일을 관장하게 하고 黎로 하여금 백성을 다스리게 하여 하늘과 땅 사이를 따로이 끊어 내려가거나 올라가서 섞이는 것을 금하였느니라."

66) "하늘은 사람에게 두터움이 없고 임금은 백성에게 두터움이 없고 아비는 자식에게 두터움이 없고 형은 아우에게 두터움이 없다."

며 의지하도록 할 만한 권위와 능력을 갖추고 있지 못한 데서 찾는다. 상제, 천자, 군주같은 위계의 존재가 이제는 시비, 가불가를 판결해 주는 준거의 표가 되지 못하기 때문이다. 그는 하늘이 사람에 대하여 무후 또는 무효임을 다음과 같은 이유로써 설명한다. "하늘은 해로운 기운을 물리쳐 일찍 죽는 사람을 살려낼 수 없으며 착한 백성으로 하여금 반드시 天壽를 누리게 할 수 없으니 이것이 하늘이 백성에 대하여 두터움이 없음이다."[67]

그렇다면 등석이 말하는 무후는, 하늘 또는 천명이라는 것이 그 권위와 능력을 인민에 대하여 발휘하지 못하는 무효의 존재로 내려앉을 뿐만 아니라 하늘과 하늘을 대리하는 천자, 군주같은 上位의 존재가 심판자 또는 示範者로서 의뢰하고 지향할 만한 준거의 표가 될 수 없음을 말하는 것이다. 천명으로서 내려지는 至上至高의 효력을 잃은 하늘은 인민에 대하여 그 관계가 '無厚'라고 할 수밖에 없다. 등석의 무후는 하늘과 인민 사이의 尊卑高下라는 층차관계의 의식이 사라져가고 있음을 암시한다. 등석이 무후를 말한 다음 수많은 철인들이 다시 무후를 논하였지만 그 인문 도덕 방면의 함축을 제대로 풀이하는 일은 잊어버렸다. 莊子는 「天下」에서 惠施의 무후를 자연 수리 방면의 주장으로 풀이하였는데 등석이 말했던 無效로서의 무후를 완전히 씻어 버리지는 않았다. 그는 혜시의 무후를 이렇게 소개한다.

無厚不可積也. 其大千里. 天與地卑. 山與澤平. … 氾愛萬物. 天地一

---

67) 『鄧析子』「無厚」. "天不能屛勃厲之氣, 全夭折之人, 使爲善之民必壽, 此於民無厚也."

體也. (『莊子』「天下」)

사실 혜시의 무후는 등석의 무후가 제시한 문제 영역으로부터 이탈한 것이 아니다. 뿐만 아니라 그들의 무후에 대한 문제의식은 노자가 "天地不仁, 以萬物爲芻狗"(『老子』 5章), "天道無親"(79章), 그리고 공자가 "務民之義, 敬鬼神而遠之"(『論語』「雍也」), "無能事人焉能事鬼?"(「先進」)라고 말할 때 표시했던, 변혁 가운데 놓여있는 天觀을 이어가고 있는 것이다. 노자, 공자의 天觀은 至上至高의 준거로서의 상제 또는 천에 대한 보류의 태도이며 전적으로 의지하고 호소하던 상고 시대의 천명으로부터 이탈하여 인문도덕주의로 나아가는 전환 시대의 단계를 반영한다. 이 인문도덕주의로의 전환을 논리적인 극단에서 완성하는 것이 "天尊地卑"(『周易』「繫辭上」)를 거부한 혜시의 '天與地卑' '天地一體'이다. 그러므로 노자의 '天道無親', 공자의 '敬而遠之', 등석의 '天於人無厚', 그리고 혜시의 '天與地卑'는 모두 지상지고의 준거표로서 상제 또는 天으로부터 단절 그리고 독립하여 가는 인문도덕주의의 시대 흐름을 반영하는 것으로 보인다.

뿐만 아니라 孟子와 莊子로부터 일어나서 陸王學派에 이르기까지 완성되어간 중국 전통의 心學은 至上의 초월자로서 상제 또는 천을 사람에게 이미 구비되어 있는 '心'또는 '性'으로 수렴하여 가고 있다. 맹자는 "盡其心者, 知其性也. 知其性則知天矣"(『孟子』「盡心上」)라고 하고 장자는 "天地與我並生, 而萬物與我爲一"(『莊子』「齊物論」)라고 하며 왕양명은 "心卽理也, 此心無私欲之蔽, 卽是天理"(『傳習錄』 上 3)라고 하니 이는 天地, 天人, 心物이라는 類들 사이의 근본적 층차와 간극이 사라지고 모두 對待의 集體 또는 無待의 一體로 관통되어 결국 등석이 제기한 '天於人無厚'의 문제의식을 깊이 천착하고 나아가 드디어 혜시의 '天與地卑' '萬物一體'라는 우주 무후관을 함께 體得體現함에 이르는 것이다. 등석의 무후관은 至上의 준거로서 상제 또는 天이 붕괴하면서 춘추전국시기에 새로이 등장하는 중국 전통의 우주관 및 心觀의 떠날 수 없는 출발점으로 보인다.

등석이 제기한 무후의 결과는 무엇인가? 상제 또는 천명에 전적으로 의지하고 호소하던 은의 紂王이 패망했을 때 주의 武王과 周公은 천명에 대해 회의를 표시해야 했고 敬德保民 또는 德治禮敎를 추진해서 인문도덕주의에 길을 열게 된다. 따라서 무후의 우주관은 天命靡常이라는 초기의 자각형태로서 나타나 천하의 통치체제로 하여금 상고의 天人관계를 벗어나고 人我관계를 軸으로 하는 도시의 세속적인 집체 질서를 지향하도록 움직이는 출발점이 되는 것이다. 무후의 우주관은 노자, 공자, 묵자로 하여금 부생의 집체라는 수평적 관계를 지향하도록 이끌었거니와 나아가 맹자, 장자, 양명으로 하여금 天地, 天人, 性과 心의 층차를 극복하여 一體로 관통하는 盡己, 反己, 無待로써 부쟁의 집체를 지향하도록 결정하고 있는 것이다. 부쟁의 집체로 天人 人我관계를 일체로 관통함에 있어 우주 안의 서로 다른 類와 類로 하여금 모순, 배척하지 않는 對待集體, 反求和諧 또는 無待一體관계를 추상화하는 순수 논리의 표출이 이후에 등장하는 法家인 商鞅, 名家인 公孫龍과 같은 중국 전통의 철학자에게 주어지는 과제이다. 처음으로 무후의 우주관을 언표했음에도 시비양가에 의한 쟁의를 제시한 등석조차 "別殊類使不相害, 序異端使不相亂"(『鄧析子』「無厚」) "轉而相成"(「轉辭」) "民一於君"(「轉辭」)이라는 명제로써 대대집체, 반구화해의 관계에 의한 체제관을 전제하고 있음을 분명히 드러낸다.

[客]曰: 二有一乎?

[主]曰: 二無一.[68]

'二'는 成分들로 이루어진 복합체를 가리키는데 복합체라는 것은 다시 그 성분으로 갈라 낼 수 없음을 주장하는 공손룡의 입장이 '二無一'에 나타난다. 白馬는 白馬일 뿐 그 성분 白이나 馬로 갈라지는 것이 아니니 馬라고 일컬을 수 없다. 白馬는 白馬일 뿐 馬가 아니다. 그리고 몇 마디 지난 같은 「通變論」에서 공손룡은 "左與右可謂二乎?" 라고 묻는 客에게 그렇다고 답한다. 어째서 左에 右가, 또는 一에 一이 함께 하면 하나가 되지 않고 二가 되는가? 이는 서로 다른 것이 같이 있더라도 하나가 되는 것을 거부하기 때문이다. 堅石에 白石이 같이 있더라도 일상인이 생각하는 하나의 단단하고 흰 돌, 堅白石이 되지 않고 여전히 堅石, 白石으로 있을 뿐이다. 또한 白馬와 黃馬가 같이 있어도 이들을 馬라는 하나의 이름으로 부를 수 없다. 一과 一이 함께 있으면 二이지 一로 통합되지 않는다는 것이 離派正名을 주장하는 공손룡의 견해다.

사람들이 白馬, 黃馬를 馬라고 부르는 오류를 일으키는 것은 이를테면 馬라는 名 또는 개념이 그 추상성에 의해서 무차별적으로 통용되는 데 원인이 있는 것이다. 해석자인 龐朴의 예에 따르면 天은 天空, 天帝, 天然 [그밖에 天命, 天理] 따위의 여러 다른 것들을 가리키는 것이다.[69] 그러나 天空, 天帝, 天然은 각각 天空, 天帝, 天然이

---

68) 『公孫龍子』「通變論」. 龐朴譯注, 『公孫龍子今譯』(成都: 巴蜀書社, 1990). 이하 『公孫龍子』 원문은 이 책에 의함.

69) 위의 책, "述評", 30쪽.

지 하나의 天으로 일컬을 수 없는 것이다. 또한 名 또는 개념은 여럿이라도 實은 하나일 수 있다. 이런 名實混亂에 대해 공손룡은 先秦 전통의 正名 그리고 일상인이 의존하는 名 또는 개념의 개혁을 제창하는 것이다. 그는 名 또는 개념의 추상 포괄 기능에서 오는 혼란을 막기 위해 엄밀하게 분리, 독립하여 있는 實相의 成分들을 가리키는 '謂' 곧 '指'라는 代案을 내놓는다.

白馬, 黃馬, 馬, 堅石, 白石은 모두 무엇에 의하여 분리, 독립하여 있는 實相의 성분들인가? 名 또는 개념의 일상적 쓰임에 따르면 白馬, 黃馬는 馬로 되고 堅石, 白石은 堅白石이 된다. 그러나 공손룡의 '指物'의 방법에 의하면 白馬, 黃馬, 馬, 堅石, 白石은 오직 그것들이 가리키는 감각 또는 의식의 像에 의해서 세상에 주어지고 實在하는 것이다. 그러니까 白馬가 있다고 할 때 白馬가 있는 것이지 馬가 있는 것이 아니고 堅石이 있다고 할 때 堅石이 있는 것이지 堅白石이 있는 것이 아니다. 이렇게 오직 가리킴 '指'에 의해서만 이루어지는 세계상을 「堅白論」의 결론에서 볼 수 있다.

> 분리해 있는 것들이 천하를 채우고 있으니 이로써 각기 독립해서 제자리에 있게 되는 것이다.[70]

분리, 독립한 '指'들에 의해 이루어지는 세계상으로써 무엇을 말하려는 것인가?

青이 白과 함께 있으면 青과 白이지 黃이 되지 않는다. 白이 青과 함

70) 『公孫龍子』「堅白論」. "離也者天下, 故獨而正."

께 있어도 白과 靑이지 靑玉이 되지 않는다.[71]

靑과 白은 서로 같은 것이 아니지만 이웃하는 것은 서로 다른 것을 간섭하지 않고 각자의 자리를 지키기 때문이다. 서로 같지 않은 것이 맞물려 같이 있는 복합관계를 공손룡은 "反而對"[72]라고 한다. 類를 달리하는 것들이 서로 간섭하거나 섞이지 않고 각자 분리되어 독립의 자리를 지키는 데서 전체의 집체질서가 이루어지는 것이다. 이로써 공손룡이 추구한 離派의 正名方法은 先秦전통의 집체부쟁이라는 표에서 떠나지 않고 있음을 보여준다. 공손룡이 그리는 국가에서도 君臣은 서로 겨루고 다툼으로 "兩明"[73]하지 않고 反而對 또는 獨而正에 의해 부쟁의 집체를 지향하는 표를 찾고 있음을 보여준다. 兩明爭議에서 오는 혼란이란 공손룡에 의하면 君臣 또는 그 밖의 類를 달리하는 자들이, 靑과 白, 白馬와 馬, 堅石과 白石처럼 각자의 자리를 분리, 독립하여 지키지 않고 서로 간섭하거나 마치 같은 하나인 것처럼 섞이는 데서 일어나는 것이다.

'二無一' '一與一爲二'는 공손룡이 펼치는 白馬非馬, 離堅白, 物莫非指 그리고 君臣 또는 名實관계를 집약할 뿐 아니라 집체부쟁을 향한 또 하나의 代案을 제시하는 가장 간결한 논리형식을 보여주는 것이다. 離派의 正名을 대변하는 名家인 공손룡은 또한 '二無一' '一與一爲二'에 의해 같은 離派로서 「定分」(『商君書』)을 주장하

---

71) 『公孫龍子』「通變論」. "靑以白非黃, 白以靑非碧."

72) 『公孫龍子』「通變論」. "靑白不相與而相與, 反而對也. 不相隣而相隣, … 反而對. 各當其所 …." 徐復觀, 『公孫龍子講疏』(臺北: 臺灣學生書局, 1984)

73) 『公孫龍子』「通變論」. "暴則君臣爭而兩明也."

는 法家와 함께 이제 더 이상 不爲主, 法自然도 克己復禮도 尙同兼愛도 부쟁의 표가 될 수 없게 된 先秦시대를 종결하고 있는 것이다. 그럴 뿐인가? '一與一爲二'의 '二'는 같은 離派 法家와 함께 分割 定分을 공유하며 '二無一'의 '二'는 合派로서 道家와 함께 分割不可한 融合一體의 可能端緖를 縮小 보존하고 있는 것으로 볼 수 있다. 이렇게 공손룡은 先秦철학자들이 離派, 合派의 구별 없이 함께 지향해 온 부쟁의 표를 축약의 논리로 대변하고 있다. 등석의 兩可論이, 분열하는 시대국면에 대한 프로타고라스의 논리적 표출 곧 양면논증(dissoi logoi)에 대비되는 것처럼 공손룡이 집약한 不爭의 해법 '二無一' '一與一爲二'는, 희랍의 시민과 철학자들이 이어 온 爭議의 모순 국면에 제시된 집약적 해법 곧 아리스토텔레스의 논증형식 'PaM, MaS→PaS'(Barbara)에 대비되는 것이다.

2
類들의 正體爭議와 그 논리: 동일보존, 모순배제

시비양가에 의한 쟁의를 철두철미하게 근본 방법으로 삼는 철학자들은 고대 희랍 전통에서 일어났다. 그들은 類들의 집체성향을 준거의 표로 하지 않고 類들의 보편성향을 준거의 표로 한다. 말하자면 그들의 시비쟁의는 '보편적인 것'에 의한 근거제시 곧 정당화(justification; δικαιολογία)의 절차로서 이루어진다. 시비양가가 고대 희랍에서는 類들의 보편 성향에 호소하는 정당화의 절차 곧 논증에 의한 쟁의 형태로 발전해갔다. 상반된 판단과 주장의 公的 쟁의를 보장하는[74] 보편의 근거 제시에 의한 논증의 방법이 형식화되어 서구의 知的 탐구의 전통을 이룬다. 이 쟁의의 절차와 방법은 그들의 'πόλις'라는 도시체제의 구축을 위하여 지향하는 준거의 표로서 작용했던 것이다.

이러한 도시체제구축의 절차와 방법으로서 類들의 쟁의 및 정

74) 法과 法治에 대한 이해가 중국 전통과 서구 전통에서 다르게 이루어지는 다음과 같은 설명의 例를, 고대 희랍에 있어 公的 爭議의 독특한 발전을 이해하는 데에 참고할 수 있다. 韋政通, 『中國哲學辭典』 (臺北: 大林出版社, 1978), 「法」. "歐洲法治思想的眞諦, 在視法律爲政治組織中最高之威權. 君主雖尊, 不過爲執法最高之公僕而已. 故法權高於君權, ⋯."(443쪽) "其與吾國先秦'法治'思想以君爲主體而以法爲工具者實如兩極之相背. ⋯ 管子之'以法治國', 乃'人治'思想之一種, 與孔, 墨, 孟, 荀諸家以君主爲治權之最高執掌人者, 根本不異."(444쪽) Henry J. Abraham, ***The Judicial Process***, 2nd ed. (N.Y.: Oxford University Press, 1968) "A *common law* trial is and always should be an adversary proceeding."(99쪽. Hickman v. Taylor, 329 U.S. 495, at 516 (1946)을 다시 인용) "This is a concept basic to the common law adversary proceeding ⋯ a system that 'sets the parties fighting.'" (100쪽)

당화의 형식 또한 고대 희랍철학자들의 우주 무후관으로부터 시작하는 것이다. 서양사상사에서 최초의 철학자로 탈레스와 아낙시만드로스를 일으켜 세우게 되는 기준 자체가 그들이 이제 헤아릴 수 없는 의지의 존재 곧 신들에 순종하기를 그치고 그 의지의 실체를 잡아 밝은 빛의 삶터로 끌어내리는 우주 무후관의 시대를 개척하였다는 생각에서 나오는 것이다. 탈레스는, 그의 우주관에 관한 한 거의 유일하게 믿을 만한 보고자인 아리스토텔레스에 의하면, '지구는 물 위에 떠 있으며 그리고 물은 모든 존재하는 것들의 근원이다'[75] 라고 하였다. 그러나 흙과 바위, 생명 있는 나무와 사람을 비롯해 모든 존재하는 것들이 물로부터 만들어졌으며 물의 변형에 지나지 않는다는 이론을 후세의 철학사가들이 되풀이하도록 결정해 준 사람은 아리스토텔레스다. 과연 탈레스에 있어 물은 만물을 이루는 으뜸의 성분으로서 아리스토텔레스가 일컫는 'ἀρχή'에 해당하는 것인가?

버넷은 그의 『초기희랍철학사』에서 당대 사람들의 주요한 관심거리로 천체 및 기후현상을 인정하고 있다.[76] 탈레스는 일식현상을 예측했을 뿐 아니라 星座에 의한 항해술을 도입했을 만큼 자연의 정통한 관찰자였다. 그런데 천체 및 기후 현상에 관한 희랍사람들의 지식은 이미 천 년이나 앞서 발전한 바빌로니아와 이집트 사람들의 우주관으로부터 오는 것이며 탈레스가 이런 知的 과거에서 자유로울 수 있으리라고 상상하기 어렵다고 역사가들은 말한다. 아리스토텔레스가 전하는 탈레스의 '지구는 물 위에 떠 있다'고 하는 생각 자

75) G. S. Kirk, J. E. Raven, M. Schofield, ***The Presocratic Philosophers***, 2nd ed. (Cambridge: Cambridge University Press, 1983), 88-89쪽.

76) John Burnet, ***Early Greek Philosophy***, 4th ed. (N.Y.: Meridian Books, 1957), 46-49쪽.

체가 메소포타미아와 이집트의 사람들이 범람하는 홍수를 자손 대대로 겪으며 알려주는 티그리스강이나 나일강의 전설에 뿌리를 두고 있다고 볼 수 있다. 홍수가 메소포타미아 사람들에게 안겨 준 지울 수 없는 체험과 인상이 시에 이렇게 담겨 있다.

> 아무도 대항할 수 없는 엄청난 홍수, 그것은 하늘을 흔들고 대지로 하여금 떨게 한다.[77]

『구약』의 「시편」에도 같은 두려움을 전해주는 물의 설교가 있다.

> 여호와께서 땅을 바다 위에 놓으시고 [세상을] 강물 위에 세우셨도다. (「시편」 24: 2)
> 땅을 물 위에 펼치신 이에게 감사하라. (「시편」 136: 6)

탈레스가 이렇게 풍부하고도 오래된 주변 문명의 체험과 전설로부터 내려오는 엄청난 힘의 使者인 물에 관련한 우주관을 버려 두고 세계에 관한 그의 모형을 그가 속한 이오니아 전통이나 호머의 신화에서 찾을 수 없었을 것이라고 희랍철학의 시작을 논의하는 휠셔는 말한다.

> 탈레스가 물을 아르케의 차원으로 끌어올림에 있어 어떤 희랍적 전통에도 의존할 수 없었을 것이다. 그는 물론 『일리아드』에 나오는 그

77) [H. & H. A.] 프랑크포르트, [J. A. Wilson, Th. Jacobsen,] 『고대 인간의 지적 모험』, 이성기 옮김 (서울: 대원사, 1996), 159쪽.

> 런 [땅을 감싸며 흐르는 강 'Okeanos'] 유의 이야기를 알고 있었다. 그러나 만약 우리들이 그밖에 아무 것도 모른다면 우리는 탈레스가 그 이야기로부터 그의 우주론을 발전시켰다고 믿어야 할 것이다. 그런데, 지구가 물 위에 떠 있다고 하는 이 원리는 너무 특이할 뿐 아니라 동방의 통념에 너무 가까운 것이어서, 그 [동방의] 신화들에 비교하는 가운데서 이해할 수밖에 없다.[78]

횔셔가 가리키는 동방의 신화를 만들어내는 한 조건이라고 여겨지는 메소포타미아의 환경에 대한 야콥센의 서술은 다음과 같다.

> 티그리스강과 유프라테스강은 나일강과는 달랐다. 그 강들은 인간이 만든 제방을 파괴하고 인간이 경작한 작물을 삼키면서 예측할 수 없도록 변덕스럽게 불어났다. 거기에선 인간을 흙먼지 속에 덮어버리고 질식시킬 듯이 위협하는 진흙탕으로 바꾸고 인간의 자유로운 움직임을 방해하는 억수같은 비가 쏟아진다. 모든 여행은 진흙 속으로 함몰되는 것이다.[79]

지상의 모든 것을 덮어버리는 끝없는 물에 대해 메소포타미아와 이집트 사람들이 받은 깊은 인상이 '고통의 강'(bitter river)[80], '포위하는 강'(encircling river)[81]이라는 표현에 실감 있게 나타난다. 메소포타미

78) Uvo Hölscher, "Anaximander and the Beginnings of Greek Philosophy", ***Studies in Presocratic Philosophy***, Vol. I, eds. D. J. Furley & R. E. Allen (N.Y.: Humanities Press, 1970), 309-310쪽.

79) [H. & H. A.] 프랑크포르트, [J. A. Wilson, Th. Jacobsen,] 앞의 책, 158쪽.

80) Uvo Hölscher, 앞의 책, 319쪽.

아 사람들은 모든 것을 삼킨 거대한 늪이 물러나면 비로소 땅이 올라오는 것을 항상 관찰했을 것이고 이집트에서도 매년 나일강의 홍수가 빠질 때에야 비옥한 땅이 드러나는 것을 경험했을 것이다. 엄청나게 불어나는 물이 빠지면서 모습을 드러내는 땅덩어리 지구는 그리하여 끝없는 태초의 물에 의해 포위되어 있다는 추정을 하게 된다. 인간의 삶터인 대지는 태초의 가없는(boundless) 물로부터 일어나 모습을 드러내는 한 조각의 언덕일 뿐이다. 그러므로 탈레스의 물은 동방의 가없는 물에 대한 체험과 전설에 나타나듯이 지상의 온갖 있는 것들을 사라지게도 하고 드러나게도 하는 무한의 힘으로서 상정된 것이다. 물은 하늘에도 땅 위에도 땅 아래에도 그 힘이 미치지 않는 곳이 없는 초월의 의지를 지닌 자로 나타난다. 그 한계 없는 지배자로서 세상에 있는 것을 뒤엎는 물, 그것이 모든 것의 태초라고 할만한 것이다. 그러나 탈레스는 그 태초의 가없는 물에 대해 형이상학적 또는 신학적 해석을 끌어대지는 않았다. 최초의 철학자로 불리는 그는 다만 동방의 전설과 신화로부터 희랍의 지성을 해방시킨 자연의 관찰자로 세상에 나타난 것이다. 그는 관찰에 의지해 나아가 물로써 지상의 만물을 꿰뚫어 본 우주무후관의 철학자가 된 것이다.

희랍의 지성에 대하여 형이상학적 사변의 길을 열어준 철학자는 아낙시만드로스다. 그에게는 모든 것으로 하여금 세상에 모습을 드러나게 하고 다시 사라지게 하는 그 끝없는 존재가 물이어야 할 이유가 없었다. 아낙시만드로스에 있어 그것은 어떤 모양으로도 한정할(περάω) 수 없는 무한정자(τὸ ἄπειρον)이다. 세상에 모습을 드러

81) G. S. Kirk, J. E. Raven, M. Schofield, 앞의 책, 11-12쪽.

내 있는 것들은 뜨겁거나 차갑게, 무겁거나 가볍게, 밝거나 어둡게, 마르거나 축축하게 상대적으로 한정된 이른바 類들이다. 이렇게 상대적으로 한정된 것에 영원한 것이란 없다. 모든 한정된 것들은 그 주어진 시간의 몫에 따라 조만간 사라져 간다. 상반되는 것들에 대한 아낙시만드로스의 생각을 풀이하면서 아리스토텔레스가 말하기를 땅이 그 자리에 머물 수 있는 것은 그것이 위로나 아래로 또는 오른쪽으로나 왼쪽으로 움직이는 상대적인 운동을 하지 않고 중립을 지키기 때문이라고 하였다.[82] 상반되는 것들은 각기 한정된 시간의 몫이 있기 때문에 필연적으로 사라지면서 그의 상대에게 보상하는 시간의 몫이 주어진다. 사라져 감이란 한정된 유한자로서 그의 상대에게 갚아야 할 필연의 보상이다. 아낙시만드로스의 우주에서 老子가 말하는 類들의 相反相成 곧 집체부쟁의 관계는 허용되지 않는다. 사라져 감은 세상의 한정된 자 곧 상반된 類들에게 내려지는 시간의 심판이나 심사에 의한(κατὰ τὴν τοῦ χρόνου τάξιν) 것이다.[83]

심사 또는 심판 행위는 세상에 있는 것들에게 허용된 시간의 한계를 결정하는 데 있다. 한계를 넘어 지속되는 여름의 정의롭지 못함을 같은 기간의 겨울로 대체함으로써, 한계를 넘어 지속되는 낮의 정의롭지 못함을 같은 기간의 밤으로 대체함으로써 시정 보상하는 것이다. 시간의 피할 수 없는 정의의 심판(χρόνου δίκη)이 법정의 판결 과정에서도 이루어진다고 솔론은 말한다.[84] 정의롭지 못함에 대

82) Aristotle, ***On the Heavens***, Loeb ed. (Cambridge, Mass.: Harvard University Press, 1939), 295b11-16.

83) G. S. Kirk, J. E. Raven, M. Schofield, 앞의 책, 57, 117-118, 120-121쪽.

84) 위의 책, 57, 121쪽. Solon fragment 24 Diehl.

한 판결, 시정, 보상은 때가 되면 다가오는 것이다. 시간의 심사와 판결 행위는 비극을 이끌어 가는 주요한 사건의 매듭으로도 나타난다. 소포클레스는 긴 시간의 작용 가운데서 비극이 그 예정된 결과를 향해 펼쳐져 가는 것을 보여준다.

시간은 사건이 향하는 결과를 감추면서 드러내거나 드러내면서 감추는 유희를 한다. 결과를 내다 볼 수 없는 유한의 존재인 사람이 그래서 "시간 안에 묶여 있다"(ἔμελλες χρόνῳ)라고 외치는 소리가 소포클레스의 비극 『에이잭스』에 나오는 합창의 대사에 있다.[85] 사람은 시간 가운데서 한정받는 심사와 판결이라는 운명을 벗어날 수 없다. 시간은 그러므로 지상에서 일어나는 사건에 말려든 모든 있는 자의 운명을 판정하는 척도이다. 아낙시만드로스 다음 세대의 철학자들은 한정되고 배당받은 세상의 것들이 지킬 수 있는 정당한 몫을 판정하는 방법 곧 준거의 척도를 모색한다. 정당한 몫을 넘어서는 배분을 잡으려는 오만(hybris)을 범할 때 아낙시만드로스나 솔론이 경고하는 시간의 심판과 소포클레스가 펼쳐 보이는 비극의 운명이 주어지기 때문이다. '너 자신을 알라'고 하는 델피의 격언은 소크라테스에 앞선 거의 모든 희랍의 철인들이 공유하고 있는 유한의 존재 인식이다. 그들은 모두 죽음에 의해 한정될 수밖에 없는(θνητός: liable to death) 운명의 몫(μοίρα)을 배당받아 서로 얽히며 일으키는 모순대립의 관계에 대하여 사색한다.

한정된 자의 운명을 지배하는 법칙은 무엇인가? 희랍철학의 시조로 일컬어지는 탈레스와 아낙시만드로스는 대지를 삼킬 듯이 둘

---

85) R. P. Winnington-Ingram, ***Sophocles: An Interpretation*** (Cambridge: Cambridge University Press, 1980), 163쪽. 참고: ***Ajax***, 925-936.

러싸고 있는 물, 그리고 대립하는 한정자들을 서로 교체하며 함몰시키는 시간이라는 심판자로써 무엇을 말하려는 것인가? 그들은 지상에 던져져 있는 것에 주어지는 운명의 몫, 그 한계에 대하여 말한다. 한계라는 것은 운명의 몫을 배분받은 모든 것이 어길 수 없는 법칙과도 같은 것이다. 무엇이 그 한계의 법칙을 지배하는가? 한계의 법칙을 지배하는 것은 더 이상 탈레스나 아낙시만드로스가 가리키는 대지를 둘러싼 '가없는' 물도 아니고 모든 대립하는 한정자들을 심판하는 시간 밖의 '무한정자'도 아니다. 대지를 압도하는 자연의 힘은 최초의 희랍 철학자에게는 다만 가없이 커서 정체를 알 수 없는 무한정자일 뿐이었다. 그러나 한정되는 자를 한정하는 가없는 힘으로서 무한정자는 시간이 지나며 스스로 그 경계 곧 한정성을 드러낼 수밖에 없다. 시간 안에서 몫을 배당받고 한정되는 자는 그렇게 한정하는 자 자신의 의도 또는 구도를 어떻게든 반영하는 것이다. 여기서 한정된 자를 한정하는 자에 대한 논리적 탐구의 가능성이 나타난다. 헤라클레이토스와 파르메니데스, 프로타고라스와 소크라테스, 플라톤과 아리스토텔레스는 한결같이 모두 한정되는 자를 그렇게 한정하는 자에 대한 논리적 탐구의 역사를 이루어 간다. 한정하는 자는 한정된 자에게 정당한 몫의 척도를 제시한다. 그리고 정당한 몫의 한계를 넘어서는 자에게 처벌과 제재가 주어지는 계기를 보여준다.

세상에 그 몸을 드러내어 한정된 자는 언제나 그 배당된 한계 가운데에 놓인다. 세상에 살아있는 자로서 넘어설 수 없는 한계에 묶이지 않는 자는 없다. 그래서 한정된 자의 행위에는 규칙과 금지가 따른다. 인류학자들이 말하는 이른바 '토템'과 '타부'는 공동체를 구성하는 분자들의 행위에 주어지는 규칙과 금지이다. 그리고 이 규칙과 금지는 언제나 그에 대응하는 심사와 판결, 또는 제재와 처벌을 가져온다. 규칙과 금지에 따르는 정의(justice)와 처벌(retribution)의 기원으로 이해되는 고대희랍사람들의 'δίκη'는 본디 '일이 이루어지는 방식'(the way things are done) 또는 '일을 하는 자연스러운 방식'(the natural way of doing things)을 뜻하는, 호메로스를 비롯한 시인들의 오래된 이야기에도 나오는 낱말로 일상의 습관, 관례를 가리킨다.[86] 그런데 습관, 관례는 이내 규칙과 금지로 변형되어 나타나고 나아가 그 규칙과 금지의 정당함 또는 정의로움에 대한 논리, 형이상학적 근거가 그들의 철학자에 의해 물어지게 된 것이다.

이 새로운 'δίκη'의 출현, 곧 논리 형이상학적 정의 개념의 출현은 고대 희랍철학자들에 의하여 가능했던 윈스피아의 이른바 '정신혁명'(spiritual revolution)[87]의 핵에 해당한다. 시간의 몫을 받고 세상에 나타난 한정된 자의 행위가 그렇게 한정받아야 하는 것은 이제부터 일상의 행위를 지배하는 습관이나 관례와 같은 자연의 과정에 의

86) A. D. Winspear, ***The Genesis of Plato's Thought*** (N.Y.: Russell & Russell, 1956), 40쪽. 윈스피아는 계속해서 말한다. "The customary procedures of the tribe, 'what is done and what is not done' and therefore, 'what should be done and what should not be done', came to be embodied in the *dikai* of kings." 위의 책, 41쪽.

87) ***The Genesis of Plato's Thought***, "The Spiritual Revolution"(37-64쪽)의 章에서 'δίκη'의 논리 형이상학적 개념의 출현을 보여주지는 않는다. 다만 'δίκη'의 변형과정에서 철학자의 우주와 인간에 대한 사변이 일어난 것으로 본다. "… the spokesmen of the distressed transformed the notion of *dikē*, … transforming its meaning from simply the 'way' (its meaning in the monistic tribal order) to 'justice', the cry of the oppressed."(62-63쪽) "The 'strife of opposites' in society sets reflective man to thinking about the strife of opposites in nature. At this point philosophy—as systematic reflection about the nature of the universe and man—comes to birth." 위의 책, 63쪽.

해서가 아니라 논리적 또는 형이상학적 근거에 의해서 받아들여지고 정당화된다. 'δίκη'의 논리 형이상학적 근거, 곧 정당한 행위의 척도 또는 판단 기준은 이미 최초의 철학자 아낙시만드로스의 시간의 심사 또는 판결 사상에 나타난다. 그러나 그는 한정된 자를 그렇게 상대화해서 서로 대립하게 하며 자신은 초월의 자리에 남는 최후의 據點에 대하여 다만 '무한정자'로 가리켜서 어떤 논리 형이상학적 규정을 시도하지 않는다. 'δίκη'에 대한 논리 형이상학적 규정은 다음 세대의 철학자 헤라클레이토스, 파르메니데스에게 주어지는 과제다.

爭議에 있어 동일보존 및 모순배제논리

헤라클레이토스에 따르면 대립하는 것들 사이의 "다툼은 정의로운 것이다."(Diels-Kranz, 토막글 80) 낮이 끝없이 어두운 밤에 대하여, 여름이 한없이 차가워진 겨울에 대하여 다툼을 벌이지 않는다면 어두운 밤과 차가워지는 겨울만이 세상을 잡게 된다. 다툼이 있음으로 밤과 겨울의 부당한 자리에 심판이 내려지고 정의로운 배당이 낮과 여름에 돌아갈 것이다. 그러므로 싸움은 정의의 길잡이다. 그럼에도 헤라클레이토스에 있어 서로 겨루는 낮과 밤, 여름과 겨울은 그 아래에서 하나이다. 그것은 높은 소리와 낮은 소리가 서로 다투며 조화를 이루는 한 曲의 음악이 되는 것과 같다. 서로 맞서 겨루며 다투는 것들이 모두 그 아래에서는 일치하는 하나에 다름 아니다. 헤라클레이토스는 서로 맞서는 것들이 하나임을 이해하지 못하는, 그래서 낮은 밤에서 나온 아이라고 말하는 헤시오도스를 비웃는다.

> 헤시오도스는 많은 사람들의 스승이다. 거의 모든 것을 아는 사람으로 알려진 그는 낮과 밤을 이해하지 못한다. 그것들이 하나라는 것을. (Diels-Kranz, 토막글 57)

헤라클레이토스의 대립자들 이를테면 낮과 밤, 여름과 겨울의 관계는 아낙시만드로스의 무한정자에게로 돌아가는 낮과 밤, 여름과 겨울의 그것과는 다르다. 헤라클레이토스는 대립자들의 다툼 또는 불화를 일치의 관계로 보여주는 척도로서 'λόγος'를 내놓는다.

> 내게 귀를 기울이지 말고 로고스에 귀를 기울임으로써 모든 사물들이 하나라는 것에 동의하는 것이 현명하다. (Diels-Kranz, 토막글 50)

서로 겨루고 다투는 것들이 하나임을 가리키는 로고스는 당겨진 활에 비유된다. 활이 당겨졌을 때 서로 반대의 방향으로 치닫는 두 힘이 하나의 균형 또는 조화를 이루면서 화살이 제 길을 갈 수 있다.[88] 헤라클레이토스에 의해 희랍 철학사에 처음으로 나타나는 로고스는 세계를 구성하는 서로 다른 사물들이 일으키는 불화에 대해 각기의 비율과 모두의 일치를 부여하는 것이다. 로고스는 하나의 우주를 구성하며 서로 겨루고 다투는 한정자들의 공통된 계획(γνώμη) 또는 척도(μέτρον)와 같은 것이다.[89] 아낙시만드로스의 시간처럼 헤라클레이토스의 로고스 또한 우주의 공통된 계획 또는 척도로서, 겨루고

---

88) Charles H. Kahn, ***The Art and Thought of Heraclitus*** (Cambridge: Cambridge University Press, 1979), 195-200쪽. "The opposing forces 'speak as one' in the flight of the arrow." 위의 책, 198-199쪽.

다투는 사물들의 부당한 지나침에 대해 심판과 제재를 내린다.

> 태양은 그의 척도(μέτρα)를 넘어서지 못할 것이다. 넘어설 경우에, 정의의 시녀 에리니스들이 그의 잘못을 알게 될 것이다. (Diels-Kranz, 토막글 94)

태양이 정상의 궤도를 벗어나 지구를 향해 지나치게 가까워지거나 배당된 시간을 어기며 빛을 뿜을 때 우주의 계획과 척도를 어긴 데 따르는 가차없는 보복을 정의의 시녀로부터 받는다.[90] 로고스는 철학사에 처음으로 나타나자마자 헤라클레이토스에 의해 세 가지 특성을 발휘하게 된다. 첫째로, 로고스는 우주 안의 서로 겨루고 다투는 類들에 대한 심판과 제재, 판단과 한계의 척도로서 자리잡는다. 이는 일상 관습으로서의 'δίκη'가 논리 형이상학의 근거를 얻은 우주의 계획과 척도로서의 'δίκη'로 격상되고 있음이다. 둘째로, 우주의 계획과 척도로서 작용하는 로고스는 대립하는 類들의 불화 가운데에 일치를, 서로 다른 여럿 가운데에 하나를 불어넣는 내재의(immanent) 법칙이다. 불화와 일치, 여럿과 하나를 꿰뚫어 묶는 로고스, 그리고 심판과 제재, 판단과 한계를 가리키는 척도는 초월자의 명령으로서가 아니라 내재의 법칙으로서 작용한다. 여기서 헤라클

---

89) G. S. Kirk, J. E. Raven, M. Schofield, 앞의 책, 187쪽. "The technical sense of λόγος in Heraclitus is probably related to the general meaning 'measure', 'reckoning' or 'proportion'; … The effect of arrangement according to a common plan or measure is that all things, although apparently plural and totally discrete, are really united in a coherent complex …."

90) Charles H. Kahn, 앞의 책, 159-161쪽.

레이토스는 고대 중국에서 老子가 그런 것처럼 우주와 자연에 대한 인류의 知的 관통을 실현하고 우주무후관에 도달한 도시의 철학자가 된다.

셋째로, 겨루고 다투는 것들의 싸움을 정의 실현의 길잡이로 함으로써 쟁의에 의한 심판 또는 판결이라는 희랍철학자들의 진로를 헤라클레이토스가 이끌어내고 있는 것으로 볼 수 있다. 이는 흔히 프로타고라스를 비롯한 소피스트들에게 돌리는 이른바 도시의 논리[91] 곧 양면논증(dissoi logoi)[92]의 방법과 정신의 開祖 자리가 대립자들의 투쟁 또는 쟁의를 정의의 길잡이로 생각한 로고스의 철학자 헤라클레이토스에게 돌아감을 알린다. 先秦시대 노자, 공자, 묵자는 相反相成, 反求諸己, 尙同兼愛 곧 집체부쟁이라는 類들의 관계논리를 우주 및 도시의 公的 체제 구축의 모형 또는 表로서 열어놓았는데 고대희랍에서는 아낙시만드로스로부터 헤라클레이토스에 이르

91) Jean-Pierre Vernant, ***The Origins of Greek Thought*** (London: Methuen, 1982), 50쪽. "All questions of general concern that the sovereign had to settle, … were now submitted to the art of oratory and had to be resolved at the conclusion of a debate. They therefore had to be formulated as a discourse, poured into the mold of antithetical demonstrations and opposing arguments. There was thus a close connection, a reciprocal tie, between politics and *logos*."

92) Edward Schiappa, ***Protagoras and Logos*** (Columbia, South Carolina: University of South Carolina Press, 1991), 92쪽. "My argument is that Protagoras' two-*logoi* fragment is best read as a logical extension of the Heraclitean theses popularly referred to in modern times as his theory of flux and his 'unity of opposites' doctrine." "Reinterpreted … Protagoras' claim is not only a description of human argumentative prowess, but also a claim about the world. 'Reality' (*pragma*) is such that there are two opposing ways (*logoi*) to describe, account for, or explain any given experience."

는 사이에 우주 및 인간 관계에 참여하는 한정자들에게 주어지는 정의의 척도 또는 표로서 서로 겨루며 심판받게 하는 類들의 쟁의라고 하는 논리적 법적 절차를 끌어들이고 있는 것이다. 이제 우주와 도시 公體의 구성분자로서 서로 겨루는 개별자들에게 돌아가는 정의로운 배당, 정당한 자리를 판결하는 논리 형이상학적 근거를 가지고 파르메니데스, 그리고 플라톤과 아리스토텔레스는 더 심화되는 희랍적 전통을 형상화하고 있다.

헤라클레이토스가 내놓은 로고스는 자연과 도시의 公的 체제를 관통하는 정의와 그 심판 행위에 관한 척도이다. 아낙시만드로스에서도 이미 정의의 심판으로서 보복은 그 헤아릴 수 없는 恣意를 행사하는 女神 'Μοίρα'의 소치가 아니다. 정의의 심판과 보복은 자연의 어길 수 없는 규칙 또는 필연의 법칙으로 변형되어가고 있다. 아낙시만드로스로부터 시작하는 이 정의의 자연화(the naturalization of justice) 과정은 블라스토스에 의하면 파르메니데스가 세우는 'δίκη'의 논리형이상학적 개념에서 완성된다.[93] 파르메니데스의 논변에서 "ἀνήκε Δίκη"(Diels-Kranz, 토막글 8.14)의 마디가 보여주듯이 'δίκη'는 논리, 물리적으로 피할 수 없는 강제의 힘을 행사하고 있다.

> 정의는 사슬을 느슨하게 해서 [있음이] 생기거나 사라지는 것을 허락하지 않으며 [그것을] 꽉 움켜쥐고 있다.[94]
> [있음은] 같은 것으로 같은 자리에 머물러 꼼짝 않고 있다. … 힘센 필연(Ἀνάγκη)이 한계의 사슬 안에 [그것을] 굳게 묶어놓고 있기 때

93) Gregory Vlastos, ***Studies in Greek Philosophy***, Vol. I (Princeton, N.J.: Princeton University Press, 1995), 83쪽.

문이다.[95]

파르메니데스의 'δίκη'는 서로 다투며 생사를 겨루는 자들에 대하여 똑같이 내리는 심판으로 모두 하나로 묶어서 그것으로 벗어날 수 없는 숙명의 한계가 되게 한다. 'δίκη'는 아무도 벗어날 수 없는 힘으로, 있는 것을 꼼짝하지 못하도록 한계의 사슬, 숙명의 사슬 안에 가두어 놓는다. 'δίκη'의 심판은 거부할 수 없는 논리적인 필연처럼 또는 자연의 재난처럼 무차별적으로 모두에게 다가온다.

정의의 심판이, 生滅을 가르는 다툼과 긴장 또는 조화가 같이하는 헤라클레이토스의 변화 가운데서 이루어졌는데 이제는 생멸의 다툼을 모두 하나의 숙명으로 묶어 버리는 파르메니데스의 사슬 또는 굴레 가운데서 일어나고 있다. 생기는 것도 사라지는 것도 허락하지 않는 정지된 상태로 묶여서 서로 겨루고 다투는 온갖 類들이 모두 다를 바 없는 하나의 있음의 굴레로 함몰한다. 파르메니데스의 우주와 도시에서는 모두 함께 하나로 묶여 '있음'이라는 굴레 안에 놓이므로 불평등의 차별 곧 정의롭지 않음이란 있을 수 없다. 있음 안에서 "모두 같은 것이며"[96] 있음에 대하여 "모두 같은 거리에

---

94) David Gallop, ***Parmenides of Elea: Fragments*** (Toronto: University of Toronto Press, 1984), 8.13-15. "··· οὔτε γενέσθαι οὔτ' ὄλλυσθαι ἀνῆκε Δίκη χαλάσασα πέδῃσιν, ἀλλ' ἔχει˙" ("··· neither [its] coming-to-be/ Nor [its] perishing has Justice allowed, relaxing her shackles,/ But she holds [it] fast;")

95) 위의 책, 8.29-31. "ταὐτόν τ' ἐν ταὐτῷ τε μένον καθ' ἑαυτό τε κεῖται χοὔτως ἔμπεδον αὖθι μένει˙ κρατερὴ γὰρ Ἀνάγκη πείρατος ἐν δεσμοίσιν ἔχει, ···." ("Remaining the same and in the same [place], [it] lies by itself/ And remains thus firmly in place; for strong Necessity/ Holds [it] fast in the chains of a limit, ···.")

96) 위의 책, 8.22. "πᾶν ἐστιν ὁμοῖον˙" ("[it] all alike is;")

있기"[97] 때문이다. 있음은 모두의 벗어날 수 없는 숙명의 굴레이며 모두를 하나로 묶는 필연의 한계이다. 파르메니데스는 오래 전부터 희랍의 시민들이 집요하게 추구해 온 '모두 같음' 또는 평등으로서의 정의, 곧 'ἰσονομία'를 논리형이상학적으로 표현한 최초의 철학자다.[98] 그들이 서로 겨루고 다투는 오랜 투쟁 또는 쟁의에서 누구도 물러설 수 없음으로 해서 '모두 같음'이라는 정치적 해법에 이르게 된 것이다. 모두 같음이란 그리하여 불평등뿐 아니라 그 논리적 긴장 국면인 모순조차 허용하지 않는 'δίκη'의 명령이며 모두 있음에 묶여있음으로 해서 논리적으로 다가오는 필연이며 숙명이다. 모든 있는 것과 없는 것에 대한 정의의 심판 또는 판결의 척도로서 그것이 벗어날 수 없는 필연(ἀνάγκη)의 귀결, 숙명(μοίρα)이 주어진다. 파르메니데스에 있어 필연과 숙명, 그리고 정의 셋은 심판 또는 판결의 척도로서 같은 기능을 하는 것이라고 헤르만 프랭켈은 말한다.[99]

---

97) 위의 책, 8.49. "οἷ πάντοθεν ἶσον" ("equal to itself from every direction")

98) 블라스토스는 평등으로서의 정의관에 기여한 철학자로서 헤라클레이토스, 플라톤, 아리스토텔레스를 제치고 아낙시만드로스, 파르메니데스를 든다. Gregory Vlastos, 앞의 책, 85, 143쪽. "The demand for equality was first raised against those who held, by hereditary right, the monopoly of government long before tyranny reared its head in Greece." 위의 책, 110쪽. "… *Isonomia* still remained the favorite slogan of democracy, for it alone expressed its greatest achievement, its pursuit of the goal of political equality to the farthest limits envisaged by the Greek mind, and this not in defiance, but in support, of the rule of law." 위의 책, 111쪽.

99) Hermann Fränkel, "Studies in Parmenides", ***Studies in Presocratic Philosophy***, eds. R. E. Allen and David J. Furley, Vol. II (London: Routledge & Kegan Paul, 1975), 8쪽. "The 'Fetter' with which she binds Being is in the first place an expression of a binding obligation as it characterizes Justice. Fate and Necessity are likewise binding powers; thus these three can appear in the same function. … Thus here *Dike* means

파르메니데스는 아낙시만드로스, 헤라클레이토스가 일으킨 문제, 곧 서로 겨루고 다투는 자들 또는 類들의 쟁의가 의거하고 지향해야 하는 척도 또는 表에 대하여 논리적으로 빈틈없이 엄밀한 그러나 감각의 현실에 대해서는 경계의 거리를 둔 '있음으로 모두 같음'이라는 해답을 내놓고 있다. 쟁의에 대한 해법으로서 파르메니데스가 내놓은 척도는 이후의 희랍철학자들이 발전시켜 가는 우주 및 도시구축의 논리에 누구보다도 결정적으로 기여를 하게 되는 동일 및 무모순의 법칙이라고 하는 것이다. 그것이 다른 것에 대해서뿐 아니라 그 자체에 대해서도 같음의 관계를 지킬 것을 요구하는 동일법칙, 그리고 그것이 다른 것과 결코 같이 있을 수 없는, 그래서 다른 쪽을 밀어낼 수밖에 없게 하는 어떤 차이도 허용하지 않는 모순배제의 법칙이란 바로 희랍시민들이 세습 독점 또는 專制 체제에 대항해서 내건 'ἰσονομία', 곧 평등으로서의 정의의 심사기준에도 어울리는 도시의 公的 체제 구성의 논리가 될 만한 것이다.

희랍 시민들의 도시 公體에서 일어나는 쟁의의 심사척도로서 동일보존 또는 모순배제의 법칙이 파르메니데스가 주장하는 있음의 형이상학에서 실현되고 있다. 크게 늘어나게 하거나 작게 줄어들게 하는 변화를 무엇으로 막을 수 있는가? 서로 다름이 일으키는 싸움에서 이것과 저것의 갈라짐을 무엇으로 막을 수 있는가? 생성과 소멸에 의한 변화와 이것과 저것의 나뉨이 일어나지 않도록 막아주는 장치인 동일 및 모순배제의 법칙을 따라 변함없이 하나로 같이 있음이라는 파르메니데스의 우주가 이루어짐을 본다. 생멸에 의한

---

the binding force according to which the doubtful question is to be *rightly* decided, …."

변화의 가능성은 두 사태에 대한 결단에 달려있다.

ἔστιν ἢ οὐκ ἔστιν˙ (Diels-Kranz, 토막글 8.16)

([it] is or [it] is not)

그것이 있다고 하면서 있지 않다고 할 수는 없다. '있다'와 '있지 않다'를 함께 받아들일 수 없다고 파르메니데스는 생각한다. 그가 내놓을 마지막 근거는, 있음만이 생각과 인식의 대상이기 때문이다. 그는 생각과 있음, 인식과 있음의 동일함을 주장한다. 생각함으로 '있음을 있음으로' 잡을 수 있다는 것이다. 여기에 동일법칙에 대한 가장 깊은 믿음이 놓여있다. 그에 따르면 생각하는 것과 있다는 것은 같은 것이라고[100] 하는 동일법칙에 의해서 있지 않은 것은 생각할 수도 인식할 수도 없다. 그리하여 있지 않은 것을 생각하거나 인식하는 것은 파르메니데스가 받아들일 수 없는 모순이다. 같은 근거에 따라서 그것이 '있었다', '있을 것이다'라는 판단은 할 수가 없다. 그것은 지금 '있지 않다'는 불가능한, 동일보존 및 모순배제의 법칙에 어긋나기 때문에 불가능한 사태와 판단을 딛고 있는 것이다. 그러므로 있음의 우주에서 생성과 소멸 또는 변화의 가능성은 없다.

이것과 저것을 갈라놓을 수 있는 무엇이 있는가? 이것도 저것도 있는 것일 터인데 있는 것 사이에 무엇이 있는가? 사이에 있는 것이 있지 않음이라면 동일 및 모순배제의 법칙에 어긋나는 것이다. 사이에 있는 것이 있음이라면 이것도 저것도 사이에 있는 것도 모두

100) Diels-Kranz, 토막글 3. "τὸ γὰρ αὐτὸ νοεῖν ἐστν τε καὶ εἶναι." ("… it is the same thing to think and to be.")

하나의 있음으로 들어가 버린다. 이렇게 이것과 저것이 갈라져 서로 겨루고 다툼은 파르메니데스의 모두 같음으로서의 'ἰσονομία'가 실현된 우주와 도시의 公的 체제로부터 추방된다. 모두 같음으로, 하나의 있음으로 돌아가도록 이끈 희랍 시민들의 'ἰσονομία'가 파르메니데스의 우주와 도시 가운데서 일어나는 쟁의의 심사기준, 정의의 척도로서 동일보존 및 모순배제의 논리를 끌어들인 것이라고 말할 수 있다.

아낙시만드로스와 헤라클레이토스의 正義는 類를 달리하는 한정자들의 대립에 대한 투쟁 교체라는 절차에 그 해법이 있었다. 서로 겨루며 다투는 자들이 각자의 몫을 지키기 위하여 투쟁과 교체의 절차에 호소하는 것이다. 그 정의의 해법이 파르메니데스에게서는 모두 같음으로 묶여 '있음'으로 어떤 교체도 변화도 없는 평등의 관계로 나타난다. 아낙시만드로스로부터 모색되어온 정의의 해법은 서로 겨루고 다투는 한정자들의 정당한 몫을 보장하는 데에 있다. 따라서 정의의 실현을 위하여 반드시 어떤 방법 또는 절차가 필요해지는데 이러한 필요가 각자의 정당한 몫에 대한 논리적 또는 형이상학적 근거를 마련해야 하는 문제로 나타나는 것이다. 무엇에 의하여 개별자들이 각자의 몫을 정당한 것으로 잡으며 주장할 수 있겠는가? 여기서 정의, 특히 파르메니데스에 의해 개성적으로 드러난 'ἰσονομία'는 개별자들이 그가 잡고 의지하는 類에 의해 그의 존재 또는 正體性을 정당화하는 데서 실현 가능해진다.

이렇게 정의 또는 'ἰσονομία'의 실현에 대한 희랍철학자들의 이어진 탐구는 파르메니데스로부터 플라톤에 이르면서 한정자들의 존재 근거 또는 정체 확인의 문제로 변형되어간다. 프로타고라스의 양면논증(dissoi logoi)조차도 소크라테스, 플라톤의 공통성분으로서의 'εἶδος' 또는 그 定義의 절차와 함께 현실 가운데 한계지워진 개별자들에게 허용되는 존재 근거 또는 정체성에 대한 다른 각도에서 접근하는 논리 또는 형이상학적 규정을 찾는 데 있다. 한정자들의 'ἰσονομία' 또는 正義의 심판을 한정자들이 모두 같음으로 묶여 있음이라는 正體(identity) 확인 또는 동일보존 및 모순배제의 법칙에 의한 정당화의 문제로 발전시킨 철학자는 파르메니데스이다. 그에게서 희랍 철학자들의 논리적 탐구가 정체쟁의의 절차, 곧 논증구성 행위로 이루어지기 시작한다. 正義의 척도에 대한 초기 희랍 철학자들의 탐구가 정체쟁의의 논리적 절차에 대한 후기 철학자들의 탐구로 이어져 하나의 問題史로 통일되는 것을 보면 이른바 자연 철학에서 인문주의 철학으로 전환하는 것으로 묘사되는 희랍 철학사의 방법은 편협한 문제 분류의 틀에 걸려있는 것이다.

소크라테스는 類를 같이 하는 사례들 곧 한정자들의 正體 확인 또는 정당화의 절차를 'εἶδος' 또는 그 定義 "ὅ τι ἔστι"(what it is)[101]를 집요하게 물음으로써 이루어간다. 어떤 것이 그리고 그 밖에 어떤 것이 아름답다고 말하려면 아름다움 자체가 먼저 있음을 그리고 무엇임을 알아야 한다고 주장한다. 현상 가운데 한정된 수많은 類 또는 개별자들의 존재 근거 또는 正體 확인을 위하여 'εἶδος' 또는 그 定義를 요구하는 것이다. 아리스토텔레스에 의해 소크라테스의 가장 큰 공헌으로 인정된 定義에 대한 요구는 플라톤이 펼친 필생의 탐구 과제이기도 하다. 플라톤 변증법의 전, 후기를 논리 분석론의 각도에서 풀이하는 케넷 세이어는 주어진 한 사물로 하여금 그 사물

101) Plato, ***Meno***, Loeb ed. (Cambridge, Mass.: Harvard University Press, 1952), 74c.

이게 하는 필요 충분한 조건들을 규정하는 일 곧 다름 아닌 定義를 세우는 데 플라톤의 일관된 목표가 있다고 말한다.102)

플라톤의 『파이돈』에 나타나는 초기 변증법인 가설의 방법은 한 가설로부터 그 가설을 증명해 줄 더 높은 단계의 가설을 찾아 올라간다. 높은 단계의 가설은 그 아래에 주어진 가설의 존재를 확인하고 이끌어내거나 정당화하는 것이다. 이러한 변증법의 완성된 모습을 보여주는 『국가』편에서도 보다 높은 가설 그리고 궁극적으로 가장 높은 단계의 가설, 이른바 '善의 이데아'로 올라가면 그 밖의 모든 類의 이데아와 사물들의 존재 위상을 확인하고 정당화해 주는 마지막 근거 또는 척도로서의 表가 나타난다.103)

『소피스트』편이 대표하는 후기 변증법 '모음과 나눔'에서도 주어진 類의 사물들을 포섭하는 공통성분 곧 높은 위계의 類 또는 형상을 찾아올라가는 '모음'의 절차가 있고 그 모음의 類 안에 포섭된 낮은 類 또는 개별자들 사이의 서로 겨루며 견제하는 관계에서 각자가 자기 자리를 얻는 '나눔'의 절차가 있다.104) 특히 '모음'의 절차

---

102) Kenneth M. Sayre, ***Plato's Analytic Method*** (Chicago: The University of Chicago Press, 1969), 223-238쪽.

103) "Then, said I, is not dialectic the only process of inquiry that advances in this manner, doing away with hypotheses, up to the first principle itself in order to find confirmation there?" Plato, ***The Collected Dialogues of Plato***, eds. E. Hamilton & H. Cairns (N. Y.: Bollingen Foundation, 1961), ***Republic***, 533c-d.

104) "And the man who can do that discerns clearly *one* form everywhere extended throughout many, where each one lies apart, and *many* forms, different from one another, embraced from without by one form, and again *one* form connected in a unity through many wholes, and *many* forms, entirely marked off apart. That means knowing how to distinguish, kind by kind, in what ways the several kinds

에서 포섭되는 類 또는 개별자들은 그들을 포섭하는 높은 類 안에서 얻는 그들의 존재 위상 및 正體가 확인, 정당화된다. 소크라테스로부터 시작된 定義에 대한 요구는 주어진 한 사물이 어떤 類 또는 類들에 포섭되는 존재라는 것을 드러내는 데서 채워지는 것이다. 세이어는 그 관계를 'X→ABC' 그리고 'ABC→X' 형식으로 나타낸다.[105] 말하자면 ABC는 주어진 사물 X를 성립시키는 필요충분한 類들의 결합으로서 X에 대한 정의가 된다. 그런데 ABC는 X에 대한 정의일 뿐 아니라 X 자체의 존재 동일성을 확인(identification)하고 그렇게 정당화(justification)해 주는 것이다.

아낙시만드로스로부터 파르메니데스에 이르는 사이에 正義의 척도에 대한 가설들이 정체쟁의의 절차에 대한 논리적 탐구로 바뀌어 갔는데 이 탐구의 연장선 위에 소크라테스와 플라톤 그리고 아리스토텔레스가 굳혀간 동일 및 모순배제의 논리 및 형이상학이 놓여 있다. 正義의 척도에 대한 사변이 순수 논리 형이상학으로 이행해가는 종착점에 아리스토텔레스가 서있다. 그는 논리연구를 순수 이론 탐구의 영역으로 분리시켜 한 독립과학을 만들어 냈다고 그의 업적을 평가하는 많은 학자들이 인정하고 있다. 아리스토텔레스 연구가 로스에 의하면, 그의 『분석론 전서』에서 체계화된 삼단논법은 어떤 실질적 대상을 주제로 하지 않는 형식논리학에 해당한다.[106] 그러나 아리스토텔레스가, 심리학은 제쳐놓고라도 논리학에 관한 이론조차 없었던 그 시대에 논리학을 사고의 과정에 대한 심리학으로 오염되지 않은 추론의 순수형식 또는 규칙에 관한 학문으로 분리시켜내야

---

can or cannot combine." 위의 책, ***Sophist***, 253d-e.

105) Kenneth M. Sayre, 앞의 책, 217-218쪽.

할 어떤 동기가 있었겠는가라고 에른스트 캅이 의문을 던진다.[107] 에른스트 캅에 의하면, 삼단논법의 추론 형식은 질문하는 자와 응답하는 자 사이의 대화로부터 일어나는 것이다. 응답하는 자는 질문하는 자가 던지는 문제에 대응하는 해답을 내놓아야 한다. 그런데, 던져진 문제에 대한 직접적 응답은 언제나 마음속에 품고 있는 어떤 이유에 의해서 표출된 결론에 지나지 않을 수 있다. 어째서 그 응답이 정당한지에 대한 설명, 곧 정당화가 그 표출된 결론에 따라와야 한다. 말하자면 응답자는 결론으로부터 출발해서, 결론을 떠받치는 마음속의 이유 또는 근거 곧 전제들을 내놓아야 한다.[108] 이렇게 아리스토텔레스는 그의 『분석론 전서』에서 결론을 먼저 놓고 그 결론에 적합한 전제들을 발견하는 데서 삼단논증이 구성되는 것이라고 말한다.

이제 주어진 문제에 응답하기 위한 삼단논증이 적합하게 제공되게끔 어떻게 찾을 것인지, 그리고 무슨 방법으로 문제에 적절한 출발

---

106) David Ross, ***Aristotle*** (London: Methuen, 1964), 20-21쪽. "… the *Prior Analytics*, in which Aristotle aims at laying bare the structure which he regards as common to all reasoning—the syllogism—and at exhibiting its formal varieties, irrespective of the nature of the subject-matter dealt with. This may fairly be called a formal logic or logic of consistency."

107) Ernst Kapp, ***Greek Foundations of Traditional Logic*** (N.Y.: Columbia University Press, 1942), 9-10쪽.

108) 에른스트 캅은 결론으로부터 전제로 나아가는 질문자의 절차를 묘사하고 있는데 여기서 나는 그것이 또한 응답자가 진행하는 절차일 수도 있음을 대조적으로 풀이하고 있다. 참고: "In the mind of the questioner the direction of thinking that leads to the finding of the syllogism is opposite to the order of the premises and the conclusion …; the questioner has to do … his thinking backward from the conclusion to the premises, …." 위의 책, 14쪽.

점[전제]들을 파악할 것인지 서술해야 한다. 우리들은 단지 삼단논증들의 구조에 대해 고찰할 뿐 아니라 그것들을 구축하는 능력을 마땅히 갖추어야 하기 때문이다.[109]

그리고 다음 절에서 그는 각 문제 또는 결론에 적합하게 관련될 만한 전제들(προτάσεις)을 찾는 데 고려해야 할 사항을 나열한다.[110] 이렇게 진행하는 아리스토텔레스 삼단논증의 절차를 틀림없이 파악한 에른스트 캅은 다음과 같이 말한다.

『분석론 전서』의 실제적인 목적은, 아리스토텔레스 자신이 아주 힘주어 강조하듯이, 주어진 전제로부터 어떻게 결론으로 나아가는가를 보여주는 것이 아니고 실은 주어진 한 결론을 증명하기 위하여 필요한 **전제들을** 어떻게 발견하는가를 보여주는 데 있다.[111] (필자의 굵은 체)

여기서 전제들 곧 'προτάσεις'란, 캅이 말하듯이, 받아들여지기를 기대하며 제공하는 것들이다.[112] 그렇다면 삼단논증에서 전제들은 문제의 결론에 대한 해답으로서 제시되는 것이다. 그러니까 삼단논증의 결론의 자리에서 아리스토텔레스는 전제들에 없었던 어떤 새로

109) Aristotle, ***Prior Analytics***, Loeb ed. (Cambridge, Mass.: Harvard University Press, 1938), 43a20-24.

110) 위의 책, 43b1-2.

111) Ernst Kapp, "Syllogistic", ***Articles on Aristotle: Science***, eds. Jonathan Barnes, M. Schofield, R. Sorabji (London: Duckworth, 1975), 39쪽.

112) 위의 책, 41쪽.

움을 연역하려는 것이 아니다. 바꾸어 말해서 삼단논증 구성의 동기가 전제들로부터 결론으로 나아가는 연역 절차를 밝히는 데 있는 것이 아니다. 삼단논증 구축의 동기는 주어진 문제의 결론에 대하여 그것을 증명해줄 전제들을 찾는 데 있다. 그렇다면, 전제들을 제시해서 결론의 필연성을 정당화하거나 정당화하려는 결론의 명제를 전제들에 의해서 옹호 또는 방어하는 심리적 또는 정치적 동기가 개입함으로써 비로소 일어나는 구조와 절차가 삼단논법이다.

이러한 분석에서 보면, 삼단논법 그리고 실로 모든 논증구조 자체가 심리학, 곧 심리적 동기 과정으로부터 독립할 수 있는 것이 아니다. 어떤 결론의 명제를, 그것에 적합한 전제들로 근거를 제시해서 주장, 옹호, 또는 방어하려는 심리적, 정치적, 그리고 근본적으로는 생물적 동기와 그 표출의 절차가 바로 삼단논법 또는 일반 논증구조 깊숙한 내면에 도사리고 있는 것이다. 그러므로 논증행위의 구조와 절차 자체가 생명현상이라고 보아야 한다. 그 논증형식들은 생명의 실현절차에 다름 아닌 동일보존 및 모순배제의 법칙에 의존한다. 여기에 이르면 아리스토텔레스의 삼단논법이, 아낙시만드로스로부터 시작하는 正義의 척도에 대한 초기 철학자들의 탐구가 정체쟁의의 논리 형이상학적 분석을 거치며 이루어내는 쟁의 해법의 가장 집약된 순수표현이라는 결론에서 빠져나갈 수 없다. 지금도 '정당화'에 해당하는 현대 희랍 낱말에는 'δικαιολογία', 그 동사꼴로는 'δικαιολογώ'가 있다. 그것은 正義와 論理의 합성 낱말이다. 이는 아리스토텔레스에서 가장 극명히 드러난 논증 형식이 아낙시만드로스, 헤라클레이토스로부터 시작한 正義 또는 'ἰσονομία' 척도에 대한 사변에 뿌리를 두고 있음을 알려주는 것이다. 아리스토텔레스의 삼단논법은 희랍의 지성과 시민이 이어간 긴 쟁의의 역사를 종결하는 상징이다. 아리스토텔레스가 『분석론 전서』에서 체계화한 논증형식은, 先秦 철학자들의 집체부쟁이라는 해법 절차와는 아주 다른, 'ἰσονομία'를 집요하게 추구한 희랍시민들이 서구문명의 지성과 시민들에게 마지막으로 남긴, 생명 실현을 향한 서로 다른 類들의 동일보존 및 모순배제라는 쟁의 절차의 순수 표현이라고 보아야 한다.

iv

類들의 생태와 그 미지의 표: [ ]에 '빠져 있음'

플라톤은 최고의 類로써 그 밖의 類들을 그리고 그 아래의 개별자들을 근거지우는 上下向 추론에서 정체쟁의의 방법과 절차를, 아리스토텔레스는 크고 작은 類들의 포섭 또는 추론 관계에서 논증 또는 정당화라는 쟁의의 방법과 절차를 발견한다. 이들이 추적하는 類들의 보편성향 또는 正體지향에 類類의 동일보존 및 모순배제의 논리관계가 잠재해 있는 것이다. 이는 고대 중국의 철인들이 추구했던 類들의 집체성향 또는 和諧지향에서 이루어지는 類類의 대대 또는 무대의 논리관계와 구별되는 것이다. 그런데 희랍철인들이 제시한 類들의 보편성향 또한 그 이전에 일어난 그들의 우주 무후관에서 싹트는 것이다. 헤라클레이토스, 파르메니데스, 프로타고라스 같은 철인들이 神들의 恣意가 아닌 'λόγος' 또는 개념化한 類들의 동일보존 및 모순배제 관계에 의해 우주 또는 도시 公體의 구축을 가능하게 한 것이다. 그들의 'λόγος'에 의해 우주는 類들의 또 하나의 정합체계 논리로 매개되고 관통되는 것이다. 그리고 이렇게 관통된 우주무후관은 근세에 들어서 갈릴레오와 뉴턴의 역학 체계에 의하여 그리고 버클리가 내세운 존재의 지각과 헤겔이 밀어붙인 사유의 존재에 대한 동일성에 의하여 천상천하의 세계가 일체로 관통되는 발전에 이르고 있다. 혜시와 왕양명, 뉴턴과 헤겔은 각기 다른 사상의 전통 가운데서 天上天下를 관통하고 無厚一體의 우주관을 완성하는 것이다. 그들은 우주를 도시에서 구축하는 公的 체제에 다름 아닌 類들의 정합체계에 의해 관통한다. 우주를 무후의 체계로써 관통할 수 있는가?

類들의 집체성향은 상반상성 또는 반구화해의 논리적 관계를 실현함에 있어 준거가 되며 類들의 보편 正體성향은 모순 대립을 통일, 지양하는 논리적 관계를 실현함에 있어 준거가 된다. 집체부쟁과 정체쟁의는 至上의 권위로서의 上帝와 恣意로 행사하는 신의 존재에 대한 회의에서 싹튼 우주 무후관을 시대의 흐름으로 해서 도시에 모이는 類들의 세속적 또는 수평적 질서를 모색하는 가운데 등장한 지향의 표이다. 類들의 관계를 구성함에 있어 준거의 표를 집체부쟁으로 하느냐 또는 정체쟁의로 하느냐에 따라 각기 들어앉을 담화 세계의 다른 문장 구성법(syntax)과 논리적 추론 관계가 나타난다. (1) 類들의 정체쟁의 또는 보편성향과 동일보존 및 모순배제의 정합관계에 굴절어계에서의 문장 구성법과 논리적 추론 관계가, 그리고 (2) 類들의 집체부쟁 성향과 상반상성, 反己和諧의 정합관계에 고립어계에서의 문장 구성법과 논리적 추론 관계가 자리잡고 있다. 類들의 정체쟁의의 표이거나 집체부쟁의 표이거나 그것들은 삼천 년 동안 각각의 도시 문명권 안에서 통치 체제가 지향하는 준거의 표로서 발전해 온 것으로 볼 수 있다. 여기서는 문장 구성법과 논리적 추론 관계가 群居체제의 형태에 따른다는 환경결정론[113]이나, 그 역으로의 (군거체제의 형태가 문장 구성법과 논리적 추론관계에 따른다는) 언어

113) 참고: "… it remains to be seen if and to what extent contributions to the differences in thought may have been made by (1) geographical, ecological, and biological factors, and (2) extra-linguistic cultural factors. The factors of the first group are obvious: two different environments necessitate different reactions and require different modalities of expression. …." Ferruccio Rossi-Landi, ***Ideology of Linguistic Relativity*** (The Hague: Mouton, 1973), 66쪽.

결정론[114]을 주장하는 것이 아니다. 다만 논리형식과 군거사회체제 사이의 친화(affinity) 또는 공변 관계에 대한 관찰을 보고할 뿐이다. 그러나 문장 구성법, 논리적 관계추론, 모임살이 체제의 형태 모두가 생명과 인식 곧 빛과 그 소멸 또는 은폐의 물리과정에 다름 아닌 정보전달관계 또는 힘의 결정관계 또는 근본적으로 말해 '빛과 [ ]의 관계'[115] 위에 이루어지는 우주 생태계에 달려있는 부분체계에 지나지 않는 것으로 본다.

類들이 출현하고 서로 관계함에 규칙, 규제로서 작용하는 동일 보존, 모순배제, 대대, 무대와 같은 논리형태와 절차가 있다. 그리고 그 논리형태와 절차는 그것이 지향하는 정체쟁의니 집체부쟁이니 하는 指表 곧 '표'에 의존한다. 표는 우주와 도시 안의 서로 다른 類들이 지향하는 마지막 준거의 틀이다. 표는 일반적으로 類들이 소속한 영역, 영토에서 그 존재 또는 생명을 실현하고 지속하기 위하여 의존하는 관계의 틀이다. 그런데 도시의 삶에서 類들이 지향하는 표 곧 관계의 틀 가운데 집체부쟁, 정체쟁의는 무한 [ ]으로 열린 우주 생태계와의 관계 곧 무한 [ ]에 빠져 있음의 관계를 끊고 수평적인 인문주의로 정착하여 거의 닫힌 체계 또는 無厚를 표로서 지향하는

---

114) 참고: "… users of markedly different grammars are pointed by their grammars toward different types of observations … and hence are not equivalent as observers but must arrive at somewhat different views of the world." 위의 책, 29-30쪽.

115) 쟁의 또는 부쟁의 사회 논리적 관계를 포함하는 모든 가능한 정보전달관계 또는 힘의 결정관계에 대한 일반론으로서 '빛과 [ ]의 관계'가 총체적으로 정리되어야 할 필요에 부딪치고 있다. 지금까지 정리된 바에는 16가지의 '관계'가 망라될 수 있다. 여기서 사회학, 논리학, 형이상학은 근본적으로 모두 '빛과 [ ]의 관계'라는 우주생태계에 소속하는 부분 체계로 본다.

것이다. 서로 다른 類들 사이에 수평적으로 얽히는 모순 대립국면을 어떤 쟁의의 논리로 또는 어떤 부쟁의 논리로 해결할 것인지를 모색한 수많은 대안들의 계열로서 先秦 및 희랍철학사가 이루어졌던 것이다. 격렬하게 대결하는 類들이 도시 또는 국가체제에서 구축하는 논리형태는 그것이 쟁의의 것이든 부쟁의 것이든 간에 생명이 부딪치고 적응해야 하는 미지의 환경 [ ]에 대해 공격적이거나 방어적이며 상반 상대적이거나 對外 폐쇄적이다.

여기에 先秦 및 희랍전통의 논리와 세계관이, 통제할 수 없는 삶의 환경 [ ]으로부터 방어불능의 굴절, 분절(segmentation, articulation), 입몰과 끝없는 변신, 변이, 연합, 特化의 압력을 받으며 사는 오늘 인류의 무한개방 생태 앞에서 그대로 지키기 어려워진 이유가 있다. 여기서 굴절, 분절, 분리, 연합, 변신, 변이, 특화, 함몰은 우주 안에 저장된 생명이 개체화되어 출현하고 소멸하는 사이에 통과하는 과정들을 묘사하는 것이다. 이 과정들은 또한 생명개체들의 집단구축양식으로서 그리고 인류의 오래된 자연 또는 세계매개양식인 언어 및 논리구조로서 요구되는 분절연합, 연합특화, 특화함몰 같은 형식을 창출하는 데에 쓰임이 있는 것이다. 그런데 한국사람이 혈연, 지연, 학연, 契緣 따위의 緣을 따라 이합집산하는 모임살이의 형식과 한국어의 생략된 주어가 가리키는 사태 또는 함몰된 주체 [ ]에 변화무상하게 대응하는 복합(마디이음)술어매김에서 분절연합, 연합특화, 특화함몰의 가장 마땅한 모델을 찾을 수 있다. 그러나 이는 도시문명전통 밖에 뿌리를 가진 사람들의 삶에 그리고 그 삶의 최소 마디인 유전 형질들의 분리와 조합, 적응과 도태 과정에도 나타나는 생명 본래의 공통점일 수 있다.

생명이 태고로부터 지금까지 모두 그렇듯이 무한 개방의 생태계에 그 주어진 몸으로 부딪치는 관계 곧 자연에서 類들 또는 개체들이 엮어가는 삶[116]은 무엇을 준거의 표로 하여 이루어지는가? 정

116) '類'와 '개체'가 어째서 문법적으로 같은 자리에 놓이는가? 위의 類는 인도유럽계 문법에 따르는 플라톤의 類(이데아)처럼 개체와 다른 존재위상을 가진 추상실재는 아니다. 類가 한 대표적인 개체를 가리키는지 그것에 속한 여럿 또는 어떤 특정성분을 가리키는지조차 딱 부러진 구별을 요구하지 않는 한국말 (그리고 漢語도 그 일부를 우연히 공유하는) 어법에 의해 나타나는 고유현상이다. 類와 개체의 관계에 대한 각기 다른 이해는 類들의 정체쟁의체계 그리고 인도유럽어법, 類들의 집체부쟁체계 그리고 漢語語法, 類 또는 개체들의 분절연합특화체계 또는 함몰관계 그리고 한국어법에 따라가는 것이다.

한국말 그리고 한어에서 類와 개체, 여럿(복수)과 하나(단수)를 가르지 않는다. 그렇게 함 아래에는 그들의 세계인식과 모임형식이 인도유럽계의 그것에 달리하는 사정이 있다. 말하자면, 개체들은 (한어사용자에 있어) 집체 또는 집체의 類에서 갈라낼 수 없거나 (한국말 사용자에 있어) [ ]에 함몰하여 있기 때문이다. 類들의 正名 또는 개념정의 그리고 개체들의 자리매김은 이들을 포섭통괄하는 체계가 그 구성분자들로 하여금 구축하게 하는 관계의 그물 또는 문장구성법(syntax) 안에서 이루어진다. 따라서 고전적인 名實대응관계는 대대, 무대에 의한 집체부쟁 또는 동일, 무모순법칙에 의한 정체쟁의가 일으키는 관계의 그물 안에서 파생하는 二次 측면현상이다.

우주 안에 저장되어 있는 모든 것은 개체로서 세상에 출현한다. 개체가 세상에 출현해서 어떤 명칭을 얻는가? 어떤 類에 소속하는가? 플라톤과 아리스토텔레스는 형이상학적으로 선천적인 이데아 또는 범주에 의해 개체의 類를 결정한다. 나아가 개체들의 類를 결정하고 정당화하기 위하여 쟁의하는 가운데 그들은 드디어 논증의 형식을 발견한다. 개체들은 그들이 펼치는 정체쟁의의 관계 또는 절차 가운데서 어떤 類의 자리를 얻는다. 공자와 노자가 대변하는 세계에서 개체로서의 사람은 그에게 다가온 타자에 대하여, 그것이 다른 사람이든 대처해야 하는 환경의 사태이든, 反求諸己 또는 相反相成이라는 부쟁의 順序 또는 和諧로써 호응한다. 개체들이 호응하며 지향하는 부쟁의 집체 가운데서 비로소 정당한 名分과 그 상응하는 類가 결정되는 것이다. 이렇게 名實대응 또는 類의 소속은 부쟁의 집체관계 또는 정체쟁의 관계에 의해 비로소 결정되는 것이므로 二次 파생의 논리관계에 지나지 않는다.

체쟁의의 질서나 집체부쟁의 질서는 도시 문명을 바탕으로 이루어진 類들의 정합 체계에 의한 환원 곧 상대적 지표 또는 표의 산물이다. 그러나, 도시 문명의 그물 밖에서 생명이 그 자신의 타고난 기능으로 자연에 관계하는 데서는 도시 公體의 삶 가운데서 일어난 類들의 집체부쟁이니 정체쟁의니 하는 환원의 표, 그리고 거기서 세련된 동일보존, 모순배제, 대대, 무대 같은 논리는 준거의 표가 될 수 없다.

도시의 그물 밖의 생명이, 환경 또는 자연이라고 부르지만 실은 그 끝을 알 수 없는 미지의 세계 [ ]에 몸으로 부딪쳐 얽히는 '관계', 그것이 삶이 준거하는 절대의 표가 된다. 누구든지 그 생명의 출현으로부터 종료에 이르기까지 거부할 수 없는 미지 [ ]에 얽히며 경험하는 굴절, 분절, 연합, 변신 또는 변이, 특화, 입몰이라는 관계는 생명 개체들이 수행하는 [ ]를 향한 절대 환원으로서의 감각과 판단, 사유와 행위에 반영되는 것이다. 생명은 언제나 불확실한 [ ]를 향하여 모색하며 결단한다. 감각과 판단, 사유와 행위는 모두 끝내 그 皮相의 확실성을 잃고, 생명이 그 실현을 위해 벌이는 탐구행위 곧 인식의 빛이 뚫을 수 없는 미지의 바탕으로 빠져 들어간다. 그러한 감각과 판단, 사유와 행위의 주체인 생명 자체가 깊이 따져 보면 환경, 자연, 그 밖의 무엇으로 부르든지 그 끝을 잡을 수 없는 [ ] 가운데에 이미 빠져 들어가 있는 것이다. 생명이 그 떠날 수 없는 [ ]에 얽혀든 함몰의 관계는 그의 감각과 판단, 사유와 행위에 있어 피할 수 없는 至上 최종의 준거로서 작용하는 것이다. [ ]는 표층의 현상계에 대응하는 프로이드의 심층 구조처럼 그 대응의 관계가 드러날 수 있는 것도 아니고 아리스토텔레스의 질료처럼 어떤 형상에 의해 규정되는 대상도 아니다. 그것은 心外無物 또는 無待의 경지에서 관통하거나 잡을 수 있는 것도 아니다. [ ]는 규정되거나 관통될 수 있는 것이 아니라 그것은 오히려 不可解의 주체로서 생명 개체를 향해 작용하는 암호로서만 다가온다. 어떤 類도 형상도 道도 그리고 현상계는 말할 것도 없이 무슨 體라고 할 만한 모든 것을 함몰시키는 [ ]는 일체의 존재 및 인식 행위 곧 일체의 생명형태 또는 정보형태에 대하여 새로운 관계를 요구한다. 사람은 그 밖의 類들과 함께 불가해한 [ ]에 빠져 한낱 '흔들리는' 존재가 된다. [ ]에 빠져 흔들리는 體, 한낱 흔들리며 흐르는 임시의 정보형태에 다름 아닌 類 또는 그런 개체들이 [ ]에 대해 놓일 수 있는 관계는 어떻게 표시되는가?

정보이론 개척의 일인자로 불려지는 위너에 의하면, "한 체계가 지닌 정보의 양은 그 조직의 정도를 가늠하는 척도가 된다."[117] 정보는 모든 類의 형태와 조직에 참여하는 기본 성분이다. 원시인류의 토템과 타부에 나타나는 분류로부터 先秦 및 희랍철학자들이 창출한 쟁의와 부쟁의 체제를 거쳐 오늘에 이르기까지 類들은 우주와 도시를 구축하는 가장 오래된 정보형태다. 실로 자연 가운데 가장 오래된 類들의 기원은 원자 또는 분자구조에 있을 것이다. 그럼에도, 생명의 탐구행위 또는 인지기능을 이끄는 매체에 다름 아닌 정보형태로서 類와 개체들이 [ ]를 향하여 모든 실현 가능한 관계를 주체적으로 企投(projection 〈 사르트르의 실존적 'projeter')하는데, 끝내 그 불가해의 [ ]로 '빠져 들어감'이라는 절대 反轉 또는 소멸의 관계에 놓이는 것이 類와 실존하는 개체 그 정보형태의 뿌리깊은 운명의 생

---

117) Nobert Wiener, ***Cybernetics: or Control and Communication in the Animal and the Machine***, 2nd ed. (Cambridge, Mass.: M.I.T. Press, 1961), 11쪽. "… the amount of information in a system is a measure of its degree of organization, so the entropy of a system is a measure of its degree of disorganization …."

태다. 정체쟁의체제와 집체부쟁체제의 구성분자로서 類들은 주변에서 중심으로, 말단에서 본체로, 불일치에서 일치로, 근거에서 증명 또는 완성으로의 관계를 추적한다. 생명의 類와 그런 개체들로 하여금 自體를 그렇게 유지할 수 있게 하는 중심, 본체, 기원, 근거를 자체 안에서 확인할 수 있는가? 생명의 類는 자체 중심의 정보형태 곧 자체 유전형질 또는 자체 면역체계에 의존하면서도 그 중심 자체의 동일성에 집착하여 폐쇄적일 때 枯死하는 역설의 운명을 지닌다. 그것은 생명의 가지 또는 낱개들이 그 자체 안에 본체와 기원과 근거를 갖지 않은 절대 의존의 존재임을 알려준다. 그 가지와 낱개들은 [ ]에 빠져 쉼 없이 분절, 변이, 굴절, 입몰을 거듭하는 생명이 시간 위에 펼쳐놓은 분신들에 다름 아니다. 그것들은 시원 [ ] 안에서 거두어 들였다가 펼치고 펼쳤다가 거두어 들이는 생명의 無限數化 곧 생명의 끝없는 변신들이다.

그렇다면, 생명의 가지로서 類라는 정보형태는 그 기원과 근거를 어디에 두는 것인가? 그 기원과 근거를 추적해서 확인할 수 있는 데가 없다. 萬類의 기원은 [ ]로 빠져 들어간다. 생명 낱개들에 대하여 최종의 표인 함몰의 관계가 지향하는 [ ]는 무후의 우주 또는 도시의 체제에서처럼 類들의 정합 체계에 의해 通分, 환원, 관통, 一體化할 수 있는 것이 아니다. 類들의 정합 체계는 우주 무후관에서 파생하는 도시의 체제에 연유한다. 분절연합, 연합특화, 특화함몰의 관계는 그 관계에 의해 관통할 수 없는 그래서 그 관계의 끝에 이를 수 없는 거리 곧 有厚의 깊이로 빠져든다. 생명의 끝없는 미래를 향한 탐구행위의 임시 지표로서 주어지는 모든 가능한 類의 질서는 정보의 발현 또는 인지형태에 다름 아닌 빛에 연유한다. 그러나 빛은 암호로 싸인 밤 [ ]을 꿰뚫는 것이 아니다. 그리 빠져 들어갈 뿐이다.

거기에 이미 빠져 있다. 거기서 무한 [ ]을 향하는 생명이 굴절, 분절, 연합, 변이, 특화, 입몰을 거치며 그 절대환원의 삶으로서 붙음살이(parasitism)가 그리고 그 행위의 꼴로서 함몰의 논리가 이루어진다.(1999) (00.7.31)

6

대화록

정리 1: [ ]에 대하여

정리 2: 3표의 모임, 논리, 형이상학

정리 3: 질문과 응답

어떤 것도 거부되지 않은 것은 없기 때문에 어떤 것도 진리로 남아 있지 않은 다만 거부하는 행위로서 이어지는 철학의 역사. 이십세기의 위대한 철학자들이, 서로를 향하여 그대의 철학은 철학이 아니라고 외치다가 사라져 갔다. 서양철학자는 동양철학자에 대하여, 동양철학자는 서양철학자에 대하여 서로를 거부하는 몸짓으로 이해한다.

이만하면 참으로 진리될 만한 것은 모든 철학자들이 세우는 주장 '이다'에 대하여 언제나 '아니다'라고 하는 뿌리깊은 거부행위 뒤에 숨어 있는 것 [ ]임을 받아들이지 않을 수 없다. (『서양의 논리, 동양의 마음』 0104)

정리 1: [ ]에 대하여[1]

"道可道非常道." 이 첫째의 명제로부터 『老子』의 굵은 줄거리가 풀려 나가고 있다. 그 명제를 '道라고 풀이할 수 있는 그것은 한결같은 道가 아니다'라고 풀이함이 어떨까? '可道'라는 풀이말로써 풀이할 수 있는 그것은 老子가 가리키는 '道'가 아니기 때문이다. 그렇다면 '可道'라는 풀이말의 主語 또는 主題[2]가 들어앉을 자리에 道라고 쓰지 않고, 풀 수 없는 상자라는 뜻으로 [ ] 같은 모양을 끼워 넣어 '[ ]可道非常道'라고 씀이 더 어울릴 것 같다. 어찌해도 여전히 '道可道' 또는 '[ ]可道'에서 첫째의 '道' 또는 [ ]는 본디 어떤 것인지 참으로 알 수 없는 것이다. '君君'이라는 孔子의 正名에서도 '사람은 사람다워야 한다'라는 훈장의 가르침에서도 첫째의 '君'과 '사람'이 각각 어떤 모양의 존재를 가리키는 것인지 알기 어렵다.

'여기에 서있는 이것은 무엇인가?'라고 묻는 한 외국 손님에 대하여 나는 '그것은 이순신 장군의 동상이다'라고 답한다. 그런데 그는 철학자 손님이다. '이순신 장군은 이미 사라진 역사의 인물이다. 지금 여기에 서있는 이것은 무엇인가?'라고 다시 물어온다. '그것은

---

1) 여기에 실린 '정리 1: [ ]에 대하여'와 '정리 2: 3표의 모임, 논리, 형이상학'은 1998년 12월 17일 늦은 4시에 연세대 제2인문관 305호에서 이루어진 '연세철학연구회' 모임에 제출한 발표 자료임.

2) '道可道'의 첫째 道는 漢語語法 이론가들이 말하는 受事主語이므로 主題語라고 이해함이 더 나을 것 같다. 그러나 여기서 老子가 가리키고자 하는 것은 主題語로서의 道라기보다는 그냥 主題로서의 道라고 이해함이 어울릴 것 같다.

한 덩어리의 구리지'라고 나는 답한다. '아니야. 한 덩어리의 구리라는 것은 이것이 제련 공장을 거치는 사이에 붙여진 이름일 뿐이야. 이름을 붙이기 전의 이것은 무엇이냐 말이야.' 나는 그것이 무엇인지 모른다고 답할 수밖에 없다.

아리스토텔레스에 의하면 세상에 있는 것들의 바탕으로 있는 '그것'은 그것의 성분, 성질, 모양, 중량 따위를 뜻하는 온갖 이름을 가지고도 말(규정)할 수 없는 어떤 것으로 남아 있을 뿐이다.[3] 한 아리스토텔레스 해석가는 질료(matter)라고 하는 '그것'은 어떤 개념(범주)들에 의해서도 규정할 수 없는 것(in itself none of the determinations)이라고 말함으로써[4] 마치 온갖 유한자들을 소멸시키는 아낙시만드로스의 '무한정자'와 같다는 인상을 준다.

한 판단의 주제 또는 주어가 가리키는 '그것'은 이렇게 근본적으로 따져가면 어떤 풀이말 또는 범주에 의해서도 영원히 풀 수 없

---

3) Aristotle, ***The Works of Aristotle***, ed. W. D. Ross (Oxford: Clarendon Press, 1928), ***Metaphysica***, Z 3, 1028b36-1029a2. "… the substratum is that of which everything else is predicated, while it is itself not predicated of anything else. … that which underlies a thing primarily is thought to be in the truest sense its substance."

4) Joseph Owens, ***Aristotle: The collected papers of Joseph Owens***, ed. J. R. Catan (Albany: State University of New York Press, 1981), 40쪽. "Matter had just been defined as 'that which in itself is neither a particular thing nor of a certain quantity nor assigned to any other of the categories by which being is determined.'(***Metaphy.***, Z 3, 1029a20-21; Oxford tr.) Matter is not anything definite. It is not a 'what' nor at all an 'it'. It exhibits nothing that could provide a direct answer to the question 'What is it?'"

는 암호 상자인 [ ]로 빠져 버린다. 암호상자 [ ] 가운데는, 생명을 지탱하기 위하여 쉼 없이 판단하고 행위하는 자의 물음과 모험에 대한 마지막 심판자가 있다. [ ] 안에 들어앉은 그 심판자의 모습과 성격을 아는 자 누구인가?

그러나 노자의 '不可道'라는 명제에는, 그리고 있는 것들의 바탕으로 있는 '그것'에 대한 아리스토텔레스의 사유에도 더 이상, 그 풀 수 없는 미지의 [ ]를 향한 두려움, 그럼에도 수그러들지 않는 오히려 그래서 어쩔 수 없는 물음과 탐험이 없다. 노자는 爲道해서 日損하면 無爲의 경지에 이른다고 말한다.[5] 더 나아가 "不出戶知天下, 不窺牖知天道"(『老子』 47章)라고 믿는다. 그는 중국전통의 많은 철인들과 같이 깨달은 자 또는 이미 많은 것을 아는 자로서 말하며 처신한다. 그는 '不可道' '不可解'의 主題 또는 그 알 수 없는 심판자 [ ]를 향하여 끝없이 일어나는 의문으로 빠지거나 응답을 기다리며 물음을 던지는 미지의 탐구자가 아니다.

[ ]를 향한 물음, 그 진정한 탐구와 모험은 다름 아닌 미지에의 함몰 과정이다. 미지에의 빠짐이 없이 어떤 탐구와 모험이 참으로 성공할 수 없다. 우리는 미지에 빠져 있을 뿐만 아니라 떠날 수 없는 미지의 부분이다. 미지는 생명 가진 것의 쉼 없는 결단과 행위가 이탈할 수 없는 住居이며 歸依의 指表다. 사람들이 그리고 철학자들조차 늘 대면하기를 꺼리는 미지의 잉여 세계 [ ]는 그럼에도 생명 실

5) 『老子』 48章. "爲道日損. 損之又損, 以至於無爲."

현을 향한 결단과 행위에 있어 예외 없이 그것에 함몰 또는 귀의할 수밖에 없는 절대환원의 지표로서 준거의 3표가 되는 것이다.[6] 절대환원에서는, 상대환원의 매체인 類들의 그물 곧 類化(classifying)로써가 아니라 미지의 잉여 [ ]에 몰입하는 단계인 特化(specifying)로써 세계를 잡는다. 특화가 지향하는 미지의 잉여 [ ]는 어떤 매체로도 잡을 수 없는 절대라는 불가해의 영토에 다름 아니다.

동일보존, 모순배제, 對待, 反求, 無待로써 엮이는 類들의 그물에 의해 실현되는 貫通 곧 상대환원에서[7] 미지의 잉여 [ ]는 외면되거나 주변으로 밀려난다. 미지의 잉여 [ ]는 주변에 머물러 있는가? 거기에 실은 세상에 존재하는 것들의 중심에 스며들어 그 운명의 변이를 결정하며 함몰시키는 절대의 힘이 있다. 특화는 이 미지의 잉여를 향한 함몰, 곧 [ ]에의 함몰이 시작되는 순간의 접점(tangent point)에서 이루어진다. 그 접점에서 사람들은 '감을 잡는다'라고 말하거나 피부 또는 몸에 '와 닿는다'라고 말한다. '와 닿는다'로써 잡는 순간 그러나 그는 [ ]에 빠져 있다. 특화의 행위는 [ ]에 빠져드는 가운데 자체를 버리며 변이(variation)와 入沒의 단계로 말려든다. 특화(분절, 연합)는 [ ]와의 접점에서 최선의 잡음으로 이루어지는 'maximizer'의 능동행위이며 동시에 진행하는 변이와 입몰은 [ ]에 빠지며 겪는, 'minimizer'의 부름에 말려든 수동행위다. 세상에 있는 것의 住居 또는 환경에 다름 아닌 [ ]에의 함몰과정에서 생명개체들은 자아의 伸長(maximizer)과 절대의 힘(minimizer) 사이의

6) 「3표의 모임, 논리, 형이상학」 '자연생태'.
7) 「3표의 모임, 논리, 형이상학」 '도시체제'.

격렬한 엇갈림, 곧 모순轉回운동을 체험한다. 자연의 개체들은 이미 [ ]에 함몰된 삶에 다름 아닌 붙음살이(parasitism)에서 온갖 특화와 변이를 거치다가 끝내 모두 무차별의 [ ]로 입몰하는 절대환원을 겪는다.

그러나, 先史의 샤먼 또는 眞人 그리고 자연의 사람들로 하여금 불가해의 그물에 빠진 삶과 죽음의 굴곡을 이해하고 관리할 수 있도록 이끈 [ ]에의 함몰 곧 특화, 변이, 入沒이라는 절대환원의 수련을 뒤로한 채, 프로타고라스의 양면논증(dissoi logoi)과 플라톤의 'metron'을 통과하는 1표의 논리와 철학, 鄧析의 兩可와 墨子의 '表'를 통과해 가는 2표의 논리와 철학은 세계를 향한 類들의 그물을 던짐으로 天下의 貫通과 자아(또는 大我)의 실현이라는 상대환원, 假面의 도시문화, 도시체제 구축의 工法에 매달린다.[8] (1998) (00.7.31)

8) 「3표의 모임, 논리, 형이상학」 '도시체제'.

정리 2: 3표의 모임, 논리, 형이상학

모임살이의 형식		논리의 방법	형이상학의 방법
도시 체제[1)]	1표, 類들의 正體爭議[2)]	굴절어계의 類化[3)]	상대환원, logocentrisme, 通分[4)]
	2표, 類들의 集體不爭[5)]	고립어계의 類化[6)]	상대환원, 道通, 體會7)
자연 생태[8)]	3표, 類들의붙음살이[9)]	첨가 복합어계의 特化[10)]	절대환원, [ ]에 준거하는 함몰 또는 入沒[11)]

1) 도시체제는 天 또는 神과 사람(天人)의 초월적 관계가 사람과 사람의 평면적 관계로 수렴되는 인본, 인문주의 전통을 유도한다. 正體爭議와 集體不爭은 인본, 인문주의 전통에서 이루어진다.

2), 3) 도시체제를 구성하는 분자들의 모순배제 또는 동일보존법칙에 의한 정체쟁의 가운데서 類들의 모임살이(사회) 또는 정합관계(syntax)가 구축된다.

4), 7) 상대환원은 類들의 정합관계 또는 그것을 동일보존, 모순배제 또는 對待反求에 의해 실현하는 자아 같은 매체에 의한 세계인식과 통제방법으로서 'logocentrisme' 또는 '道通'을 발전시키고 이로써 도시의 체제를 실현한다.

5), 6) 도시체제를 구성하는 분자들 사이의 對待, 反求, 無待에 의하여 類들의 집체화해라는 모임살이 또는 정합관계(syntax)가 구축된다.

8) 자연생태를 결정하는 최종의 준거는 생명개체들 사이의 쟁의, 부쟁의 정합관계가 아니라 생명개체들의 환경 또는 [ ]에 대한 함몰의 관계이다. 자연생태의 사람들은 카리스마(χάρισμα)에 의해 칸(Khan)과 부족, 왕초와 똘마니(오야붕과 꼬붕), 교주와 신도라는 관계로 무리를 지으며 칸, 왕초(오야붕), 교주가 거느리는 또는 대리하는 체제에 함몰하는 붙음살이를 한다. 카리스마는 개체들을 초월하는 힘 [ ] 또는 『성서』에 의하면 성령에 의해 주어지는 능력인데 모두 각기 다른

소임의 능력을 은사로서 받는다.

「고린도전서」에 이렇게 쓰여 있다. "은총의 선물은 여러 가지이지만 그것을 주시는 분은 같은 성령이십니다. … 성령께서는 각 사람에게 각각 다른 은총의 선물을 주셨는데 그것은 공동이익을 위한 것입니다. 어떤 사람은 성령에게서 지혜의 말씀을 받았고 어떤 사람은 같은 성령에게서 지식의 말씀을 받았으며 어떤 사람은 … 믿음을 받았고 어떤 사람은 … 병 고치는 능력을 선물로 받았습니다. 어떤 사람은 기적을 행하는 능력을, 어떤 사람은 하느님의 말씀을 받아서 전하는 직책을 … 받았습니다." 공동번역, 『성서』 (서울: 대한성서공회, 1977), 「고린도전서」 12: 4-11.

9), 10), 11) 자연의 생태계 가운데서는 類化(classifying), 자아보존 또는 自我反求같은 매체기능 자체가 불가해의 [ ]로 함몰한다. [ ]에의 함몰은 생태계 가운데서 이루어지는 붙음살이 곧 특화(specifying), 변이(variation), 入沒이라는 절대환원의 단계를 따른다. 생명개체의 생태는 특화, 변이, 입몰이라는 함몰의 단계에서 내적, 외적으로 'maximizer v. minimizer'의 모순성향을 드러낸다. 매체에 의한 상대환원 곧 類化 또는 자아기능은 결국에 그것이 歸屬할 수밖에 없는 절대환원 곧 [ ] 함몰의 숙명을 겪는다. (1998) (00.7.30)

위의 3표들 사이의 관계를 한 묶음의 그림에 대한 풀이로 나타낼 수 있다.

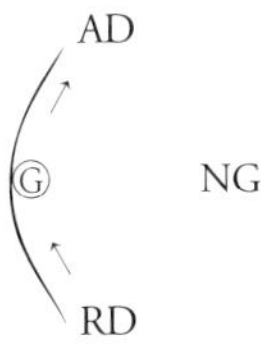

G : 所與(주어져 있음) /경험; 道; λόγος
NG : 非所與(주어져 있지 않음) /[ ]
RD : 상대와의 다름 /상대환원(Ⓖ $\overleftarrow{\mathrm{RD}}$)
/道通; logocentrisme / 集體和諧; 正體爭議 /2표; 1표
AD : 절대에의 다름 /절대환원(Ⓖ $\overrightarrow{\mathrm{AD}}$)
/[ ] 함몰 /parasitism /3표

정리 3: 질문과 응답 *

ㄱㅈ: 발표하신 주제에 대해서 사회자의 간섭 없이 질문과 토론을 하기로 하겠습니다. 누구나 자유로이 질문해 주시고 토론에 참여하시기 바랍니다.

ㄱㅅ: 선생님은 3표가 철학에 시사하는 바에 대해 말씀하셨습니다. 문제는 과연 그것을 學이라고 할 수 있는가 하는 점입니다. 학문이란 상호간의 의사소통을 전제로 하는 것이라고 생각됩니다. 그런데 선생님이 말씀하시는 '[ ]로의 함몰'에는 다른 탐구주체와의 만남 내지 의사소통에 대한 고려가 결여되어 있는 것 같습니다. 오로지 주체가 [ ]에 함몰하는 과정만 있을 뿐이라면, 개인적인 득도의 표현일 수는 있지만 우리가 공유할 수 있는 학문이라고 하기는 어려울 듯 싶습니다. 선생님은 3표를 道에 이르는 길로서 제시하는 것입니까, 학문의 길로서 제시하는 것입니까, 아니면 제3의 길을 제시하는 것입니까?

ㅂㄷ: 우선 學이 무엇인가에 대한 재규정이 요구됩니다. 이 점은 논

---

* 아래의 대화 자료는 연세대 제2인문관 305호에서 1998년 12월 17일 늦은 4시에 '연세철학연구회' 모임으로 한 박동환의 발표 「[ ]에 대하여」(정리 1) 그리고 「3표의 모임, 논리, 형이상학」(정리 2)을 듣고 전공을 달리하는 철학자 회원들과 함께 3시간에 걸쳐 질문, 응답한 내용을 정리한 것입니다. [토론자 약칭: ㄱㄱ(김귀룡), ㄱㄴ(김남희), ㄱㅅ(고인석), ㄱㅈ(김은중), ㄱㅎ(김희봉), ㅁㅈ(문지윤), ㅁㅊ(문창옥), ㅂㄷ, ㅂㅁ(백민정), ㅇㄱ(이경희), ㅇㅎ(연효숙), ㅊㅅ(최소인)] (편집자주) [꾸밈없이 깊이 들어온 질문들에서 얻은 깨침과 감동이 오래 남을 대화의 모델로 기억되어 있음 (발표자주)] (1998) (00.7.31)

리학에 대해서도 마찬가지입니다. 왜 우리가 서양 사람들의 규정을 기준으로 삼아야 합니까? 學에 대한 정의를 다시 재구성할 필요가 있습니다. 그러한 재구성은 서양 학문의 담론에서는 밀려났던 문제들에 관심을 갖고 생각하는 과정을 통해 이루어질 수 있을 것입니다. 그렇게 되면 서양 사람들이 세운 學의 기준에 비추어서 우리의 문제를 재단하는 것이 아니라, 우리의 문제 영역까지 포괄하는 보다 확장된 학문의 지평을 찾을 수 있을 것입니다.

다음으로 무엇을 지향하는가의 문제에 대해 말하겠습니다. 나는 흔히 말하는 득도를 지향하는 것이 아닙니다. 내가 관심을 가지는 것은 우리의 삶의 양식입니다. 우리가 사는 방식, 다른 문화를 접수하는 방식입니다. 현대에 와서 서양 사람들은 그들의 논리학, 철학, 과학, 법률같은 것을 우리에게 전해 주었습니다. 그런데 우리가 과연 그들이 전해준 것을 그대로 합니까? 우리에게는 뭔가 다르게 나가는 점이 있습니다. 예를 들어 서양 사람들이 전해준 법률과 그 제도를 받아들인다고 해도, 우리가 법과 제도에 대해 갖는 생각은 그들의 생각과는 전혀 다른 것입니다.

중국 문화도 마찬가지입니다. 중국 문화권에 들어가서 보면, 그들과도 다름을 느끼게 됩니다. 우리는 쉽게 같은 동양 문화권에 속한 것처럼 생각하지만, 실은 그렇지 않습니다. 중국 사람들도 우리를 자기들과 다르게 봅니다. 문제는 철학적으로 어떻게 다른가 하는 점입니다. 이 점에 대해서는 그들도 우리도 모르고 있는 형편입니다. 그러나 우리는 어떻게 다른가 하는 점에 대해 철학자로서 책임져야 하지 않습니까? 무엇을 지향하는가라는 질문에 답을 하자면, 나는 서양 사람들이 말하는 과학이나 중국 사람들이 말하는 득도를 전제해서 이해할 수 있는 것으로 3표를 제시하는 것이 아닙니다. 우리가 전제 없이 어떻게 근본적으로 다른지를 말하려는 것입니다. 3표의 함몰에서는 [ ], 미지가 중요합니다. 우리는 미지의 상태를 벗어날 수 있는 것이 아니라 언제나 미지의 세계에 빠져 있다고 보는 것입니다. 이것은 중국 철학자들이 지향하는 득도와는 거리가 먼 이야기입니다. 또 서양 사람들이 이데아니 형상이니 또는 논리학이니 변증법이니 하는 것으로 관통하고자 했던 것처럼, 공통의 척도를 가지고 미지의 세계를 측정해서 그것을 기지의 경계 안으로 끌어들이려는 것과도 다른 이야기입니다.

왜? 삶 자체가 붙음살이(parasitism)라고 보기 때문입니다. 이것은 1표나 2표의 관점에서 보면 소극적인 것처럼 보일 수 있습니다. 그들의 관점에 따르면 세계를 향하여 道와 법칙을 파악하고 관통해야지 그것에 대해서 모르겠다 하고 그냥 붙어사는 입장이란 비겁한 태도로 보일 수도 있기 때문입니다. 그러나 붙음살이는 벗어날 수 없는 인간 삶의 자연형식입니다. 우리는 그렇게 생각하고 살고 있습니다. 이미 알고 있는 것에 준해서 아직 모르는 것을 통분하고 그것을 아는 것으로 수렴시키는 것이 아니라, 오히려 모르는 것에 준해서 기왕에 알고 있는 것을 조정하고 해소시키는 것입니다. 기지로써 미지를 통분하는 것이 아니라 미지로써 기지를 해소, 소화해야만, 우리가 처해 있는 진상에 대해 있는 그대로 잡는 방식이 되지 않겠는가 하는 생각입니다. 이런 생각은 서양문화의 사람들이나 중국문화의 사람들의 생각과는 전혀 유형을 달리하는 것입니다. 이런 생각은 나 개인의 창작이 아닙니다. 나는 우리 주변 사람들의 삶의 양식과 인식을 기술하고 있는 것입니다. 또 서양 사람들이나 중국 사람들도 이러한 붙음살이의 양식을 전적으로 외면할 수는 없습니다. 그러나 그들이 주로 표방하는 바가 붙음살이의 양식에서 너무 멀리 떨어져 나왔기 때문에 이렇듯 낯선 유형으로 대비되는 것입니다. 오늘날 우리가 교육받은 서양 철학에서는 끊임없이 미지를 탐구에 의해 기지로 수렴시키려고 합니다. 또 중국 철학에서 이루어지는 반성이라는 것도 결국은 자기에게서 뭔가를 발견해내는 것입니다. 그러나 지금 내가 말하는 것은 그 반대의 길입니다. 어쩌면 이것을 두고 패러다임의 전환(paradigm shift)이라고 할 수도 있을 것입니다.

ㅇㄱ: 서양 학문의 이념이 기지를 확장해 나가는 데 있는 반면, 선생님이 지향하시는 태도는 미지에 비추어서 기지를 조정하는 데 있다는 점은 이해할 수 있습니다. 그러나 선생님의 입장도 마찬가지로 기존의 이분법적 도식을 벗어나지는 못한다는 생각이 듭니다. 우선 선생님은 기지의 영역을 여전히 남겨두는 방식으로 말씀하시는 것 같습니다. 또 미지에 비추어서 기지를 버린다고 하는 방식 자체가 이미 기존의 이분법적 틀을 전제로 하는 것 아닙니까?

ㅂㄷ: 나는 다른 방법들을 모두 상대환원으로 간주하기 때문에 절대환원을 말하는 것입니다. 물론 인간이 살아있는 한, 절대환원을 완전히 실천한다고 사칭하기는 어려울 것입니다. 그러나 살고 죽는 것을 떠나서 생각해 보면, 절대환원은 원칙적으로

이원론이 허용될 수 없는 세계를 그리고 있는 것입니다. 왜? 언제나 모두 미지의 세계에 빠져 있기 때문입니다. 우리는 언제나 [ ], 통분할 수 없는 그 세계에 이미 들어가 있습니다.

ㅇㄱ: 굳이 類들의 상대성을 거론하지 않더라도, 기지나 미지라고 하는 방식으로 잡는다는 것 자체가 이분법 아닙니까?

ㅂㄷ: 3표도 개체들의 함몰이니까 이분법이 아니냐고 말할 수 있겠지만, 그렇다면 존재하는 것 자체가 이분법입니다. 개체로서 생명체로서 존재한다는 것 자체가 이분법의 현상이라는 말입니다. 그러나 [개체로서 또는 무엇으로서 '있음'이라는] 존재상태를 근본의 실재로 붙들려는 것이 아니라면, 이분법은 없는 것 아닙니까?

ㅇㄱ: 선생님은 자아라는 것이 극대화(maximizing)와 극소화(minimizing)의 모순 관계에 휩싸여 있는 것으로 이해하고 계십니다. 그렇다면 여기서 자아의 신장 내지 극대화라는 것이 도대체 어떤 의미가 있는지 잘 이해가 되지 않습니다.

ㅂㄷ: 잠시의 지속을 유지하려는 임시 존재의 활동 아닙니까? 그래서 모순 운동이 일어나지만, 결국엔 절대환원으로 들어가는 것입니다.

ㅇㄱ: 그렇다면 극대화라는 말 자체를 쓸 수 있을지 굉장히 의문이 듭니다.

ㅂㄷ: 생명을 가진 개체들이 극대화 운동을 하지 않는다면 그나마 존재하지 않을 겁니다. 우리는 극대화 운동을 하기 때문에 살고 있습니다. 그런데 그 극대화의 과정에는 또 극소화하려는 힘의 작용도 들어가 있습니다. 태어나자마자 죽어가는 것이라는 말은 그래서 하는 말일 겁니다.

ㅇㄱ: 극대화라는 것은 최소한 어떤 임의의 출발점으로부터의 확장이나 신장을 말하는 것이라고 생각됩니다. 마찬가지로 선생님이 극대화라는 말을 쓰실 수 있는 것도 생명이 시작되는 어떤 순간부터 그 동일성이 계속 신장될 수 있다고 가정하시기 때문이라고 생각됩니다. 그러나 방금 선생님이 말씀하신 것처럼 오히려 생명을 유지하는 것 자체가 생명이 감소되어 가는 것일 수 있다고 한다면, 극소화 운동만 있을 뿐이지 극대화 운동은 없다고 말해야 할 것 같습니다.

ㅂㄷ: 그것은 생물학에서 말하는 생명현상에 대해 너무 외면하는 겁니다. 생물학에서 어떻게 이야기합니까? 하나의 단세포가 출현하면 극대화 운동, 말하자면 에너지 증배 운동을 해야 합니다. 인간은 단세포로부터 출발해서 최대한의 에너지 증배 운동을 하면서 동시에 끊임없이 극소화하는 힘의 제동을 받는 것입니다. [엔트로피 증대 방향, 곧 극소화하는 자연의 방향을 거부할 수 있는 어떤 생명도 없습니다.]

ㅁㅈ: 선생님은 새로운 방식의 형이상학적 환원주의를 표방하고 계신 것 같습니다. 기존의 환원들은 모두 상대적인 것에 불과하니까, 환원을 하려면 철저하게 다 해 버리자는 뜻으로 이해됩니다. 그런데 선생님의 입장은 원초적 사태에 대한 3인칭적인 접근처럼 보이기도 하지만, 실은 오히려 자기중심의 1인칭적 특화로 생각되는 면이 있습니다. 자기에게 와 닿는다고 할 때, 미지에 대한 직관은 극대화될 것이기 때문입니다. 그러나 선생님은 우리가 언제나 미지에 빠져 있다고 하면서, 관통할 수 없는 사태에 대한 선(先)이해 내지 벗어날 수 없는 삶의 양식으로 3표를 제시하는 것 같습니다. 따라서 미지로써 기지를

조정한다는 선생님의 말씀은 곧 불가피한 삶의 제약 조건에 비추어 우리의 삶을 조정하고 그럼으로써 가끔씩 자기중심주의로부터 벗어날 수 있다는 뜻이 되는 것 같습니다. 그러나 저에게는 미지로써 기지를 해소해야 한다는 3인칭적 암시보다는 특화에 의한 와 닿음에 오히려 선생님의 강조점이 있는 것처럼 보입니다. 그렇다면 선생님께는 미지를 어떻게 만날 것인가보다는 자기중심주의를 어떻게 탈피할 것인가가 더 중요한 문제일 듯 싶은데, 이 점에 대해 어떻게 생각하십니까?

ㅂㄷ: 물론 자기중심주의의 탈피는 가장 중요한 문제입니다.

ㅁㅈ: 그런데 특화라는 것은 와 닿음을 통해서 자기의 느낌이 극대화되는 경우가 아니겠습니까?

ㅂㄷ: 그래서 접점(tangent point)이라는 표현을 쓴 것입니다. 와 닿았다고 할 때 그 와 닿은 것이 무엇을 의미하는지, 그것이 무엇으로부터의 메시지인지에 대해서는 어떤 적극적인 설명도 할 수 없습니다. [그래서 경험은 [ ]로부터 던져진 암호에 다름없습니다.] 따라서 특화의 단계에서 접하는 것을 순수한 자기극대화라고 할 수는 없습니다. 그것은 오히려 피할 수 없는 자기조정, 자기해소의 과정에 막 빠져들고 있는 것입니다. 특화와 함께 변이와 입몰을 말하는 것도 같은 맥락에서입니다. 극대화하는 자의 입장에서 스스로 변이와 입몰을 하는 자는 없습니다. 변이와 입몰은 극소화하는 힘에 밀리며 버티는 가운데 겪게 되는 것입니다.

ㅇㄱ: 그렇다면 극소화 운동이 더 우선한다고 볼 수 있습니까?

ㅂㄷ: 내가 극대화 운동을 하지만 그것이 어떻게 극소화의 길인지를 안다면, 절대환원 곧 [ ] 함몰을 자기 몸으로 인식하는 경

지에 있는 것이라고 할 수 있습니다. 내가 살고 있지만 죽음의 길로 가고 있다거나, 발전을 향해 치닫는 인간의 극대화 운동이 바로 극소화 과정을 촉진하는 운동이라고 느끼는 것입니다.

ㅇㄱ: 어쨌든 극소화 운동이 우선한다고 말씀하실 수 있는 것 아닙니까?

ㅂㄷ: 나는 시간적 우선성을 말하고 있는 것이 아닙니다. 언제나 극소화하는 힘에 말려들어 있음을 말하는 것입니다. 그래서 나에게는 개체라는 것이 어떻게 해서 세상에 태어날 수 있는지, 또 한번 나타나면 사라지지 않으려고 하는 지향구조를 갖는지가 언제나 미스터리입니다. 종교인들은 이 점을 설명하려 하지만, 나는 그것을 설명할 수 없는 미스터리로 봅니다. 이런 점에서 내 입장은 자기중심주의와는 극단으로 먼 거리에 있습니다. 왜? 존재로서 태어나자마자 자기성장을 의심해야 하는 입장이기 때문입니다. 인식론적으로나 논리적으로 우리는 언제나 미지에 빠져 있습니다. 우리는 미지와 함께 있을 뿐만 아니라 우리 자신이 떠날 수 없는 미지의 부분입니다. 그 점에 주의해야 됩니다.

ㅇㄱ: 자기중심주의라는 것도 저는 이렇게 이해해 보고 싶습니다. 콰인에 따르면 모든 경험에는 이미 이론이 담지되어 있으므로 날 경험이라는 것은 없다고 합니다.

ㅂㄷ: 날 경험이라는 것은 인정할 수 없습니다. 혹자는 특화의 단계에서는 날 경험이 있다고 말할 것입니다. 그러나 특화의 단계에서 접하는 것도 날 경험은 아닙니다. 어떻게 늘 최대의 효율을 얻기 위해 극대화 운동을 하는 자가 그것과는 반대의 방향을 인식할 수 있는지 그것은 경험의 문제가 아닐 수도 있습니

다. 다시 접점에 대한 이야기를 해야겠습니다. (접점에 대한 그림) 세계는 실은 어떻게 되어 있는 것인지 모르는 겁니다. 우리는 다만 그것과의 한 접점에서 만날 뿐입니다. 그러나 그러한 접점에서 만나는 것을 가지고 날 경험이라고 말할 수는 없습니다. [그것은 암호일 뿐] 그 접점에서 얻은 경험이 어떻게 해석되어야 하는지를 물을 때, 그것에 어떤 적극적인 해석을 단정하기 어려운 점 때문입니다. 다만 어떤 소극적인 암시의 의미라도 있지 않을까 하는 기대는 할 수 있을 것입니다.

ㅇㄱ: 사실상 문제는 그것을 논리적으로 어떻게 잡느냐 하는 것 아닙니까?

ㅂㄷ: 그것이 바로 특화의 논리입니다. 이 점은 포퍼의 반증가능성에 공감하면서 하는 이야기입니다. 포퍼도 이 섬에 대해 많이 생각했을 것입니다. 포퍼 역시 자신이 가지고 있는 판단이 긍정적인 값을 얼마만큼 갖는지에 대해 말하기 어려운 입장입니다.

ㄱㅅ: 선생님은 3표의 길이 우리를 위한 길이라고 생각하십니까, 아니면 문화의 구획을 넘어서 동서양을 막론하고 어디에나 적용될 수 있는 것으로 보십니까?

ㅂㄷ: 대체로 아직 철학사를 갖지 못한 사람들이 공유하는 것일 수 있는데, 그뿐만 아니라 생명 일반이 공유하는 것이라고 봅니다. 인간이 문화나 사유의 측면에서 좀 더 세련된 양식을 개발할 수 있다고는 하지만, 실은 다른 생명체들과 거의 비슷한 원시 생태를 지니고 있다고 봅니다.

ㄱㅅ: 선생님은 특히 우리가 사는 모습을 볼 때 우리가 아무리 서양 사람들의 학문을 배워도 그들과 다르지 않은가 하는 생각을

하신 것으로 알고 있습니다. 그런데 우리와는 다른 방식으로 살아온 그들에게 3표를 권할 수 있습니까? 그것이 과연 보편적인 표가 될 수 있습니까? 사는 모습을 보면 정말로 그렇지 않느냐고 하는 호소만으로 그들을 설득하려 하신다면, 그것은 좀 미흡하지 않겠습니까?

ㅂㄷ: 물론 일정 기간은 잠정적으로 세 가지 표가 병행할 수 있습니다. 그러나 철학의 역사가 과연 몇 년이나 됩니까? 한 2천 5백 년 됩니다. 그러나 내가 3표를 말하면서 생각하는 역사는 억 년을 단위로 합니다. 나는 고생물학자들이나 고생태학자들이 말하는 시간 단위에서 볼 때 생명이 어떻게 임시로 자기를 유지하며 또 어떻게 우주로 환원되는지를 보려는 것입니다. 붙음살이의 양식이라는 것은 미지의 그것 [ ]으로부터 와서 다시 그것으로 돌아간다는 사실을 언제나 잊지 않는 것입니다. 거기서 와서 거기로 돌아간다는 말은 사람들이 흔히 하는 말입니다. 그러나 이제 그것을 논리적으로 또 형이상학적으로 이해하고 형상화할 필요가 있습니다. 우리는 너무나 짧은 시간대에 이루어진 도시 사람들의 집약적인 활동 가운데서 [강요된 '해답의 논리'에 의해] 나타난 사유의 패턴과 삶의 양식에 매여 있습니다.

ㄱㅅ: 그러나 우리가 생명의 본원적인 모습만 갖고 있는 것은 아니라고 생각합니다. 2천 5백 년이 짧다면 짧지만 또한 긴 기간이기도 하며, 우리는 역사를 가지고 있습니다. 인간은 역사 속에서 변모해 가는 것 아닙니까?

ㅂㄷ: 그것도 중요합니다. 그것을 무시하자고 말할 수는 없습니다. 인간만이 개발한 3천 년 내지 4천 년, 5천 년의 문화와 철학적

세계관이 있습니다. 그것이 극적 변화를 가져온 것입니다. 나는 여러 세계관들의 공존가능성을 인정합니다. 그러나 3표를 말하는 사람으로서 한가지 더 갖고 있는 입장은 있습니다. 즉 장기적으로 보면 전통적 철학사라는 것이 그렇게 오래된 것도, 또 오래갈 수 있는 것도 아니라고 보는 겁니다. 또 철학자들의 세계관은 붙음살이하는 사람 일반의 인식론이나 논리학 치고는 너무 멀리 떨어져 나간 관념적인 것[이며 오만한 것]이라고 할 수 있습니다. 따라서 기존의 철학은 붙음살이하는 존재가 가질 수 있는 철학으로서는 너무 임시적인 것이라 하겠습니다.

오늘에는 생명의 사상을 이야기하는 사람들이 많지만, 철학자가 그 문제를 해결하지 않으면 자연의 생태를 반영하는 진정한 세계관의 논리 실현은 어렵습니다. 붙음살이에 해당하는 형이상학이나 논리학의 변화가 있어야 합니다. 그리고 그것이 기왕에 틀잡은 논리학이나 형이상학에서 어떻게 달라지는 것인지를 대비적으로 인식할 필요가 있습니다. 만일 지구에 위기의식이 팽배해지는 날이 오면, 아마도 사람들은 3표의 생각을 할 것입니다. 하지만 이 생각이 당대에서는 그렇게 힘을 얻을 수 있는 것은 아닙니다. 왜? 지금은 모두 기왕의 철학을 향해 골몰해 있고 또 이미 그것에 말려들어 있기 때문입니다. 그러나 철학적 전통에 대해 회의를 의식하는 철학자라면 현시점에서 무의미해 보이는 3표의 세계관과 논리일지라도 지금 고려해야 하며, 그렇게 해놔야만 그것이 다음 세대에게 쓰일 만한 비전이 될 수 있을 것입니다. 이런 맥락 가운데서, 나는 현시점에서 공존 경쟁하는 여러 가치들을 무시하지는 않습니다.

ㅂㅁ: 선생님은 특화의 인식에 대해서 긍정적으로는 말할 수 없지만 부정적으로는 말할 여지가 있는 것처럼 말씀하셨습니다. 특화가 무엇을 의미하는지에 대해 좀 더 구체적인 내용을 가지고 말씀해 주셨으면 합니다. 만일 선생님이 계속 생명현상을 놓고 말씀하신다면, 그것은 불충분한 설명이 될 것 같습니다. 생명 일반에게 적용되는 것으로서 특화를 말씀하신다면, 그것은 인간을 포함한 동식물이 모두 공유하고 있는 것이어서 종 아래로 내려가 각각의 개체의 고유한 특성을 특화하는 준거가 될 수 있을지 의문입니다.

ㅂㄷ: 내가 말하고 싶은 것에서 특화가 강조점은 아닙니다. 특화보다는 특화가 진행되는 단계들의 과정이 더 중요합니다. 우리는 붙음살이를 하고 있습니다. 특화란 생명 개체들이 각기 자기가 붙어살고 있는 그 근거에 대해서 끊임없이 촉각을 세우고 있는 것을 말합니다. 그런데 촉각을 아무리 세워서 접근을 해도 접점밖에는 만나지 못합니다. 그 점에 대해서는 일반 생명체들을 보면 됩니다. 개미나 뱀이나 새 또는 곰이나 호랑이 같은 것을 보면 모두 붙어살면서 그 나름의 후각, 즉 자기의 생명줄이 되는 것에 대한 예리한 접수방식을 가지고 있습니다. 인간도 마찬가지입니다. 인간이 잡고 있는 자연의 정보가 과연 얼마나 됩니까, 다른 생물들보다 얼마나 더 뛰어납니까? 물론 뛰어난 점도 있습니다만, 결국은 마찬가지입니다. 개미는 자신이 매달려 있는 존재의 뿌리, 자기를 지탱해주는 그 뿌리에 대해서 최대의 지각을 발휘할 겁니다. 그러나 그로써 세계를 잡았다고 할 때, 얼마나 엄청난 착각이 되겠습니까? 그

러면 인간은 그보다 얼마나 더 낫다고 할 수 있습니까? 특화는 자기 생명을 임시로 지지하는 데에는 도움이 될 겁니다. 그러나 특화의 순간에 접수된 것에 대해 어떤 긍정적인 해석을 제시할 수는 없습니다. 이 점은 포퍼가 잘 이해하고 있습니다. 오히려 부정되는 경우에 어떤 메시지를 받을 수도 있습니다. 인간이 다른 생물보다 우수한 지각을 가지고 있다고 할지라도 우리가 잡은 것이 얼마나 국부적인 점에서 만난 것인가를 반성해보면, 특화의 내용에 대해 어떤 긍정적인 해석도 부여할 수 없을 겁니다. 그러니 동서양의 철학자들이 세계를 잡았다거나 관통했다고 하는 것은 실은 그렇게 볼 수 없는 것입니다. 그들은 단지 다른 생명체들과 거의 같은 처지에서 좀 다른 각도로 접근한 것뿐입니다. 최근에 가다머가 이데아(Idea)니 인지작용으로서 노에인(noein)이니 하는 철학적 개념에 대해 한마디로 후각이라고 설명한 것이 기억납니다. 이를테면 형상이라는 것이 우리가 보통 고상하게 생각하는 순수 지적인 것이 아니라, 짐승이 냄새맡고 듣는 것처럼 지각적인 것이라고 보는 겁니다. 나는 철학자들이 말하는 감성 또는 직접 지각의 내용에 담길 수 있는 것이 특화 정도일 것이라고 봅니다.

ㅁㅊ: 선생님은 지금까지 철학사에서 나타난 환원을 우연적인 것으로 보시고 그보다 한 단계 더 내려가서 생명 일반의 차원에서 환원을 말씀하십니다. 거기서 선생님은 지금까지 철학사에서 제시된 것과는 다른 삶의 양식 내지 존재 양식을 발견하고 계십니다. 그런 맥락에서라면 다시 한번 질문을 더 던질 수도 있지 않겠습니까? 이를테면 생명 일반의 차원에서 환원을 말하

는 것으로 그칠 것이 아니라 자연 전체의 차원에서 환원을 말할 수 있지 않겠습니까? 왜 생명체뿐이겠습니까? 자연에 존재하는 개체 전체의 차원에서 그 존재 양식을 말해야 하지 않겠습니까?

ㅂㄷ: 그렇습니다. 나는 근본적으로 자연의 개체까지 모두 포함해서 말하는 것입니다.

ㅁㅊ: 그렇게 전체를 다 포함해서 말한다면, 그것이 어떤 규정성을 가질 수 있을지 의문이 듭니다. 그렇다면 그것은 하나의 인위적인 선택이 아니겠습니까?

ㅂㄷ: 그렇지 않습니다. 초기의 철학자들까지만 하더라도 자연의 그러한 모습을 보았다고도 할 수 있습니다. 그들은 규정성이 없는 원시 세계에 대해 암시하고 있습니다. 사실 우리는 그 후대의 철학자들에 의해 오도된 점이 많습니다. 후대의 철학이 거듭해서 규정의 체계를 너무 발달시켜 왔기 때문에, 지금은 돌이키기 어려운 지점까지 오게 된 것처럼 보입니다. 사람들은 그러한 역사에 대해서 마치 다윈이 그랬던 것처럼 진화의 방향이 그렇게 규정성을 더해 가는 방향이라고 생각했습니다. 또 다윈의 이야기를 따라 스펜서같은 이들이 유포시킨 설명에 따르면, 다른 동물들에 비해 기능도 더 분화되어 있고 보다 복잡한 체계를 지닌 인간이야말로 이상적인 형상의 실현이며, 진화란 이처럼 보다 복잡한(more complex) 방향으로 가는 것이라고 했습니다. 그러나 과연 그렇습니까? 지금은 생물학자들 가운데도 그렇지 않다고 생각하는 사람들이 있습니다. 어느 단계에 가면 또는 공시적으로, 보다 단순한(more simple) 방향으로 가는 것, 단순화(simplification)가 진화의 방법일 수 있다

는 생각을 하게 된 것입니다.

이 점은 초기의 철학자들의 생각과도 맞닿아 있다고 볼 수 있습니다. 내가 지금 염두에 두고 있는 최초의 철학자들이란 아낙시만드로스 또는 노자와 같은 이들인데, 그들은 규정성에 대해 무규정성, 규정할 수 없는 단계에 대해 언급하고 있습니다. 물론 그들도 역시 체계발전의 상태에 들어간 이들이며 따라서 자연의 생태를 이탈해가고 있는 도시의 맥락에서 사유하고는 있지만, 후대의 철학자들과는 달리 규정할 수 없음에 대한 근본 인식을 하고 있다는 겁니다. 그래서 좋은 비유의 시점이라고 생각되는 면도 있습니다. 아무튼 지금 나온 질문처럼 나는 생명의 개체뿐만 아니라 물리적 개체의 차원에서도 같은 논리를 택할 수 있다고 생각합니다. 얼마 전 나는 철학사가 고고학으로 함몰해 버린다는 말을 했는데, 지금도 그렇게 생각합니다. 그렇게 되면 결국 물리학자의 말이 남을 것이라고 봅니다. 현대 물리학자들이 빅 뱅(big bang)을 말하지 않습니까? 그것이 하나의 허구인지 실재 이야기인지는 모르겠지만, 현재로서는 가능한 이야기 같습니다. 모든 것이 블랙 홀(black hole)로 들어가면 규정성이 없어지지 않겠습니까? 나는 자연에서 모든 것이 그러리라고 봅니다. 우리의 이 수많은 類들의 복합적인 체계, 類들을 가르고 갈라서 그 체계를 복잡하게 만들어 가는 역사 과정은 단순화 또는 함몰이라는 하강의 국면도 갖지 않겠습니까? 또 그런 국면으로 가야만 다시 운동하며 발전할 수 있지 않겠습니까?

ㅁㅊ: 선생님의 생각이 그 차원까지 내려가는 것이라면, 우리 것이 어떤 의미를 지닐 수 있겠습니까? 선생님은 늘 우리의 삶을

보라고 말씀하시지 않습니까?

ㅂㄷ: 그것은 잠정적 의미에서입니다. 그러나 생각해 봅시다. 지금까지 인류의 문화를 이끌어 왔다고 하는 것이 그렇게 본래적인 의미가 있는 것인지에 대해 나는 인정하기 어렵습니다. 지금으로서는 오히려 철학사를 갖고 있지 않은 사람들에게 주어져온 삶에 주의해야 할 점이 있다고 보는 겁니다.

ㅁㅊ: 철학사를 갖고 있지 않은 사람들일지라도 결국은 나름의 방식으로 살아남았으니까, 그러리라고 봅니다. 좀 다른 맥락이긴 합니다만, 다음 질문을 드리겠습니다. 선생님은 자연 생태와 도시 문화를 나누어 보고 계십니다. 그러나 도시 문화에도 미지의 흔적이 남아 있지 않습니까? 道니 'matter'니 하는 것으로 말입니다. 그런 점에서 보면 도시의 삶이라는 것 역시 선생님이 말씀하신 오야붕과 꼬붕의 관계처럼 마찬가지로 붙음살이를 하고 있는 것이 아닌가 하는 생각이 듭니다. 그러니까 제 생각으로는, 도시라고 하는 거대한 문화 체계가 미지의 것에 붙음살이를 하는 것이며 그러한 미지의 흔적이라 할 수 있는 道니 'matter'니 하는 것들이 연결고리를 형성하고 있는 것이 아닌가 싶습니다.

ㅂㄷ: 도시의 문화와 삶 또한 결국에 함몰하게 되어있는 붙음살이입니다. 그런 면도 있겠지만, 대표적인 철학 전통의 이념이 어떻게 잡히고 있는지를 생각해보면 역시 구별되는 점을 말해야 합니다. 나는 1, 2표를 인문주의 시대의 산물로 보는 겁니다. 그것들과 3표에서 말하는 삶의 방식에는 차이가 있습니다. 붙음살이에 따르는 무리지음의 방식은 이전에 말했던 카리스마에 의한 것입니다. 그러나 가령 1표에서의 무리지음의 방식을

보면, 그렇지 않습니다. 단적으로 말하자면 1표에서는 法에 의해 무리지음이 이루어진다고 할 수 있습니다. 물론 그 법의 이념은 플라톤의 형상과 아리스토텔레스의 삼단논법에 집약되어 있습니다. 1표에서는 爭議의 관계에서 각각의 類들이 겨루고 타결을 보게 됩니다. 여기서는 법률이 사회적으로 중요한 역할을 하게 됩니다. 반면에 2표에서는 禮에 의해 무리지음이 이루어진다고 할 수 있습니다. 禮에 의한 무리지음에서는 類들간의 상호 조정, 말하자면 反求, 對待, 극단적으로는 無待같은 것을 통해 不爭의 화해를 유도하게 됩니다. 법이나 예에 의한 1, 2표의 무리지음의 방식과 카리스마에 의한 3표의 무리지음의 방식은 논리적, 형이상학적으로 너무 다른 원리에 토대하고 있는 것입니다.

ㅁㅊ: 그러나 그런 도시에서의 무리지음의 방식들조차 자연에서의 무리지음의 방식에서 파생된 것으로 볼 수 있지 않습니까?

ㅂㄷ: 물론입니다. 도시에서 발생하는 체제 양식도 크게 보면 결국은 자연생태의 변형된 산물입니다.

ㅁㅊ: 그렇다면 적어도 양자간의 단절은 없는 것 아닙니까?

ㅂㄷ: 그렇습니다. 그러나 붙음살이 양식과 비교해 볼 때 매우 큰 차이가 있습니다. 예를 들어 플라톤의 형상론은 자연의 붙음살이 상태와 비교할 때 큰 단절 아닙니까? 그의 형상은 오히려 자연상태를 거느리기까지 하는 독자적 위상을 지니는 것 아닙니까?

ㅁㅊ: 선생님이 단절이 크다고 보시는 것은 오히려 자연상태가 어떤 것이라는 전형적인 틀을 미리 전제하고 접근하시기 때문 아닙니까?

ㅂㄷ: 자연상태에 대해 특별히 전제하는 바가 없더라도 마찬가지입니다. 플라톤에 따르면 자연 또는 우리의 일상 세계라는 것이 형상에 대한 지식을 통해 구성되는 것 아닙니까? 그리고 그가 말하는 형상은 사라질 수 없는 것이지 않습니까? 플라톤은 불멸의 형상에 의해서 자연도, 우리의 역사도 구성된다고 보는 겁니다. 그것을 붙음살이라고 할 수는 없습니다.

ㅁㅊ: 플라톤의 형상론을 어떻게 보는가의 문제이겠습니다만, 저는 그것이 목적지향적이고 자기추구적인 생명 개체의 삶의 방식이 응집된 모습이라고 생각합니다. 그렇다면 그것은 선생님이 말씀하시는 극대화의 한 실현방식이지 않겠습니까?

ㅂㄷ: 맞습니다. 그런데 플라톤에게서 극소화는 어떻게 돼 있습니까?

ㅁㅊ: 극소화는 표현이 안 되고 있습니다.

ㅂㄷ: 그렇습니다. 그러면 그것은 문제 아닙니까?

ㅁㅊ: 그렇습니다만, 극소화는 단지 퇴화된 형태로 있다고 말할 수는 없겠습니까?

ㅂㄷ: 그러니까 플라톤의 형상론에는 극소화, 즉 자기가 어디에 붙어있는지, 결국 어떻게 함몰할 것인지에 대한 반성이 들어가 있지 않다는 겁니다.

ㅁㅊ: 선생님 말씀을 제가 알겠습니다. 그런데도 여전히 저는 플라톤의 형상론이 자연 생태계의 어떤 극단적인 표현이라고 말씀드리고 싶습니다.

ㅂㄷ: 맞습니다. 하나의 극적 표현입니다.

ㅁㅊ: 극적 표현이라는 점에 대해서 저는 또 이런 의미를 담고 싶습니다. 도시와 자연을 각각 극점이라고 할 때, 선생님은 그 거

리를 극과 극 사이에 어떤 연결고리도 찾을 수 없는 단절로 바라보시지만, 저는 그것들이 단지 극점일 뿐이지 실은 연속되어 있다고 이해하고 싶은 겁니다.

ㅂㄷ: 나도 그것들이 하나의 우주에 속한다는 점은 인정할 수 있습니다. 도시와 자연이 완전히 단절된 삶의 형태는 아닙니다. 다 생명의 실현 양태입니다. 다만 그 생명의 실현 양태치고는 방법, 이념적으로 너무 다르다는 겁니다.

ㅁㅊ: 플라톤의 형상론은 긍정적인 측면에서 그 생명의 실현 양태를 가장 잘 보여주는 것 아닙니까?

ㅂㄷ: 그 점은 이미 이야기되었던 것입니다. 그런데 생명 개체라는 것이 세상에 출현한 다음에는 어떻게 그 자체를 영원히 지속하려 하는지, 그것은 미스터리입니다. 플라톤은 생명 개체의 그러한 경향성을 잘 보여주고 있는 겁니다. 모순을 배제한다는 것이 바로 그 점을 나타내는 것 아닙니까? 자기정체성, 자기동일성을 어떻게 실현할 것인가? 그는 생명이 실현하고 싶어하는 그런 최고의 상태를 지향한 것입니다. 물론 그런 상태를 임시로 얻을 수도 있을테지만, 나는 그것이 좀 문제가 있지 않은가라는 생각을 하는 겁니다. 그렇다고 내가 그것의 역사적 가치를 인정하지 않는다는 것은 아닙니다. 병행할 수 있는 한 방식이라고는 봅니다. 그러나 그것이 정말로 병행될 수 있는지, 언젠가는 끝나야 하는지의 문제는 내가 심판할 문제가 아닙니다. 아마도 그것은 역사 가운데서 또 자연사 가운데서 판가름날 문제일 것입니다.

ㅊㅅ: 연관된 질문을 드리겠습니다. 제가 이해하기로는, 선생님이 말씀하신 1표, 2표, 3표가 생명체의 생명유지현상의 세 가지

패턴들로서, 생명체들이 가질 수 있는 세 가지 선택지인 것 같습니다. 이를테면 우리는 서구적인 방식으로도 살 수 있고, 중국적인 방식으로도 살 수 있으며, 한국사람처럼 원시적인 방식으로도 살 수 있다는 선택지들로 들린다는 겁니다. 한편 선생님께서는 자연생태와 [ ]에 대해 말씀하셨습니다. 이 [ ], 그리고 [ ]와 생명체들이 맺는 관계는 이미 어떤 식으로든 결정되어 있다고 생각됩니다. 그래서 선생님도 [ ]는 우리에 의해 규정될 수 없는 것이면서 모든 생명체에 대해 언제나 최종의 심판자인 것, 그리고 모든 생명이 그것으로부터 나와서 그것에 거주해야 하고 그것으로 돌아가야 하는 바의 것이라고 설명하신 줄로 압니다. 그렇다면 [ ]에 대한 이런 설명과 1, 2, 3표라는 선택지들과의 관계는 어떤 것입니까?

ㅂㄷ: [ ]의 결정적 우위에 대해서는 3표에서 이야기하는 겁니다.

ㅊㅅ: 언제나 3표에서만 가능합니까?

ㅂㄷ: 그렇습니다. 지금 좋은 예가 나왔듯이, 가령 플라톤의 경우에는 [ ]의 결정적 우위에 복종 안 하지 않습니까?

ㅊㅅ: 그렇다면 문제의 소지가 좀 있지 않겠습니까? 저는 선생님의 말씀이 실은 [ ]에 대해서 우리가 취할 수 있는 자유로운 영역을 많이 열어주시는 것이라고 생각했습니다. 절대적인 무엇이 있는데 서구에서는 그것을 개념화하고 분석하고 설명함으로써 자기 것으로 만들어 버렸다고 평가하시는 대목에서, 저는 절대적인 미지의 것에 대해서 우리가 너무 많은 자유를 갖고 있다는 생각을 했습니다. 그러나 그렇게 되면 3표 역시 동일한 논리에 의해 다시금 무너질 수 있는 하나의 선택지에 불과한 것이 되지 않습니까?

ㅂㄷ: 어떤 동일한 논리에 의해서 무너진다는 겁니까?

ㅊㅅ: 꼭 동일한 논리라기보다는 또 다른 논리에 의해 무너질 가능성이 있다는 것입니다.

ㄱㅎ: 그러니까 4표, 5표, n표까지 출현할 수 있는 상황을 염두에 둔다면 그것들에 의해 3표도 무너질 수 있다는 말 같습니다.

ㅊㅅ: 예. 그런 가능성에 대해서도 열려 있고, 또 3표 자체가 하나의 독단일 수 있다는 것입니다.

ㅂㄷ: 3표가 다른 표들과의 관계에서 상대화될 수는 있습니다. 여러 표들이 공존한다고 한 말에는 그런 의미도 있습니다. 그러나 그렇게 병행하더라도, 어느 것이 가장 오래 살아남는 것이냐, 또 어느 것이 가장 생명의 현실에 가까운 것이냐 하는 문제를 놓고 경생할 것입니다. 가령 지금 지구의 위기를 걱정하면서 철학이나 논리학을 말한다면 어느 것을 택하겠느냐 하는 문제가 놓여 있는 겁니다.

ㅊㅅ: 그럼 철학이란 결국 선택의 문제가 됩니까?

ㅂㄷ: 그렇지는 않습니다. 나중에 가서는 선택이 안 될 겁니다. 지금도 그렇지만 앞으로, 이런 식으로 살면 도저히 못산다 싶을 때에는 철학을, 우리의 삶의 양식을 반성하게 되지 않겠습니까? 그때에는 이 3표가 선택의 가지가 아니라 가장 강력한 不可避가 될 겁니다.

ㄱㅎ: 선생님은 현재 상황 또는 앞으로 일정 기간 동안 주어질 우주의 상대적 조건하에서는 3표가 보다 타당성을 가질 것이라고 말씀하시는 것 같습니다. 그런데 만일 이후에 다른 관점들이 출현할 가능성을 열어두고 말한다면, 마치 1표, 2표가 3표에 의해 비판되고 극복될 수 있는 것처럼 마찬가지로 3표도 다시

4표, 5표, n표에 의해 비판되고 극복될 수 있는 가능성이 있는 것 아닙니까? 이 점에 대해서 선생님께서는 어떻게 방어하시겠습니까?

ㅂㄷ: 그런 방어의 문제는 서양철학의 결정 방식인지도 모릅니다. 지금 단순히 이론을 방어하고 극복하고 시험하는 것이 문제가 아니라, 어떻게 살 것이냐 하는 삶의 양식이 문제입니다.

ㄱㅎ: 그렇다면 달리 말씀드리겠습니다. 선생님이 표들의 공존가능성을 인정하시는 한, 위기에 부딪치더라도 계속 기존의 삶의 방식을 고집하는 사람들도 있지 않겠습니까? 가령 기술만능주의자들은 오늘의 지구의 위기를 여전히 기술을 통해 극복할 수 있다고 생각할 것입니다. 선생님이 자연생태에 호응하는 삶이 더 바람직하다고 주장하시는 것과 마찬가지로, 기술의 보완을 통해 위기를 극복할 수 있다고 믿는 기술만능주의자들에게는 1표의 세계관이 계속해서 공고히 살아남을 수 있을 것이라는 생각이 듭니다.

ㅂㄷ: 그럴 수 있습니다. 그러나 그것은 몇천 년 내지 몇만 년의 단위를 두고 하는 이야기입니다. 물리학자들이 말하는 열역학의 제2법칙을 봅시다. 우주의 엔트로피는 증가한다고 하지 않습니까? 3표는 그 방향에 주의하고 있습니다. 또 그것을 누가 대변하는가 하면, 도시의 철학을 발전시킨 사람들보다는 그 바깥의 사람들의 삶이 더 잘 대변한다고 보는 겁니다.

ㅇㄱ: 선생님은 과학의 법칙들을 말씀하시는데, 그럴 수 있는지 하는 의문이 듭니다. 사실 과학자들도 절대적 진리를 이야기한다기보다는 일정한 체계 내에서의 참이라고 하는 제한된 방식으로 이야기할 뿐입니다. 그렇다면 선생님이 그런 과학자들

의 이론을 빌려서 말씀하시는 것이 얼마나 설득력을 지닐 수 있는지 좀 의문입니다.

ㅂㄷ: 물론 다른 방식으로 설명할 수도 있습니다. 그러나 철학과 과학이 떨어지는 것도 아닙니다. 나는 철학책을 읽고 철학자가 되는 것은 아니라고 늘 말합니다. 그리고 그 시야와 상상력이 억 년을 단위로 뛰어넘는 과학자에 비해 천 년 단위에 묶인 철학자의 빈곤함에 대하여 나는 개탄하고 있습니다. 그렇지만 자연의 이해가 어떤 과학의 법칙으로 형식화되기 이전의 단계에서 철학적으로 결정되는 세계 이해에 의해 틀지워지기 때문에 과학의 법칙을 빌려서 설명은 하지만 그것에 의해서 이 세계 인식과 삶의 형식이 성립한다고 이야기하는 것은 아닙니다.

ㅊㅅ: 선생님이 [ ]로 표시하는 절대적 근거와 우리의 관계를 설정하시는 방식은 서양철학의 논리중심주의를 반성한 하이데거의 패턴과 흡사한 것처럼 보입니다. 특히 우리가 그것으로부터 나오고 그것으로 돌아갈 어떤 것, 無에 대한 생각, 접점을 설명하는 방식 등에 있어서는 매우 비슷하다는 생각이 듭니다.

ㅂㄷ: 자꾸 그런 것을 통해서 보니까 문제입니다. 단 하이데거와 어떻게 다른지를 물으면 답변할 수 있습니다. 하이데거는 이미 데리다가 비판한 바 있으며, 또 하이데거의 문제는 여러 가지로 이야기할 수 있지만, 단적으로 나는 그의 철학 어디에 붙음살이가 들어갈 여지가 있느냐고 묻고 싶습니다. 말하자면 그 이 역시 우주를 인간 실존이라는 지평에서 하나의 세계로 통분하고 있는 것입니다.

ㅊㅅ: 그렇지는 않습니다. 하이데거는 기지의 세계로 통분하고 있지

않습니다. 그에게 강력한 것은 오히려 미지이며, 그 미지가 기지의 세계를 없애 버릴 수도 있다고 봅니다.

ㅂㄷ: 그러면 無를 어떻게 인식합니까?

ㄱㅎ: 인식하는 것이 아니라 그냥 듣는 겁니다.

ㅇㄱ: 언어는 존재의 집이라는 명제도 저는 그렇게 해석해 보고 싶습니다.

ㅂㄷ: 언어가 존재의 집이라는 것은 말이 안 됩니다. 그리고 無를, 미지를 들을 수 있습니까? 그것은 3표에서는 생각할 수 없는 것입니다.

ㅇㄱ: 하이데거도 선생님이 말씀하신 것과 마찬가지로 고전적인 쓰기 방식을 비판하고 있습니다. 그러면서 존재의 부름에 단순히 듣기만 하라는 수동적인 입장을 표명하고 있습니다. 존재에 대해서 전래의 방식처럼 적극적으로 말하지 않는다는 점에서 보면, 선생님의 말씀과 그렇게 차이가 나는 것인지 잘 모르겠습니다.

ㅂㄷ: 물론 비슷한 점을 찾자고 하면 찾을 수도 있을 것입니다. 가령 하이데거의 다가온다고 하는 사상은 여기서 비슷하게 공감할 수 있는 점이 있을 겁니다. 그러나 특화에서 다가오는 것은 결국 無도 아무 것도 아닌 것 [ ]입니다. 그리고 다가온 것은 어떤 메시지도 아니고 [ ]를 향한 붙음살이, 곧 변이와 입몰의 전조일 뿐입니다. 비슷하다고 하는 것들은 지극히 국부적인 접점에서만 비슷할 뿐, 그 핵심의 방향에 있어서는 너무 다릅니다. 하이데거는 굉장히 세련된 철학자의 입장을 대변하는 것이고 나는 무지식의 일반인을 포함해서, 생명 일반의 생태까지 염두에 두고 말하기 때문입니다.

ㅊㅅ: 그렇다면 선생님의 말씀이 오히려 더 큰 지평에 놓일 수도 있다는 생각이 듭니다. 하이데거가 제시한 철학체계가 단지 인간적인 기초 위에서 설명한 데에 불과한 것이라면, 선생님은 일개 인간이 아닌 생명 전체가 공유하는 현상에 대해서 말씀하시기 때문입니다.

ㅂㄷ: 그렇습니다. 또 내가 3표를 이야기하다 보면, 장자의 이야기하고 비슷하다는 말도 많이 듣습니다. 하지만 실은 너무 다른 이야기입니다.

ㄱㅎ: 3표의 타당성은 어떤 일정한 기간 동안 또 인간이 지금 살고 있는 우주의 조건하에서만 인정되는 것입니까, 아니면 어떤 시공간적 상황에서든지 인정될 수 있는 것입니까? 지금 우리가 살고 있는 세계는 수많은 가능세계 가운데 하나일 수 있습니다. 즉 다른 방식으로 구체화될 수 있음에도 불구하고 바로 이런 특정한 방식으로 실현된 세계라는 겁니다. 제 생각에 3표는 일단은 이 특정 세계에 대한 이야기인 것 같습니다. 과연 3표는 이 세계라는 특정조건하에서만 성립하는 것인지, 아니면 다른 가능세계에 대해서도 적용될 수 있는 것인지 묻고 싶습니다.

ㅂㄷ: 우선 물리적 자연을 문제삼는 것에 대한 입장을 말하겠습니다. 사실 물리적 자연까지 포함해서 이야기를 구성하는 것은 현재로서는 그렇게 의미 있는 일이 아니라고 보기 때문에, 그것을 심각하게 고려하지는 않습니다. 그러나 생명 현상이 물리적 자연을 벗어나서 성립하는 것이 아니기 때문에, 물리적 자연을 배경에 두고 고려하는 겁니다. 다음으로 여러 가능한 물리적 조건들에 비추어 3표의 위상을 묻는 질문에 대해서는

이렇게 답하고 싶습니다. 최소한 이러한 물리적 조건이 성립하는 한, 3표는 보편적일 수밖에 없습니다.

ㄱㅎ: 그렇다면 이제 좀 더 내부로 들어가서 질문을 드리겠습니다. 현 조건하에서 가장 보편적인 3표로부터 도대체 어떻게 해서 1표, 2표가 출현할 수 있는 것입니까? 3표가 보다 근원적으로 우리의 삶을 대변하는 양식이라면, 그것에 위배되거나 그것을 왜곡시키는 1표, 2표의 출현에 대해서는 어떻게 보아야 합니까?

ㅂㄷ: 그것은 아마도 우주 전개의 한 짧은 국면, 즉 큰 우주가 흘러가는 곡선의 한 부분일 것이라고 봅니다. 도시문명이 출현한 것은 몇만 년 되었다는 설도 있지만 적어도 우리가 볼 수 있는 증거 하에서는 6천 년 정도 되는데, 그것은 굉장히 극적인 변화입니다. 거의 발명이라고 할 수 있습니다. 그러나 이런 삶의 방식이 출현하기 이전에도 인간은 비할 수 없이 오랜 동안을 살았습니다. 물론 인간의 기원을 어디까지 거슬러가야 하는가에는 여러 설이 있지만 말입니다. 아무튼 인간은 기껏해야 6천 년 사이에 아주 급격하게 도시로 집중하면서 여러 가지 새로운 삶의 제도들을 개척했습니다. 그렇다면 이것은 무엇입니까? 어디에 비유해야 할지 모르겠습니다만, 그것은 오랜 시간의 흐름 가운데서 혹시 마지막의 성취가 될지도 모르는 꽃일 수 있다는 생각이 듭니다.

ㄱㅎ: 단적으로 질문하자면 3표의 지평에서 볼 때 1, 2표는 우연적으로 발생한 것입니까, 아니면 존재사적으로 이미 포함되어 있던 것입니까?

ㅂㄷ: 도시문명이 탄생하고 도시의 철학이 나오는 것은 우연이라고 할 수도 있고 필연이라고 할 수도 있습니다. 그러나 어떤 면

에서 필연적인지를 말하는 것이 중요합니다. 생물의 진화를 보면 현시점에서는 인간이 그 정점에 와 있는 것으로 보입니다. 인간은 자기의식이 있기 때문입니다. 그런 고도의 의식의 발생이라는 것은 아마 물리적 자연, 우주의 전개 가운데서 극적인 현상일 것입니다. 그런데 의식의 발전 경향을 보면 결국은 자기파멸적인 것 같습니다. 의식이 향외와 향내, 확산과 수렴이라는 양극성을 지닌 것처럼 우주의 큰 프로그램에서 보면 지금 형태의 도시문명 그것은 자연의 역사를 마감하는 정점이 아닌가 생각됩니다. 에너지의 흐름을 봐도 고도의 에너지 확산 또 고도의 집중적인 표현이 의식이나 의식의 산물로 나타납니다. 이런 에너지 소모가 계속 직선적인 방향으로 유지될 수 있다고 하는 것은 열역학의 제2법칙에도 어긋나지만, 진화 자체의 방향으로 봐도 보다 복잡한 것으로 갔다가 다시 보다 단순한 것으로 수렴되어야만 우주 자체의 균형 조건 내지 자기충족 조건에 맞지 않느냐는 겁니다.

ㅊㅅ: 선생님은 지금, 우리가 알지 못하는 어떤 자연의 시대로부터 도시의 시대로 오고 그것이 너무 팽창하게 되면 다시 자연의 시대로 가는, 이런 상을 그리고 계시는 겁니까? 지금 선생님의 말씀을 들어보면 단순한 상태에서 그것이 복잡해지다가 다시 단순한 상태로 가게 되는 그런 과정을 말씀하시는 것 같습니다.

ㅂㄷ: 그것에 대해서 내가 하나의 우주의 역사를 서술하듯이 말한다는 것은 월권일 것입니다. 나는 이 3표를 가지고 우주론을 쓰려는 것이 아닙니다. 그러나 참고로 생물학자나 우주물리학자의 이야기를 들어볼 수는 있다고 생각합니다. 나는 다만 하

나의 참고사항으로 自然史를 이야기하는 것입니다. 생물학자의 이야기에 따르면, 인간은 결코 최후의 정점에 있는 것이 아닙니다. 이 상태가 몇만 년, 백만 년 가지는 않는다는 겁니다. 정확히 언제가 될지는 모르겠지만 어느 때에 가서는 모든 고등생물이 단종되고 다시 바이러스나 미생물의 상태로 환원될 것이라는 이야기도 합니다. 또 우주물리학자는 단순점으로 환원된다고 합니다. 에너지가 폭발해서 그 에너지를 갖고 우주가 확장하고 활발한 생산단계에 들어가고 자기의식을 실현하고 그 다음에 수축단계에 들어간다는 겁니다. 물론 이런 이야기들은 참고사항일 따름입니다. 나는 철학자로서 이야기하고자 합니다. 그런데 이렇게는 생각합니다. 철학자는 언제나 당대에 이루어진 지식을 섭렵하고 말하는 것 아닙니까? 플라톤은 플라톤 당대의 온 지식을 토대로 말합니다. 그래서 지금 와서 보면 맞지 않는 말들이 많습니다. 20세기의 우리는 동서양을 통관하면서 이야기할 수 있고 또 이야기해야 하는 의무도 있습니다. 그러나 과거 철학자들과 같은 종류의 실수를 범하지 않으려면, 철학적 담론에 우주론을 포함시켜서 설명하려고 해서는 안 될 것입니다. 내가 철학자로서 말할 수 있는 것은, 현시점에서 볼 때에 이런 여러 가지 삶의 지향하는 表들이 있는데 시간상으로나 그 보편성으로 볼 때에 어떤 것이 더 지속적이고 근본적인 것인지 하는 점입니다.

ㅇㅎ: 제가 보기에 선생님의 3표는 붙음살이하는 삶의 양식과 경험에서 나온 말씀인 듯 싶습니다. 그런데 지금 선생님은 철학자라면 당대의 지식을 섭렵하고 말해야 한다는 말씀도 하셨습니다. 물론 그 말씀은 맞는 말씀이긴 합니다. 그러나 삶의 양

식에 대한 선생님의 개인적인 통찰이나 경험이라는 것과 과학자들의 이론 사이에는 어떤 간극이 있지 않나 생각됩니다. 가령 인간이 단종되고 바이러스의 상태로 간다거나 우주가 팽창했다가 수축한다거나 하는 이야기들은 당대의 지식으로서 섭렵할 수는 있지만 과학의 한 가설일 뿐인데, 선생님이 그런 이야기들을 너무 흡수하시는 것 같습니다. 서구 과학자들의 설명은 언제 어떻게 위기를 맞게 될 지 모르는 것입니다. 또한 선생님께서 늘 말씀하시듯이, 위기의식과 경험에 대해 반성할 수 있는 기회는 그 위기를 초래한 자가 아니라 역사의 주변에서 붙음살이를 해 온 사람에게 있다고 생각됩니다. 따라서 제 생각에는 서구 과학자들의 이야기에 의존하는 것보다는 오히려 붙음살이 양식에 대한 선생님의 고유한 통찰을 바탕으로 논리를 전개하는 것이 더 중요한 것 같습니다.

ㅂㄷ: 그렇습니다. 내가 지금 생물학이나 물리학을 끌어들여서 말하고 있지만 몇십 년, 몇백 년 후에 보면 나는 그런 것에 대해 아무 것도 아닌 말을 했을 겁니다. 또 우리가 본 세계상의 이른바 공통 요소라 할 만한 것이 극소의 부분이기 때문에, 자세히 표현하기도 어렵습니다. 더구나 지금 과학자들의 이야기같은 것은 나의 철학적 입장에 개입이 되지 않습니다. 나는 다만 지금 사람들에게 설명을 하는 과정에서 그런 이야기들을 끌어들인 것뿐입니다. 설명이란 온갖 것을 비유적으로 들 수 있는 것이기 때문에 그런 이야기들이 나오는 것일 뿐, 그런 이야기들에 근거해서 3표를 이끌어내는 것은 결코 아닙니다.

ㅇㅎ: 그러면 다음 말씀을 좀 더 해주셨으면 합니다. 저는 특화라는 것이 잘 이해되지 않습니다.

ㅂㄷ: 사는 데 우리가 물론 類的 지식을 가지고 많이 대응을 합니다. 그런데 어떤 지식의 단계에 들어가지 않은 사람이나 생명 일반의 생태에 대해 생각해봐야 합니다. 그들이 類를 가지고 사는 겁니까? 어떤 위기에 처하거나 대응해야 하는 상황에 처할 경우, 어떻게 행동합니까? 지식이 있는 사람은 이미 정형화된 類를 동원할 겁니다. 그러나 일반 생물은 어떻게 합니까? 특화를 할 수밖에 없습니다. 물론 이미 생물 일반이 가지고 태어나는 것은 類的인 성향이 많습니다. 어떤 경향성이라든가 공통적인 요인이 많습니다. 그러나 대응할 때, 더구나 뛰어난 개체의 경우에는, 어떤 類的인 구분을 의식하거나 거기에 준해서 행동하는 것은 아닙니다. 또 천재의 경우도 그렇습니다. 천재란 대개 인간의 최고의 실현가능성을 보여주고 있는 부류입니다. 그런데 천재에 대한 심리학자의 연구에 따르면, 그들은 어떤 유형을 가지고 문제를 해결하거나 사태를 잡지 않는다고 합니다. 즉 특화하는 것입니다. 우리도 편하고자 할 때에는 類的인 틀을 도식적으로 적용할 수 있습니다. 그러나 정말 위기에 처했을 때에는 그렇게 하지 않습니다. 사건의 상황이란 일회적인 것 아닙니까? 일회적인 것에 대응하는 행위는 역시 일회적일 수밖에 없습니다. 특화하는 것입니다.

ㅇㅎ: 선생님 말씀은 각 개체가 자연환경에 대해 각기 일회적으로 대응하는 것이 특화라는 말씀인 것 같습니다.

ㅂㄷ: 그것이 초기 단계입니다.

ㅇㅎ: 한가지 더 묻고 싶은 것이 있습니다. 선생님께는 3표를 사는 자는 오히려 철학사를 갖고 있지 않은 사람이라고 말씀하셨습니다. 그리고 그들은 철학사를 갖고 있지는 않지만 붙음살

이라는 나름의 양식으로 살아왔다고 하셨습니다. 이 시점에서 그러면 앞으로는 어떻게 해야 하는가의 문제가 제기됩니다. 우리는 붙음살이의 양식을 대변하는 철학사를 써야 하는지, 아니면 오히려 철학사 자체를 쓰지 말아야 하는지가 의문입니다.

ㅂㄷ: 쓸 수 있습니다. 더구나 책임이 있다고도 보아야 합니다. 지금 철학사에 적극적으로 기여하고 있는 민족은 지구상에서 분포를 보면 그 비율이 별로 크지 않습니다. 그러면 그 나머지 사람들은 무엇입니까? 이것이 문제입니다. 그 나머지 사람들이 어떻게 살아왔는지를 대변하지 않는다는 것은 그 나머지 사람들의 생활권에 속한 철학자들의 책임 망각입니다. 그야말로 세계 문화와 역사에 기여하는 바가 전혀 없이 붙음살이를 하는 겁니다. 유목민도 초목지대에서 붙음살이를 할 뿐만 아니라 끊임없이 도시 문명권에 들어가서 붙음살이를 합니다. 지금 문명권에 들어온 다음에도 똑같이 붙음살이를 하는 겁니다. 이런 이야기를 하는 나는 어떻게 보면 순수한 붙음살이를 하는 것도 아닙니다. 내가 서양철학 중국철학을 배워서 그대로 답습하고 이용하면 그만이지, 왜 그 이상을 이야기하겠습니까? 그러나 다른 表의 역사를 가진 이들을 볼 때 이것은 하나의 책임으로 다가오는 것 아닙니까? 이것은 일종의 모순으로 보일 수도 있습니다. 왜 순수한 붙음살이를 하지 않고 자기 것을 찾으려 그러느냐고 말할 수도 있을 겁니다. 그래도 자기를 돌이켜보기 위해 해야 되는 것 아닙니까?

ㅇㅎ: 제가 알기로는 선생님은 문화의 주변부에 위치한 한국사람으로서 우리의 것이 무엇인지를 물어야 했던 경험이 있으셨던

것 같습니다. 또 언젠가 선생님은 서구 사람들의 경험이란 어떻게 보면 굉장히 특이한 경험이며 다른 사람들의 경험이 그것의 여변을 확대할 수 있을 것이라는 말씀도 하셨습니다. 그런데 한편으로 선생님은 붙음살이라는 삶의 양식을 말씀하십니다.

ㅂㄷ: 나는 문제를 단지 우리의 것으로 국한시키고 싶지는 않습니다. 내가 붙음살이를 말하는 것은 자연의 생태라는 보다 보편적인 차원에서 말하는 겁니다.

ㅇㅎ: 제가 문제로 느끼는 점은 선생님은 한편으로는 철학사를 쓰지 않은 사람들의 붙음살이 양식을 삶의 근본 양식으로 보시면서, 다른 한편으로는 붙음살이 양식을 대변하는 철학을 써야 하는 책임감에 대해 말씀하신다는 겁니다. 양자간에는 어떤 간극이 있지 않습니까?

ㅂㄷ: 무슨 간극이 있습니까? 붙음살이를 하는 문화권 내지 영토에 소속해 있는 사람들의 삶의 토대를 위해서는, 우선 그것이 어떠한 바탕 위에 서있는지를 대변해 놓을 필요가 있지 않습니까? 그것을 굳이 붙음살이 양식에 철저하지 못한 모순으로 이해해야 할지는 좀 더 생각해 봐야겠습니다.

ㄱㅎ: 같은 문제를 저는 언어와의 연관성을 통해 말씀드리고 싶습니다. 선생님은 세 가지 표를 제시하시면서 그것을 유형에 대응하는 것으로 풀이하셨습니다. 선생님은 사상이라는 것은 언어의 특성에 대한 자각과 반성의 결실이라고 보시는 것 같습니다. 이를테면 1표와 2표에 속하는 사람들은 각기 굴절어와 고립어의 특성을 자각하고 반성하는 데서 1표의 철학과 2표의 철학을 갖게 된 것이라고 할 수 있겠습니다. 그런데 3표에 대

해서는 어떻게 말할 수 있겠습니까? 3표는 우리를 비롯해서 철학사로써 대변되지 않은 사람들, 나아가 생명 일반의 삶의 양식을 대변하는 것이며, 선생님은 그것을 붙음살이 양식이라고 하셨습니다. 달리 말하면 그것은 우리의 경우 말의 특성에 대한 자각과 반성이 독자적인 철학체계의 결실을 보는 쪽으로 전개되기보다는 붙음살이하는 삶 가운데서 체화되고 있다는 이야기가 될 것입니다. 그런데 지금 선생님은 단지 붙음살이를 하는 것이 아니라 붙음살이 양식을 대변하는 철학을 써야 하는 책임감에 대해 말씀하십니다. 그러나 우리가 한국말을 사용하고 있다고 하는 사실 그 자체가 이미 삶으로써 철학함이 아니겠습니까? 굳이 별도의 철학체계를 구성할 필요가 있습니까? 그러한 구상은 오히려 서양이나 중국의 철학적 이념을 기준으로 하시는 데에서 비롯된 것 아닙니까?

ㅂㄷ: 그렇게 보일 수 있겠습니다. 오늘 발표한 글 제목에다 '붙임'이라고 부제를 달았는데, 거기에는 사실 나의 생각과 글 자체가 붙음살이에 연결되는 계열을 이루는 부분이라고 하는 생각도 있는 겁니다. 여태까지 살며 생각한 것에 대한 붙임입니다. 요즘 포스트모던 유행에서 회자되는 글쓰기 그리고 아리스토텔레스 이후의 논문쓰기라는 것도 모두 유희(놀이)적으로 관념말들을 엮어 나가는 기술일 뿐 반성된 붙음살이의 표현 또는 실현은 아닌 것입니다. 내 뜻은 이렇습니다. 서양사람들이 우리에게 가르쳐준 논문쓰기나 공부체계에 종속되지 않고 자기가 살아온 생각을 마음 가운데서 가려낸다면, 우리말에 고유하게 반영되어 있는 사고와 삶의 양식을 표현할 수 있으리라고 보는 겁니다. 나는 말이 우리의 사고와 삶을 지배한다고 주

장하는 것이 아닙니다. 그런 주장은 관념론적입니다. 다만 말에 반영되어 있는 것처럼 우리의 몸에 또 우리의 생각과 삶 가운데 있는 것을 표현해보자는 것입니다. 왜 굳이 그렇게 해야 하느냐고 자꾸 묻습니다. 우리의 생각과 삶의 양식을 표현하는 것, 단지 그것으로 끝나는 것이겠습니까? 어떻게 보면 철학사에서도 발견이라는 것이 있지 않겠습니까? 이런 삶과 생각이 하나의 표로서 제출되면, 그것을 놓고 다음 세대의 철학자들은 사유의 지평을 넓혀서 더 크게 생각할 것입니다. 1표와 2표의 이야기를 듣고, 내 이야기를 듣고, 그것들이 어떻게 정리되는지를 보면, 그 다음에는 어떤 표가 보다 넓은 비전을 반영하는지 이야기하게 될 것입니다. 적어도 지금 우리 철학자들이 관념적으로 매여 있는 1표, 2표 밖의 다른 모임(무리지음의 사회학), 논리, 형이상학의 가능성이 어디에 있는지를 말할 필요가 있다고 봅니다. 우리가 철학자로서 성실하고자 한다면 이런 자기 삶의 발견을 위해 반성해야 하는 것 아닙니까?

ㅇㄱ: 언어와 사유에 대한 선생님의 입장은 데리다의 입장과 상당히 비슷한 것 같습니다.

ㅂㄷ: 데리다와 차이나는 점이 무엇인가를 묻는다면 대답을 하겠습니다. 내가 보기에는 데리다의 입장도 그 자신이 비판하는 논리중심주의(logocentrisme)에 빠져 있습니다. 기표(signifiant) 밖으로 나갈 수 없다는 것이 무엇입니까? 철두철미한 기호놀이로서의 논리주의 아닙니까? 그가 'différance'라는 말놀이를 통해 논리중심주의 동일철학을 마치 벗어난 듯이 말하는데, 실은 전혀 그렇지 않은 것으로 보입니다. 버클리나 헤겔의 완벽한 관념체계에서 어떻게 벗어났는지? 그의 끝없이 토해내는

말놀이는 결국 또 하나의 논리주의일 뿐입니다. 3표의 철학자에게는 끝없이 토해내는 말의 유희같은 것이 있을 수 없습니다. [그의 말과 생각은 [ ]로 빠져 들어가는 체험에 붙음살이하는 것에 다름없기 때문입니다.]

ㅁㅈ: 선생님은 기생하는 존재에게는 지배권이 없다고 말씀하셨습니다. 저는 선생님의 논변 가운데서 풍기는 지배권이라고 하는 권력의 문제에 대해 질문하고 싶습니다. 제게는 선생님의 말씀이 인간은 접점에서만 엄청난 권력의지를 예감한다는 뜻으로 들립니다. 그러나 단지 미지라는 그 이유만으로 그것을 절대권력으로 상정할 수 있는 겁니까? 우리가 그것에 대해 모른다고 하는 이유만으로 그것에 우위권을 부여한다는 것은 어쩌면 상식에 따라 사는 일상인들에게는 아무 실속도 없는 이야기처럼 들릴 수도 있습니다. 선생님은 일상인들의 입장을 대변하고자 하시지만, 일상인들의 반응이 오히려 이와 같다면, 권력에 대한 선생님의 사변은 반성해 볼 필요가 있지 않겠습니까?

ㅂㄷ: 모든 것을 그렇게 권력의 문제로 해석할 수 있을지 의문입니다. 나는 그런 권력의 문제를 말하는 것이 아닙니다. 미지에 대한 문제의식은 이 글에 나타나 있습니다. 이 글은 아리스토텔레스와 노자의 이야기를 소개하는 데에서 출발하고 있습니다. 흔히 미지라는 것은 특별히 중요하게 고려될 점이 없는 것으로 여겨졌습니다. 그것은 단지 주변에 무의미하게 있는 것으로 보였습니다. 모순을 중요한 문제거리로 본 비트겐슈타인조차 그것을 단지 주변으로 물러나 있도록 처리할 수 있는 것으로 보았습니다.

그러나 단지 그렇게 주변으로 물러나 있을 뿐인 것입니까? 우리가 아는 것에만 시선을 고정시키고 모르는 것에 대해서는 없다고 하거나 단지 모르는 것일 뿐이라고 생각하면 되겠습니까? 오히려 우리가 모르는 것이 언제나 문제가 되어서 우리가 잘 파악하고 있다고 하는 세계가 뒤집히는 것을 많이 보지 않습니까? 이 점에 대해서는 노자나 易을 말하는 사람들이 잘 표현하고 있다고 봅니다. 언제나 주변 또는 이면으로부터 상황이 뒤집히는 겁니다. 기존의 陽化되어 있는 세계가 그 이면으로부터 문제가 생겨 뒤집히는 것 아닙니까? 그러나 나는 역이나 노자의 양식을 말하는 것은 아닙니다. 왜냐하면 그들은 여전히 그 뒤집히는 양식에 대해서 관통하려고 하지만, 나는 그렇게 하지 않기 때문입니다. 여기서 최소한 말할 수 있는 점은, 우리가 '아직 파악하고 있지 못함'이라는 것은 그냥 주변으로 밀어놓기만 하면 되는 것이 아니라, 오히려 그것이 우리의 모든 것을 뒤집어 버린다는 것입니다.

ㄱㄱ: 방금 나온 질문을 확대시켜 보면 이런 질문이 될 것 같습니다. 지배권의 행사자가 바뀌었을 뿐, 지배권은 있는 것 아닙니까?

ㅂㄷ: 무엇이 지배하느냐가 문제입니다. 우리가 무엇을 파악하려고 그럽니까? 세상이 어떻게 되어 있느냐, 어떤 것이 법칙이냐, 또는 어떻게 굴러가고 있느냐, 우리의 운명이 무엇이냐 하는 것 아닙니까? 그 피할 수 없는 것[필연]을 파악하는 것이 문제입니다. 그것을 파악했을 때, 그 지배권을 인정하지 않을 수 있는 겁니까?

ㄱㄱ: 그러나 우리가 그것에 종속될 수밖에 없는 그 지배권에 대해서는 왜 다시 문제삼으면 안 되는 겁니까?

ㅂㄷ: 아닙니다. 나는 문제삼습니다. 그것은 내가 늘 이야기하는 바입니다. 왜 그렇게 되는지를 문제삼습니다. 그러나 그 문제의 차원이 다릅니다. 왜 지배당해야 하는지, 왜 죽어야 하는지 문제삼습니다. 왜 개체라는 것이 세상에 출현하면 그 자체를 지속하려는 운동을 하는지, 왜 세상이라는 것이 강약으로 얽혀 있는지 문제삼습니다. 그러나 그 문제하고, 지금 우주 안의 생태, 인간과 자연, 인간과 [ ], 개체와 [ ] 사이의 관계를 다루는 문제하고는 다른 것입니다. 다른 차원에서 질문할 수는 있습니다.

ㄱㄱ: 이 세상에 태어난 것들은 왜 결국 사라질 수밖에 없는가? 그것의 배후에는 언제나 [ ]가 자리하고 있기 때문이다. 이것이 선생님의 답변 아닙니까?

ㅂㄷ: 아닙니다. 그 문제는 답할 수가 없습니다. 지금 말하는 질문들은 답할 수 없습니다. 종교로 가면, 답을 할 것입니다. 그러나 누가 그것을 이론으로 답할 수 있습니까? 왜 세상은 강약으로 얽혀 있는지, 왜 그 법칙에 복종해야 하는지, 그것을 누가 이론에서 답할 수 있습니까? 그런 문제들에 대해 질문은 던질 수 있지만 답은 할 수 없습니다. [나는 끝없는 물음에 빠져 있고 해답의 근거는 갖고 있지도 믿지도 않습니다.] 내가 개체와 [ ]의 관계를 말하는 것은 그 문제에 답을 하는 것이 아닙니다. 왜 개체는 영원한 지속을 원하는가, 왜 강한 놈이 약한 놈을 지배하고 먹어야 되는가, 그런 질문들에 대해서 개체와 [ ]의 함몰관계를 가지고 어떻게 답할 수 있습니까? 나는 그런 질문을 늘 음미하고는 있지만 3표로써 답변하는 것은 아닙니다.

ㄱㄱ: 선생님은 강약의 차이를 불가피하게 받아들일 수밖에 없는 것

이라고 보시는 것 같습니다.

ㅂㄷ: 주어진 존재의 진리에 대해서 말하는 것과 왜 진리, 우주의 진상이 그렇게 되어 있는지를 묻는 것은 나에게는 현격한 차이가 있습니다. 왜 세상은 강약의 관계로 얽혀 있는지, 그럼에도 개체가 그 자체를 지속하려고 그러는지, 그것은 참으로 나의 머리를 떠나지 않는 물음입니다. [사실, 3표의 세계 인식은 그 피할 수 없는 물음의 논리에 전적으로 의존합니다.] 그 물음들은 언제나 물으면 물을수록 깊이를 알 수 없는 苦스러운 의문이 됩니다. [이 억제할 수 없는 물음의 논리는, 도시문명에서 강요된 해답의 논리에 의존하는 당위와 존재에 관한 철학 체계들을 붕괴시킬 수 있습니다.] 어쨌든 나는 철학의 이론으로 그 해답을 얻으려는 것은 아닙니다. 그 물음은 이렇게 되풀이하다가 언제쯤 혹은 죽은 다음에 답을 얻게 될 것입니다.

ㄱㄴ: 개체는 어떤 것에 붙음살이를 하지만 그것과 하나가 되지 않고 자체로서 영원히 지속되기를 원하기 때문에 끊임없이 저항하고 반항할 수밖에 없는 것 같습니다. 그렇다면 그렇게 저항하고 반항하는 힘이야말로 개체를 지속시켜주는 원동력이라고 할 수 있지 않겠습니까?

ㅂㄷ: 그런 생각을 하는 대표적 인물로 사르트르를 들 수 있을 것입니다. 나도 한때는 사르트르의 저항, 그의 영웅적인 기투정신을 좋아했습니다. 그러나 그것은 결국 서양사람들의 이야기입니다. 곧바로 레비스트로스가 비판했듯이, 그것은 너무 우주적 질서를 간과하는 사람의 이야기이며 서양적 사변 구조와 발전이라고 하는 도식에 매여 있는 것입니다. 그런 평가를 따라서가 아니라 나 역시 크게는 동양인이니 개체가 우주를 향

해 저항한다는 시지프스의 무모함에 의미를 느끼지는 못합니다. 그러나 3표가 굴욕적인 철학은 아닙니다. 징기스칸이나 우리 역사의 빛을 보지 못한 큰 인물들을 보면 알 수 있습니다. 오히려 1, 2표에 비해서 보다 거시적이고 뿌리깊은 [세계 인식과 삶의 가능성을 미래에 기대하고 있습니다.]

ㄱㅈ: 토론이 끝이 없을 것 같은데, 분위기가 좀 바뀔지 모르지만 저녁을 하면서 이야기를 이어갔으면 합니다. 여기 계신 분들이 그렇겠지만, 선생님의 철학은 이제 알았다 싶어서 다시 뵈면 또 저만치 가 계시고 그런 모습이 아닌가 싶습니다.

7

Leibniz as empiricist

8

An empiricist way out

세상에서 부딪치며 겪는 사건 또는 경험, 그것은 [ ]로부터 던져지는 암호에 다름 아니다. 어떤 사건과 경험에 대해 그것이 무엇'이다'라고 그 자체의 같음을 확인할(identify) 수 있는 길이 없다. 사건과 경험을 암호로써 깨치고 풀이할 수 있는 하나의 틀을 형이상학의 사변에서도 과학의 탐구영역에서도 사람들은 찾을 수 없기 때문이다. 주어진 사건과 경험의 시원을 추적하면 할수록 그것은 [ ]로 빠져 들어간다. 사람들이 추적하는 시원은 그 자체에 머물지 않고 쉼 없이 '다름'으로 흘러간다. 그것은 언제나 다름으로 뒤집히며 알 수 없는 연출자의 어떤 구도 안으로 말려든다. 라이프니쯔의 무한분석에서도 어떤 결정론자의 연역주의에서도 그 자체의 같음을 지키며 다름으로, 절대의 다름으로 말려들지 않는 시원의 구도, 하나의 틀을 잡을 수 없다.

영문으로 된 다음 글의 하나는 미국에 유학하던 1967년 대학원생 모임의 세미나에서, 하나는 네덜란드에 머물던 1982년 교수들의 학제간 연구모임에서 토의하며 준비했던 것인데 그때마다 형편없는 미완성에 지나지 않아 기회를 놓치고 있다가 국내에서 그이들의 어떤 논평도 교정도 없이 내놓을 수밖에 없었던 것이다. 다만 사람들이 겪는 사건 또는 경험의 반성, 해석, 비판을 위한 고전적인 거점이 담겨 있으므로 자료로서 여기에 같이 놓는다. (00.8.14)

Leibniz as empiricist
—against Russell's criticism of relation-reducibility

The thesis of this paper has been provoked by Russell's criticism of Leibniz's thesis on the reducibility of relations. I would like to present my view on Russell's criticism as briefly as possible. In the first section a brief restatement of Leibniz's reducibility thesis will be given, and in the second Russell's irreducibility thesis along with Ralph Eaton's will be developed to the effect that Russell's understanding of Leibniz's reducibility thesis does not seem to be adequate and in the third a further implication of Leibniz's view rather shows the same view, i.e. pluralism with respect to relational or phenomenal knowledge, as maintained by Hume or Russell himself.[1)]

i

The starting point in understanding Leibniz's reducibility thesis may be his thought about the nature of monads or substances. The metaphysical principle that all activities of each monad are merely the self-development of the inherent nature of each monad, is understood as following from

1) One cannot be sure that pluralism with respect to relational knowledge be regarded as Russell's earlier view in which "he expressed himself as a Platonic realist." (Elizabeth R. Eames, "The consistency of Russell's realism", ***Philosophy and Phenomenological Research***, Vol. XXVII, No. 4 (1967), p. 505) So Russell, in the following context, is identified with later Russell.

the principle of windowless monads which denies the existence of mutual dependence or influence between monads. Leibniz speaks of the inherent nature of monads or substances:

> [t]hat every individual substance expresses the whole universe in its own manner and that in its full concept is included all its experiences together with all the attendant circumstances and the whole sequence of exterior events.[2)]

This nature of substances being maintained, it naturally follows that, if one knows the full concept of a substance, he will be able to derive from the concept all its subsequent experiences, all its subsequent attendant circumstances and the whole sequence of its exterior events. The derivability nature inherent in substances being considered as the logical antecedent of his reducibility thesis, it seems to be necessary to have it explained further. He says:

> Thus the content of the subject must always include that of the predicate in such a way that if one understands perfectly the concept of the subject, he will know that the predicate appertains to it also.[3)]

---

2) G. Leibniz, ***Discourse on Metaphysics, Correspondence with Arnauld and Monadology***, trans. G. R. Montgomery (La Salle: The Open Court Publishing Co., 1962), p. 14.

3) ***Ibid***., p. 13.

But an epistemological problem arises here with respect to the question whether or not one could understand perfectly the concept of the subject. Leibniz seems to suppose that God's knowledge of the concept of the subject is so perfect that it involves all the predicates derivable from it and their (i.e. predicates') relations with every other predicate derivable from other substances. However, what man knows about the notion of substances is very limited. Knowing all the predicates inherent in every individual substance and all their relations with other predicates in other substances seems to be possible only for God, but not for man. Difference in this capability between man and God is conceived by Leibniz as follows:

> Thus the quality of king, which belonged to Alexander the Great, an abstraction from the subject, is not sufficiently determined to constitute an individual, and does not contain the other qualities of the same subject, nor everything which the idea of this prince includes. God, however, seeing the individual concept, or haecceity, of Alexander, sees there at the same time the basis and the reason of all the predicates which can be truly uttered regarding him; for instance that he will conquer Darius and Porus, even to the point of knowing a priori (and not by experience) whether he died a natural death or by poison,—facts which we can learn only through history.[4)]

Here it seems clear that, while man knows so limited number of qualities

---

4) ***Ibid***., pp. 13-14.

that they are not sufficient to constitute the complete notion of an individual substance and that they do not allow us to derive other qualities related to other substances, God alone is able to know the full concept of every individual substance so that all the predicates and their relations with other predicates can be seen through no matter they are related to the past, to the present or to the future. Consequently, it should be admitted that the reducibility thesis could be practiced only to an extremely limited extent by man.[5)]

Thus Leibniz's reducibility thesis does not mean that we can reduce all relations to the predicates of related substances. With an ideal point of view or God's view, all relations may be reducible. Then, what is the predicament of human knowledge if we can not reach God's intelligence? The answer should be that only relational knowledge may be possible for man. That is, we may only obtain relational, phenomenal, and descriptive knowledge in Humean or any pluralist's sense which denies the possibility of ultimate explanation or reduction. Thus we only observe the pre-established harmony among the predicates of monads. It is, in other words, phenomenal 'present' or 'relations' which we observe. Leibniz describes our observation of the phenomenal relations in another case as follows:

---

5) The distinction in regard to this point was also made by Leibniz as follows: "When we carefully consider the connection of things we see also the possibility of saying that there was [were] always in the soul of Alexander marks of all that had happened to him and evidences of all that would happen to him and traces even of everything which occurs in the universe, although God alone could recognize them all." ***Ibid.***, p. 14.

> According to this system bodies act as if (to suppose the impossible) there were no souls at all, and souls act as if there were no bodies, and yet both body and soul act as if the one were influencing the other.[6]

Relational knowledge exists but may not be the knowledge of ultimate reality. Relational knowledge is our observation of the phenomena of the pre-established harmony or concomitance among the activities of substances. Leibniz's views on relations, reducibility and pre-established harmony are not of separate principles. His views are found as harmoniously interrelated in the following statements:

> … a particular substance never acts upon another particular substance nor is it acted upon by it. That which happens to each one is only the consequence of its complete idea or concept, since this idea already includes all the predicates and expresses the whole universe.[7]

> … and by the intervention of God, the appropriate nature of each substance brings it about that what happens to one corresponds to what happens to all the others, without, however, their acting upon one another directly.[8]

---

6) ***Ibid***., p. 269.
7) ***Ibid***., p. 25.
8) ***Ibid***., p. 23.

ii

In order to examine Russell's rejection of Leibniz's relation-reducibility thesis, it seems to be appropriate firstly to restate what Russell understood by Leibniz's reducibility thesis. Russell quotes from Leibniz's ***New Essays*** that:

> [u]nits are separate, and the understanding gathers them together, however dispersed they may be. Yet, although relations are from the understanding, they are not groundless or unreal. For the primitive understanding is the origin of things; and indeed the reality of all things, simple substances excepted, consists only in the foundation of the perceptions of phenomena in [of] simple substances.[9)]

And Russell immediately adds his interpretation as follows:

> Thus relations and aggregates [for Leibniz] have only a mental truth; the true proposition is one ascribing a predicate to God and to all others who perceive the relation.[10)]

As indicated here, Russell understands Leibniz's reducibility thesis as

9) B. Russell, ***A Critical Exposition of the Philosophy of Leibniz*** (London: George Allen & Unwin Ltd., 1964), p. 14.

10) ***Ibid.***

maintaining that the logical form of a true proposition must be the subject- predicate form, that relations (relational knowledge) are merely dependent upon the understanding of the work of the mind,[11] and that relations are reducible to the subject-predicate form. Russell goes on to interpret Leibniz as follows:

> The only ground for [Leibniz's] denying the independent reality of relations is, that propositions must have a subject and a predicate. If this be so, a proposition without a subject and a predicate must be no proposition, and must be destitute of meaning. But it is just such a proposition which, in the case of numbers, or of relations between monads, God is supposed to see and believe. … then there are propositions which do not have a subject and a predicate. Thus the attempt to reduce relations to predicates of the percipient suffers from one or other of the two defects. Either the percipient is deceived into seeing truth in a meaningless form of words, or there is no reason to suppose the truth dependent upon his perception of it.[12]

His argument against Leibniz's thesis results in maintaining that: a relational proposition is neither reducible to the subject-predicate form nor

---

11) See that Russell states the following. "Thus Leibniz is forced, in order to maintain the subject-predicate doctrine, to the Kantian theory that relations, though veritable, are the work of the mind." ***Ibid.***

12) ***Ibid.***, pp. 14-15.

meaningless form of words, but it is irreducible, meaningful, and universal form of proposition, whose truth does not depend upon the percipient's understanding. But it is evident that Russell's irreducibility thesis eventually is dependent upon the recent discovery of the unique status of relations in logical studies. Consequently, we find that Russell's irreducibility thesis is not dealing with the problem of metaphysics; his thesis has been shifted to the problem of logical form of proposition. He tries to prove that the logical form of relations can not be reduced to the subject-predicate form. His argument goes as follows:

> But when we come to asymmetrical relations, such as before and after, greater and less, etc. the attempt to reduce them to properties becomes obviously impossible. … but to say that when one thing is *greater* than another, and not merely unequal to it, that means that they have different magnitudes, …. Thus mere *difference* of magnitude is not *all* that is involved, since, if it were, there would be no difference between one thing being greater than another, and the other being greater than the one. We shall have to say that the one magnitude is *greater* than the *other*, and thus we shall have failed to get rid of the relation 'greater'.[13]

Following Russell, Ralph Eaton also tries to critically examine the relation-reducibility thesis. Eaton says:

---

13) B. Russell, ***Our Knowledge of the External World*** (London: George Allen & Unwin, 1949), pp. 58-59.

> The view that relations are predicates may lead to a metaphysics like Leibniz's: reality consists of an infinity of distinct, unrelated subjects with predicates, windowless monads unfolding from within in proud isolation; . . . .[14]

But Eaton's understanding of the reducibility thesis goes as follows:

> 'Brutus killed Caesar' treated as a subject-predicate proposition would affirm the so-called attribute 'killed Caesar' of the subject 'Brutus'. Obviously, 'Caesar'—a substantive on exactly the same footing as 'Brutus'—is an essential element in this 'relational attribute'. A strange attribute, one that necessarily involves a reference to a substantive other than the subject of which it is predicated! Is 'Caesar' as well as the 'killing' which was directed toward him also an attribute?[15]

It is very hard to understand how Leibniz's reducibility thesis could ever be interpreted this way. When Leibniz says that a relational proposition (e.g. 'Brutus killed Caesar') can be reduced to the predicates of the complete notion of related substances, does he mean that the relational proposition should be divided into two parts, that is, the subject 'Brutus' and the predicate 'killed Caesar'? Russell's or Eaton's attempt to understand Leibniz's reducibility thesis from the logically irrelevant point of view

---

14) Ralph M. Eaton, ***General Logic*** (New York: Charles Scribner's Sons, 1959), p. 56.
15) ***Ibid***., p. 53.

seems to cause complete misunderstanding. Modern defenders of Leibniz, as Eaton recognizes, understand quite well that the discovery of relational logic has much contributed to "freeing logic from its bondage to the Aristotelian"[16] predicational logic. But when Eaton says that "the attempt to reduce a relational proposition to the subject-predicate form, or a subject-predicate proposition to the relational form, only results in fruitless verbal manipulations,"[17] it should be understood that this new logical interpretation cannot be employed in criticizing Leibniz's view.

iii

As indicated at the beginning of the previous section, Russell's argument against Leibniz's reducibility thesis is based upon his understanding of Leibniz's view of logic. According to Russell's understanding, Leibniz is regarded to hold that every true proposition should be in the subject-predicate form, and, therefore, the knowledge of relational proposition is meaningless, unreal, and merely dependent upon the mental work. And being based upon this conception of relational proposition, Russell holds, Leibniz's reducibility thesis, eventually his monism, is untenable. Against Russell's argument, I may try primarily to show two points:

---

16) ***Ibid.***, p. 54.
17) ***Ibid.***, p. 52.

A. Leibniz's reducibility thesis is not intended to deny the existence of abstract, logical relations or relational knowledge; it is intended only to deny the existence of metaphysical relations, i.e. relations of mutual influence, and

B. Leibniz's reducibility thesis, however, as its logical implication, results in the phenomenalistic pluralism on the part of human knowledge.

A

Russell or Eaton deals with 'relations' in the sense that they are abstracted from any concrete terms or objects, or in the sense that a given relation is regarded to hold between many different pairs of abstract terms. For example, the relation of 'killed' holds between different pairs of terms like 'Brutus killed Caesar', 'Oswald killed Kennedy', and so on. But Russell' s view of abstract or formal relations does not contain any point relevant to Leibniz's view of relations. Leibniz is not interested in defending the reducibility or unreality of the abstract or formal logical relations. He is only talking about every concrete relation as it exists between real objects of the world. And he denies the existence of mutual dependence between objects and insists that the relation between objects, which are usually regarded as mutually dependent upon one another, is merely the pre-established correspondence of the activities or independently unfolding sequences of related individual substances. For example, God sees the relational proposition that "he [Alexander] will conquer Darius and Porus"[18] inherent in or flowing from the full concept of the individual monad Alexander.

Thus Leibniz's reducibility thesis is not concerned with the abstract, logical form of relations which lacks historical concreteness. There is no possibility in Leibniz's thesis which justifies Russell in interpreting Leibniz as maintaining that relations be treated as a logical matter abstracted from the metaphysical context.

Professor Rescher's interpretation of Leibniz also seems to lack the understanding of historical or temporal dimension in Leibniz's reducibility thesis. This lack of understanding seems to me to be the reason for which he is forced to accept the irreducibility of some relations for example, "such spatial relation as 'being to the left (or to the right) of.'"[19] But the relation expressed in, e.g. 'A is to the left of B' should be reducible to the predicates of A and B at a specific historical moment. It should be possible for God to determine, by referring to the complete notion of A, that A will be to the left of B at some specific moment, or, by referring to the complete notion of B, that B will be to the right of A at some specific moment.

In Russell's view, however, Leibniz is assumed as denying the reality of relations.[20] Leibniz's contention that there is no mutual dependence between substances does not at all mean that there can be no relational

---

18) G. Leibniz, ***op. cit.***, p. 14.

19) Nicholas Rescher, ***The Philosophy of Leibniz*** (New Jersey: Prentice-Hall, 1967), p. 73.

20) See B. Russell, ***A Critical Exposition of the Philosophy of Leibniz***, p. 15. "But his assumption of a plurality of substances made the denial of relations peculiarly difficult, ⋯."

knowledge in terms of human understanding. Leibniz does not simply deny the reality of relations. He accepts that relations may be said to exist between objects as in the case that we observe A causes B, or A killed B, or A is prior to B. But the knowledge of these relations is not founded on metaphysical reality, but on our observation of phenomenal concomitance. It is very clear in Leibniz's view that relations are the pre-established concomitance or harmony between the independently unfolding states or predicates of different substances, A and B, at a specific moment.

Consequently, it is reasonable for Leibniz to maintain the reducibility of concomitant phenomena, i.e. relations to the predicates of related substances, and consider, without denying the existence of the relations, they are not the object of ultimate knowledge. Two objects in a concomitant relation are not actually interacting or influencing each other but simply appear to be mutually related to each other due to the pre-established concomitance among substances. Accordingly, we surely observe relations as existing between objects in the world. Leibniz clearly explains the status of relations as follows:

> However, although relations are the work of the understanding they are not baseless or unreal. The primordial understanding is the source of things; and the very reality of all things other than simple substances consists only in there being a foundation for the perceptions or phenomena of simple substances.[21)]

It is evident, then, that Leibniz does not deny the existence of relational knowledge, and that the relational knowledge is not regarded as groundless or unreal. But, at the same time, it is true that the relational knowledge is not regarded as resulting from the reality of mutual dependence but from the apparent concomitant phenomena of the predicates of related substances due to the pre-established harmony.

B

Russell expressed his position as "Revolt into Pluralism" when he rejected Leibniz's view on relations.[22] In my interpretation, however, Leibniz is equally qualified as a pluralist. In regard to human knowledge of the empirical world, Leibniz, Hume and Russell can be interpreted as retaining approximately the same point, i.e. pluralistic or atomistic phenomenalism. As mentioned above in discussing Leibniz's view, it is evident that, in God's view, all relational phenomena can be reduced to the predicates of related substances because God comprehends all the activities or the predicates inherent in the complete notion of individual substances. Leibniz says:

God, however, seeing the individual concept, or haecceity, of Alexander,

21) G. Leibniz, ***New Essays on Human Understanding***, trans. P. Remnant & J. Bennett (Cambridge: Cambridge University Press, 1981), p. 145.

22) B. Russell, ***My Philosophical Development*** (New York: Simon & Schuster, 1959), pp. 54-55.

> sees there at the same time the basis and the reason of all the predicates which can be truly uttered regarding him; ….[23]

But, man not being allowed to comprehend all the predicates inherent in the complete notion of substances, our knowledge is severely limited to pluralistic relations of phenomena. Leibniz explicitly holds this point as follows:

> In contingent truth, however, though the predicate inheres in the subject, we can never demonstrate this, nor can the proposition ever be reduced to an equation or an identity, but *the analysis proceeds to infinity*, only God being able to see, not the end of the analysis indeed, since there is no end, but the nexus of terms or the inclusion of the predicate in the subject, since he sees everything which is in the series.[24] (Italics mine)

As shown in the above passage, Leibniz recognizes different degrees of the reducibility respectively in God's view and in man's view by saying that: "though the predicate inheres in the subject, we can never demonstrate this, nor can the proposition ever be reduced to an equation or an identity, …."[25] Russell himself understood this point in Leibniz when he said that:

---

23) G. Leibniz, ***Discourse on Metaphysics, Correspondence with Arnauld and Monadology***, p. 14.

24) G. Leibniz, ***Philosophical Papers and Letters***, ed. L. E. Loemker, 2nd ed. (Dordrecht, Holland: D. Reidel Publishing Co., 1969), p. 265.

25) ***Ibid.***

> The truth which we call contingent are, according to him, those in which the subject is infinitely complex, and only an infinitely prolonged analysis can show that the predicate is contained in the subject. Every substance is infinitely complex for it has relations to every other, …. It follows that "every singular substance involves the whole universe in its perfect notion." (Opuscules, p. 521) For us, accordingly, propositions about particular substances are *only empirically discoverable; but to God*, who can grasp the infinite, they are as analytic as the proposition 'equilateral triangles are triangles.'[26] (Italics mine)

Then, "only an infinitely prolonged analysis" being able to accomplish the reducibility thesis, what is to be accomplished for the limited condition of our knowledge? As Russell rightly explained Leibniz's view, "[f]or us, accordingly, propositions about particular substances are only empirically discoverable."[27] From this, there necessarily follows my interpretation of Leibniz as retaining the position of pluralistic phenomenalism in so far as it is concerned with human knowledge.

According to this interpretation, Leibniz's reducibility thesis can be regarded as consistent with his pluralistic view on human knowledge because we are not very much able to go beyond the knowledge of concomitant or compossible relations. The reduction of the concomitant or compossible relations to the predicates of related substances can not be fully

---

26) B. Russell, ***A Critical Exposition of the Philosophy of Leibniz***, p. vii.

27) ***Ibid.***

accomplished in man's view. Thus the relations which seem to us to exist among objects should be accepted as basic data of human knowledge of the world. As indicated by Leibniz's explanation that:

> … the quality of king, which belonged to Alexander the Great, an abstraction from the subject, is not sufficiently determined to constitute an individual, and does not contain the other qualities of the same subject, ….[28]

our knowledge is confined to concomitant discrete phenomenal qualities which are infinitely spread through time and space, and our knowledge of one quality of a subject does not imply the knowledge of other qualities of the same subject or its relations with other qualities. In other words, one specific characteristic of an individual can not help us to derive other characteristic qualities or expressions of the same individual or other individuals.

This contention seems to give birth to an important principle: that is, one quality which we observe in phenomena cannot be intrinsically related with other observed qualities. And this principle seems to be consistent with his other principles, i.e. the windowlessness of monads and the relation-reducibility thesis. With his principle of windowless monads, it is reasonable for Leibniz in proposing that the metaphysical status of

---

28) G. Leibniz, ***Discourse on Metaphysics, Correspondence with Arnauld and Monadology***, p. 13.

relations, i.e. mutual dependence between monads or substances be denied, and, therefore, that relational knowledge should be empirically established.

Thus the following statement is a provable thesis: the principle that mutual relations between two qualities are not inherent in either quality and that *the concomitant or compossible relations* are empirically established by means of observation had been embedded in Leibniz's philosophy before Hume and Russell explicitly maintained it. Leibniz held pluralism with respect to relational knowledge in the almost same sense which Russell meant when he said that:

> … the universe is all spots and jumps, without unity, without continuity, without coherence or orderliness or any of the other properties that governesses love.[29]

Leibniz's pluralism intends that there be no mutual dependence between observed qualities of related objects and that we are given no reason to attribute to an object an action upon another object. This contention is not different from Hume's atomistic pluralism as expressed in his assertion that:

> It is allowed on all hands that there is no known connection between the sensible qualities and the secret powers, and, consequently, that the mind is not led to form such a conclusion concerning their constant and regular

29) B. Russell, ***The Scientific Outlook*** (New York: W. W. Norton & Co., 1962), p. 95.

> conjunction by anything which it knows of their nature.[30)]

Leibniz's pluralism, however, can be claimed to be more fruitful than Hume's in view of what modern philosophers of science hold about the structure of scientific laws. For, as Professor Hampshire indicates:

> Hume was concerned only with causal laws, but Leibniz is concerned with *functional* laws—laws, that is, that state not what causes what, but what precise mathematical relation relates variations in one thing with variations in another; ….[31)]

Leibniz's pluralism is most meaningfully stated as follows in his ***Discourse on Metaphysics***:

> … let us suppose for example that someone jots down a quantity of points upon a sheet of paper helter skelter, … now I say that it is possible to find a geometrical line whose concept shall be uniform and constant, that is, in accordance with a certain formula, and which line at the same time shall pass through all of those points, and in the same order in which the hand jotted them down; also if a continuous line be traced, which is now

---

30) D. Hume, ***An Inquiry Concerning Human Understanding*** (New York: The Liberal Arts Press, 1955), pp. 47-48.

31) Stuart Hampshire, ***The Age of Reason*** (New York: The New American Library, 1962), p. 151.

straight, now circular, and now of any other description, it is possible to find a mental equivalent, a formula or an equation common to all the points of this line by virtue of which formula the changes … must occur.[32)]

In my view, Leibniz's pluralism is most meaningful even in a modern sense, in implying that it may be possible for us to find an infinite number of relations between any two or more objects according to our different viewpoints or interests. For there is no inherent mutual dependence between any two monads but every monad is pre-established *by the condition of compossibility* to reflect all other monads from its standpoint. This interpretation is justified in view of the pre-established harmony or compossibility among individual monads and independently unfolding series of the predicates of each monad.

If we take an example of relations between Brutus and Caesar, we will be able to observe various relations which exist between two persons while the original notions of the individual monads are being unfolded independently: for example, Brutus gets acquainted with Caesar, Brutus is enthusiastic for Caesar, Brutus becomes suspicious of Caesar, Brutus kills Caesar, etc. each of which may be described respectively in $Y=f(X)$, $Y=g(X)$, $Y=h(X)$, $Y=k(X)$, etc. If our example is concerned with two things called X and Y, we would be able to find the geometrical,

32) Philip P. Wiener, ***Leibniz: Selections*** (New York: Charles Scribner's Sons, 1951), p. 297

electromagnetic or chemical relations between X and Y variably expressed in Y=f(X) according to the standpoint of our interest. And these two related terms X and Y may be any two objects in the world. Or, if we take an example of multiple relations of an object to every other object, these may be described in an infinite set of relations, e.g. $Y=a(X_1)$, $Y=b(X_2)$, $Y=c(X_3)$, etc. This interpretation can be clearly understood when we consider the modern mathematical concept of establishing correlation or correspondence between any two groups of phenomena.[33]

In proposing this principle, Leibniz is expressing a modern view that scientific laws, i.e. laws of functional relations, are human inventions or discoveries constructed out of inherently unrelated data of observation. It is critically important to notice that Leibniz agrees with Hume in that there is no reason to suppose any inherent, mutual influence between X and Y. The laws of functional relations which exist between them are merely the laws of contingent concomitance. But Leibniz differs from Hume in saying that contingent, concomitant relations are due to God's pre-established harmony, whose sufficient explanation or reason could be disclosed only by *an infinitely regressive analysis*.

My thesis against Russell's formal logical interpretation of Leibniz'

---

33) "Now this establishment of correspondence between two aggregates and investigation of the propositions that are carried over by the correspondence may be called the central idea of modern mathematics." W. K. Clifford, ***Philosophy of the Pure Sciences: Lectures and Essays***, Vol. I (London, 1901), p. 402, quoted in Robert E. Moritz, ***On Mathematics and Mathematicians*** (New York: Dover Publications, 1958), p. 116.

s relation-reducibility has been completed in this last section. The first part of the thesis has resulted in that Leibniz's view on relational knowledge cannot be interpreted as relating the true logical form of propositions and that his relation-reducibility thesis does not imply denying the existence of relational knowledge. The second part of it has intended to develop a new thesis that, even though phenomenal pluralism is not explicitly stated in Leibniz's system, it is implicitly embedded in the system so that it can be stated as an implication of his principle of windowless monads or relation-reducibility thesis. Thus I have tried to show that Russell's understanding of Leibniz's thesis was not adequate in both respects. I have found that Leibniz had much the same idea as Hume's or Russell's or any other pluralist's about our knowledge of the empirical world and its scientific expressions.[34)]
(1975) (00.7.30)

34) While developing this thesis, I have found that professor Rescher's interpretation of Leibniz's view on human knowledge is very consistent with my interpretation of Leibniz's relation-reducibility thesis: "Leibniz leaves no room for doubt that on the side of *human* epistemology, he is a strict empiricist; the detailed content of an empirical science must be obtained through experiment by *observation*." Nicholas Rescher, ***op. cit***., p. 131.

An empiricist way out
—of a linear, deductivist, determinist model of the world

Anomalies and alienations are observed that have been left out on the outside of our extended domain. However extensively it may have been reformulated, no coherent domain has ever been proved to be free of anomalies and alienations. Every scientifically or intelligently constructed domain of our world has been found invalidated. Certainly, this or that anomaly could be included in or excluded from the revised constitution of the domain by introducing auxiliary amendments or manoeuvring the basic commitments. The shape of anomalies or alien elements, that is to say, is a dependent variable of the postulates or axioms set which one is set to develop and preserve in relation to his environment.

The unfolding process of the basic postulates or commitments one is to follow can be shown to bring about three patterns depending on its transitory relation with possibilities or anomalies it lays out. (1) The first pattern of the process is seen as potentiality fulfillment. Potentialities are given within the domain of the axioms set. The newness in the process is brought about as the derivative outcome of the axioms set. (2) The second pattern of the process is maintained by the activity of identity preservation, which is geared to absorbing from outside the only elements that are congruous and compatible with the axioms set. Here, the alien elements play the main role for bringing about the newness in the process, which in turn does not destroy but help maintain the identity of the axioms set one is determined to preserve.

The first two patterns of the process suggest that their essential feature consists of a series of continuous and linear sequences, i.e. a deductively non-contradictory domain, deriving from or congruent with the axioms set. That is, every newness brought about from within or without in these processes of development could be integrated within the coherent domain of the committed axioms set.

i

But within the deductively derived domain of any axioms set one may not be able to observe what Whitehead would call the organically evolving, i.e. prehensive process of development. In the view of Whitehead, the deductively derived domain appears too abstract and static to represent the growing process. This growing process, i.e. the passage from the state of less complex organism to the state of more complex one, in his words, is not "a mere linear procession of discrete entities."[1] He illustrates in regard to the transitional relation between the successive states, e.g. *B* and *C* that:

> what is transmitted to *C* is the complete pattern of aspects derived from such events as *B*. These complete patterns include the influence of the environment on *B*, and on the other antecedent parts of the life of the object. Thus the complete aspects of the antecedent life are inherited as

---

1) A. N. Whitehead, ***Science and the Modern World*** (Mentor Books, 1925), p. 88.

the partial pattern ⋯.[2]

Such successive states of development are taken as steps towards a realization in which "every location involves an aspect of itself in every other location. Thus every spatio-temporal standpoint mirrors the world."[3] So there always rises a more complex and prehensive pattern of organization into which an antecedent, less complex and less prehensive pattern dissolves by its unfolding transition beyond itself. It is not a mere deductively unfolding process but an ever-growing process of concretion. Each of successive states must be seen, therefore, as tentative and "isolated as within the universe."[4] Each successive state thus exhibits itself as a process of concretion; its process consists in overcoming in the subsequent state the abstractedness of its antecedent state.

By such proposal, Whitehead made an important advance in the critique of the model of the abstract procession of development. He undoubtedly concedes that the unique achievement of mathematical deduction lies in its capacity for dealing with abstractions, the method of which has been present from the very beginning of European philosophical and scientific analysis of the changing process. Despite its advantage and technical superiority, however, he regarded such abstractions as a major source of fallacy and as an object of philosophical criticism. In this critique

---

2) ***Ibid***., pp. 102-103.

3) ***Ibid***., p. 87.

4) ***Ibid***., p. 48.

of abstractions an attempt is made to reverse the procedure of abstraction which consists in search for the abstract, isolated entities and their deductively constructed domain by "assigning to them their right relative status as abstractions, ... completing them ... with more concrete intuitions of the universe."[5]

What makes the Whiteheadean view of unfolding process appear unrealistic despite of all his realistic attempt? He does not take into account that his non-deductive, non-mechanistic progression, i.e. the evolving process of concretion, can be catastrophic; such evolving progression shall involve the disruptive and violent stage in meeting the ever-present threat from the alien source of precarious and contingent nature. The indubitable existence of the disruptive and violent state in certain stage of unfolding must be assumed by the third pattern.

ii

The series of successive states in normal unfolding, however, may agree with the deductive proceeding, i.e. the working out of theorems and corollaries, deriving from the given set of postulates and commitments. The indefinitely large set of future possibilities lies within the deductive domain laid down by the axioms set. But "[t]he unstable period we may identify," so proposes Feibleman, "with the time of troubles, a period of violent change in a civilization when old doctrines are refuted and new

5) ***Ibid***., p. 83.

axioms adopted."[6] Accordingly, a given set of axioms and commitments itself has to be modified or restructured intermittently when the unstable and disruptive period comes. Put in brief, the consolidation phase deriving from the consistent and continued working out of theorems and corollaries is often superseded by the wavering phase, in which the deductive domain is met by disruptive anomalies. (3) The third pattern of unfolding process does involve a stage of *identity crisis*. Confronted with the alien elements that are anomalous as well as repellent and antagonistic to the established domain, the axioms or commitments set must give way to the identity shift or *the dead end of its own identity*. The crucial aspect of this unfolding lies in the impending crisis and the consequent transformation, displacement or death.

The more systematically the lines of continued and deductive sequence are developed and consolidated, the more extensively the field of anomalies or non-linear sequences seems to be suppressed and disregarded. Such disruptive aspects should be seen as occurring in an unexpected intersection or interference from outside the domain.

Any two lines of causal series may run independently of each other. But a catastrophic intersection could occur when the separate lines of causal series meet each other. It is a matter of chance at which moment such an intersection occurs. Chaos, according to Feibleman, may be constructed by "the sum of all orders, the matrix from which particular orders are

---

6) J. K. Feibleman, ***Assumptions of Grand Logics*** (The Hague: Matinus Nijhoff, 1979), p. 271.

derived."[7] He pictures such matrix, i.e. the mixture of orders, as a disorderly world of chance. Referring to A. Cournot and Russell, he attributes the disorderly world of chance to the behavior manner of each independent causal series, namely to "every possible permutation and combination among the many series each of which operates *in complete independence* of the others."[8] (Italics mine)

In his analysis of the matrix picture of the world, he takes it necessary to assume the existence of separate lines of causal series. Is it appropriate to assume the matrix of the world as the mixed domain of separate and linear sequences independent of each other? One may raise the doubt about the possibility of relations of influence, causal or otherwise, to be transmitted through the *pipeline*, i.e. each separate and independent line of causal series. But it remains to be seen whether such relations of influence as *winds* and *waves* maintain separate and independent lines isolated from each other.

Whoever contemplates the existence of such separate and independent lines of influence shall be inclined to understand things and events in terms of causal series formulated in the laws of deductive nature. For the separate and independent lines of influence must be based upon the linear sequence of relation between antecedent and consequent. The pipeline model of the world may also have played a determining role in the development of the deductive system of empirical sciences, which in turn has eliminated the possibility of developing the winds-or-waves-like model of the laws of

---

7) ***Ibid***., p. 248.

8) ***Ibid***., p. 247.

nature.

'Nothing happens without the cause-effect relation.' That was an illuminating picture of the world for those who had to start from somewhere. But no part of reality that we confront may be imagined to be in agreement with such pipeline system of influence or the separate lines of cause-effect sequence. A statistician may not assume the existence of the pipeline system in his attempt to interpret the shape of the world. Solomon Diamond states in ***The World of Probability*** thus:

> ··· the scientist is trying to measure the influence of *X*, or of *X* and *Y*, or even of *X*, *Y*, and *Z*. But there is a definite limit to the number of things he can take into account. Unfortunately, he is not able to prevent the simultaneous influence of still other factors, ···.[9]

Our coherent picture of the world in the pattern of cause-effect sequence is always disturbed by the 'still other factors', most of which one cannot possibly detect at the same moment. Even the most comprehensive human mind, simply for the reason of not being omnipotent, would not be able to capture other possible accidental factors which might intersect the course of an event's unfolding under investigation. So Diamond continues: "Everyone knows that accidents upset the most careful designs of mice, men, and scientists."[10]

---

9) Solomon Diamond, ***The World of Probability*** (N.Y.: Basic Books, 1964), p. 3.
10) ***Ibid***., p. 4.

It is certain that whatever measure we may design it cannot be extended to measure the complete domain of the working of accidental factors. It could only select some temporarily isolated aspects of the domain. So tentative and abstract is the pipeline segment of the domain of the cause-effect sequence while infinite and complicated is the non-pipeline part of the domain, i.e. the anomalous world of intersection.

iii

Some difficulties in the construction of the deductive domain of cause- effect sequences have been raised by Leibniz with his concept of pre-established harmony and by Hume with his principle of habitual association. According to the philosophers, A can be connected to B or to every other possible object as well, with no intrinsic, necessary, deductive relation between them. Thus no unfolding sequences are deductive but arbitrary; they are empirically or habitually established. Hence, the thesis that everything can be connected to everything else.

Hume may be understood as denying the ontological status to the connectedness of cause-effect sequence when he states: "There is no object, which implies the existence of any other."[11] "It is always conceivable," Hume is interpreted, "that X should produce Z rather than Y; hence X does not imply Y."[12] Such conceivability of a shift in the order of causal sequence

11) D. Hume, ***A Treatise of Human Nature***, ed. L. A. Selby-Bigge (Oxford, 1888), p. 86.

suggests the inevitable appearance of the domain of non-pipeline or non-linear sequence. The non-pipeline, non-linear domain of influence, i.e. the domain of intersection, however chaotic it may appear, is an infinitely complicated and fertile matrix, from which the pipeline, linear order of sequence of events can be temporarily or superficially abstracted and isolated.

Leibniz's concept of pre-established harmony comes from his thesis about windowless monads that all activities of every monad are derived from the inherent nature of the monad, i.e. the substance. "[T]he nature of an individual substance," in the view of Leibniz, is "so complete that the concept shall be sufficient for the understanding of it and for the deduction of all the predicates of which the substance is or may become the subject."[13] This nature of substance being proposed, it naturally follows that, if one knows the full concept of a substance, he will be able to deduce from the concept all its subsequent occurrences, with their attendant circumstances.

"[T]hough the predicate inheres in the subject," however, Leibniz concedes in a discussion of contingent truth, "we can never demonstrate this, nor can the proposition ever be reduced to an equation or an identity, but the analysis proceeds to infinity, only God being able to see, ..."[14]

---

12) John Passmore, ***Hume's Intentions***, 3rd ed. (London: Duckworth, 1980), p. 36.

13) G. Leibniz, ***Discourse on Metaphysics, Correspondence with Arnauld and Monadology***, trans. G. R. Montgomery (La Salle: The Open Court Publishing Co., 1962), p. 13.

14) G. Leibniz, ***Philosophical Papers and Letters***, ed. L. E. Loemker, 2nd ed. (Dordrecht, Holland: D. Reidel Publishing Co., 1969), p. 265.

Thus, with the notion of windowless monad, Leibniz seems consistent in denying the ontological status to relations, i.e. relations of deductive dependence inherent between monads or their qualities or predicates, and, therefore, all relational knowledge about the world should be observationally established. That apparent relations of dependence or influence between two qualities are not inherent in either quality but merely observed as phenomenal had already been implicit in Leibniz's thought.

Such implications made explicit, Leibniz is seen in agreement with a recent interpretation that scientifically known relations are conventions humanly constructed out of independently observed data. It is important to notice that Leibniz and Hume are in the same standpoint meaning that there is no necessary, inherent, and unbreakable relation of dependence or influence between observed objects X and Y. Any observed relations which are established are mere relations of contingent concomitance, ever being subject to *break*, *shift*, *reversal*, etc.

What do Hume and Leibniz have in common? Implicit in their different outlooks, it is a shared position for challenging the Galileo-Descartes-Newton assumption that their science describe the inherent laws of nature in a mathematical, deductive manner. It is that Leibniz and Hume criticize the rigidity of the pipeline, deductive system of causal influence relation as applied to the empirical science. Such criticism may be understood as suggesting the possibility of the existence of a different domain of relations, namely the non-pipeline, non-deductive domain.

iv

There have been various approaches that have tried to recognize the system of interaction taking into account the tendency of break, shift, or reversal, disrupting the linear, deductive sequence of unfolding. One of the recent studies of possibilities of the non-pipeline model of unfolding, has presented *catastrophe theory*. Catastrophe theory has been advanced by Rene Thom as a response to what Woodcock and Davis describe as the one-sided view of change which has dominated three hundred years of modern science that:

> mathematical principles [underlying modern science] are ideally suited to analyse … *smooth*, continuous, quantitative change: the smoothly curving paths of planets around the sun, the continuously varying pressure of a gas as it is heated and cooled, ….[15]

The model of smooth and continuous paths may greatly help the scientist in trying "to remove the indeterminacy and thus to predict the future."[16]

Such limited but convenient means of description is needed because "[t]he experimenter cannot observe all the universe at once but … is compelled to isolate a subsystem *S* which is relatively independent of the

---

15) A. Woodcock and M. Davis, ***Catastrophe Theory*** (Penguin Books, 1980), p. 9.

16) Rene Thom, ***Structural Stability and Morphogenesis*** (Reading, Mass.: W. A. Benjamin, Inc., 1975), p. 2.

rest of the universe."[17] And the stable and smooth function of an isolated subsystem has to be assumed, Thom may concede, to be implicit in every partial system of the universe. This subsystem, according to him, may involve a process of evolution which can be described within a formal system *P* in brief as follows:

> (1) Each state *A* of the phenomenological process under consideration can be parameterized by a set of propositions *a* of the formal system *P*. (2) If, in the course of time, state *A* is transformed into state *B*, then *B* can be parameterized by a set *b* of *P* such that *b* can be deduced from *a* in *P*.[18]

It is such deductive and continuous unfolding of an axiomatic system, in which most scientists and others attempt to conceive the model of changing process in nature. While such logical procedure can describe some structurally stable segment of the universe, however, it is isolated by a boundary which implies a discontinued relation with its total environment. That is, any stable local system is yet subject to a constant intersection of unknown and unpredictable factors, which may lie outside a series of closed sets *a*, *b*, *c*, … of the axiomatic system *P*.

This local subsystem has to be regarded as tentatively stable and independent of the perturbing influence of the environment. And Thom has accused the classic mathematical description of such subsystems, e.g.

---

17) ***Ibid.***, p. 15.

18) ***Ibid.***, p. 2.

the differential calculus, of its ignorance of the aspect, to which every local subsystem is exposed in the sequence of its passage to the global structure of the environment. The classic means of mathematical description has only concerned itself with the relatively isolated segment of the universe, i.e. the locally conditioned determinism, which in fact is constantly disrupted by the non-continuous, non-linear, and anomalous residue of the universe. Catastrophe theory is to be understood as an attempt to convey the intuitive comprehension of an intricate texture of reality, whose transitional discontinuity is extending far beyond the determinable and formalizable: catastrophe theory is, in Thom's words, "the best means to approach the action of chance, … to formalize the unformalizable."[19)]

V

After centuries of experiment with the pipeline formalization, i.e. the rigorously constructed subuniverse of continuity and consistency, various models are being tried in the West to take into account what has been disregarded or rejected as the anomalous or the unformalizable. But it has become evident that the total picture of the universe cannot be captured without reconsidering what has been to most of us merely a disorderly or anomalous aspect, a fallacious phenomenon which most have thought does not exist in reality. The total flux of unfolding sequences, therefore, embraces the intermittent states of intersection, which is being effected by

---

19) ***Ibid***., p. 323.

alternate tendencies of the world, i.e. the formalizable linear order and the anomalous non-linear chaos.

The intermittent states of intersection are taken more seriously as one moves from the world of the hard science to the world of the soft science. One should have no doubt that it would hardly be possible to accept the pipeline linear formalization as the logic of the soft science. It is written in ***Ecclesiastes*** of the ***Old Testament*** that:

> [s]peed does not win the race nor the strength the battle. Bread does not belong to the wise, nor wealth to the intelligent, nor success to the skillful; time and chance govern all. Moreover, no man knows when his time will come; like fish caught in a net, like a bird taken in a snare, so men are trapped when bad times come suddenly.

These familiar observations in our daily life may be accepted as the pattern of intersection, in which the pipeline, linear and deductivist expansion of an order is being subject to a recurrent upset, break and shift of non-linear nature.

A pattern of intersection is called for by Professor Wiebes' suggestion on the relative status of chaos and order. That is, whether one sees in a sequence of events a chaos or an orderly unfolding is relatively determined because, as he puts it, "[w]hat seems to be chaos on one level could appear to be [orderly] development on a higher level."[20] However, disorder, chaos, catastrophe, etc. which are all of a non-linear nature, have never been realized as an ever-present normal state in unfolding sequences. In principle, there is no abnormal state of order when everything is in an ever-present state of intersection. Hardly has it occurred to a pipelined deductivist that the order of non-linear intersection be a necessary and essential means of understanding the intricate constitution of the world. It has been an unshaken common premise, however, that all events of the world shall obey the unbreakable rules of determined order, whatever the rules may turn out to be.

V. V. Nalimov, a Russian statistical theoretician, referring to L. Lévy-Bruhl's study of pre-logical thinking, has noted that primitive tribes lacked the notion of chance or disorder for their naive postulates of the coherence or determinist order.[21] An exceptional concern with the ontological import of chance and accident by Aristotle has not deterred philosophers in the medieval and modern tradition and even Aristotle himself with his own formal logical model who took granted the primitive assumption, i.e. the determinist order of the world. But their deep-rooted sense of determinism has had to give way to a moderate view in 20th century when people's experience of the most violent and disruptive world history has revealed its inexhaustible contingencies or irregularities of chaotic nature; the intricate texture of the world has not been exhausted by whatever diverse models of order have been proposed and tried. Thus the ineffable texture of people's experience in whatever field is the source of ever-present break to invalidate

---

20) Professor [of biology, Leiden University] J. T. Wiebes' private note to this writer at an interdisciplinary workshop, Leiden University, Holland, 25. 4. 82.

21) V. V. Nalimov, ***Faces of Science*** (Philadelphia: I.S.I. Press, 1981), pp. 90-92.

the identity of any determinate state of order; any determinate state of order has come to be taken as *temporarily isolated segment bearing a false identity*, out of the whole texture of the world. (1988) (00.7.30)

해석과 재구(再構)

1 김상봉: 비주체성의 역설
박동환: 왜 ㅂㄷ인가?

2 최세만: '3표의 철학', 나는 이렇게 생각한다
박동환: 생명의 개체성과 신비주의

3 김상환: 박동환의 3표론과 현대 차이의 철학
박동환: 주변존재의 역사철학

비주체성의 역설 *

김상봉 (전남대)

『안티호모에렉투스』(ㅂㄷ 지음, 강릉: 길, 2001)라는 책이 나왔다. 무슨 자기혐오일까. 책표지에도 뒷장 어디에도 지은이의 이름이 없다. ㅂㄷ이라는 부호가 끝에 있을 뿐. 꼼꼼히 살펴보니 ㅂㄷ은 철학자 박동환 연세대 교수(철학)의 머리글자이다. 그가 이처럼 익명성에 집착하는 것을 보는 것은 적잖이 안쓰러운 일이다. 평생을 자기가 누구인지, 우리가 누구인지 물어온 사람이 도달한 곳이 자기중심주의의 부정과 익명성이었다니.

그러나 이 역설은 그가 보여주는 우리 모두의 운명이다. 우리는 한 번도 온전한 의미의 주체로서 자기를 정립해보지 못한 민족, 언제나 타자 속에서 자기를 상실한 채 살아온 민족이었다. 그리하여 우리는 한 번도 나로서 또는 우리로서 존재한 적이 없는 민족이었다. 그런데 바로 이러한 우리의 비주체성이 역설적이게도 오늘날 우리를 다른 사람들이 아닌 우리로 구별하게 하는 종차이다. 그리고 이 차이가 박동환이 머물러 사유하는 지점이다.

그의 진단에 따르면, 우리가 서양사람일 수도, 중국사람일 수도

* 박동환의 저서 'ㅂㄷ, 『안티호모에렉투스』, 강릉: 길, 2001'에 대한 김상봉 교수의 서평 "비주체성의 역설," 교수신문, 제213호 (2001년 11월 14일)를 그대로 옮겨 놓은 것임.

없는 것은 바로 이 차이 때문이다. 서양철학이든 중국철학이든 지금까지의 철학은 '도시의 철학'이며 인문주의 또는 자기중심주의 철학이다. 그것은 인간이 인식할 수도, 제어할 수도 없는 '무한'에 불안정하게 의존하고 있는 존재임을 애써 외면하고 인간 존재를 어떤 허구적인 자립성의 바탕 위에 세우려 한 철학이었다. '안티호모에렉투스'는 이 점에 관한 한 서양철학과 중국철학 사이에 아무런 본질적인 차이가 없음을 잘 보여주고 있다. 두 철학은 인간의 절대타자에 대한 의존성을 지양하고 개체로서든 집체로서든 인간을 자립적인 주체로서 정립하려 했다. 주체란 그렇게 허구적인 자립성 속에서 이해된 자기였던 것이다.

박동환은 그런 주체를 해체하려 한다. 그리고 나를 다시 원시적인, 아니 시원적인 의존성 앞에 마주 세우려 한다. 이를 통해 그는 자기 존재의 보다 근원적인 진리를 드러내려 한다. 아무튼 주체는 자기반성 속에서 자기에게 돌아옴으로써 자기가 된다. 그런 한에서 자기반성은 자기정립이다. 그런데 박동환이 보여주는 것은 반성 속에서 주체가 일면적으로 정립되는 것이 아니라 도리어 지양돼버린다는 것이다. 주체의 자기복귀는 단순한 자기정립과 자기동일성이 아니라 도리어 자기부정으로 귀결된다. 그리고 이것이야말로 참된 의미에서 주체의 진리이다. 자기반성의 끝은 부정된 자기이다. 그리고 자기의 부정 속에 도리어 자기의 참 진리가 있다.

이것이 박동환이 언제나 타자성 속에 함몰돼 왔던 우리 겨레의 존재역사를 읽어내는 방식이다. 그리고 이와 더불어 비로소 우리도 철학할 수 있게 됐다. (2001. 11. 14.)

해석과 재구 1

왜 ㅂㄷ인가?

박동환

왜 ㅂㄷ인가? ㅂㄷ은, 나의 조상에 의해 그리고 다시 세상 사람들에 의해 일방적으로 나에게 매겨진 나의 이름 '박동환'에 대한 거부행위이다. 나는 세상 사람들이 내가 어떤 이름을 가진 누구인지 심지어 내가 무엇이어야 하는지 판정하는 관행을 완강하게 거부한다. 그것은 나의 나로부터 우러나오는 나의 속생각, 나의 자유와 상상에 전혀 어울리지 않기 때문이다.

세상의 사람들은 끊임없이 나를 내가 동의할 수 없는 어떤 모양으로 규정하려고 시도한다. 도대체 세상의 어른들은 모두 제각각 그들의 우연한 예절과 우연한 규칙과 우연한 척도와 우연한 철학을 가지고 아이들을 조형하며 통제하려고 한다. 나는 이 모든 관행을 내가 선택하는 생물학과 철학에 따라 거부한다. 그 관행은 나와 아이들의 자유, 나와 아이들의 상상을 왜곡하거나 박탈해 가기 때문이다. 그들에 의해서 매겨지는 나의 이름과 그 이름에 걸쳐지는 모든 것들은 나의 것이 아니다.

1960년대에 마르틴 루터 킹 목사와 함께 이름을 떨쳤던 미국의 한 흑인 민권운동가는 그가 소속했던 종파의 관행에 따라 자신의 이름 Malcolm Little을 Malcolm *X*라고 개명하였다. 그의 가족이름 Little을 버리고 왜 *X*로 하였는가? 아프리카에서 노예로 잡혀온 자신의 조상이 본디 어떤 이름을 가진 누구였는지 알 수 없었기 때문이다. 잡혀온 노예를 부리던 어떤 백인에 의해 매겨졌을 자기의 이름을 그래서 거부한 것이다.

나는 누구인가? 오늘의 우주와 생명의 단계에 이르기까지 수십억 년 아니 영원의 시간을 통과해 이루어진 현재의 나는 영원의 한 조각 기억체계 x이다. 그래서 나는 ㅂㄷ이기 전에 실은 x이다.

ㅂㄷ이 나의 자기혐오에서 나온 이름이라고요? 적잖이 안쓰러운 이름이라고요? 내가 소속한 민족의 자기망각과 자기상실을 반영하는 슬픈 자화상이라고요? 전혀! 그러니까 김상봉 교수가 나의 『안티호모에렉투스』에 대해 그의 빛나는 섬광으로 꿰뚫어 풀이한 "비주체성의 역설"은 나의 임시의 이름 ㅂㄷ에도 적용해 주시기를 조심스레 청구하는 것이다. 세상에서 부르는 '박동환'이라는 이름을 폐기하며 절대 초월하는 영원의 시간 안에서 확인한 이 특이한 존재 그의 임시의 이름이 ㅂㄷ이다. 그러나 실은 현재를 관통하는 영원의 시간 가운데서 이 한 순간을 움직이고 있는 나는 유일 고유한 그리하여 대체할 수 없는 하나의 특정한 기억체계 x이다.

나는 지금 영원의 한 조각 특정 기억체계 x로서 존재하는데 그에게 굳이 주체성이라는 게 필요할까? 영원에 소속하는 그러나 현재로서 유일 고유한 그래서 대체(代替)불가능한 한 존재인 나에게 이미 습관 같은 주체성을 덧붙일 이유가 없는 것이다. 경계의 자유로운 유동성과 상상의 무한한 개방성을 박탈해 갈 수도 있는 주체성을 나는 되도록 사양한다. 때로는 내가 소속한 모임이나 관계에서 나의 주체성을 완전하게 망각하기도 하며 때로는 절대 초월의 존재에게 나의 오만에 가까운 주체성 아니 나의 흔들리는 명운을 맡겨야 하기 때문이다. x의 존재론은 그렇게 새로운 사회학과 새로운 신학을 함축하고 있는 것이다. (161126)

해석과 재구 2

'3표의 철학', 나는 이렇게 생각한다.*

최세만 (충북대)

어떤 이들은 박동환 교수를 사제(私製) 철학자라 부른다. 그의 철학이 동서양의 지배적인 철학들을 모방하거나 수선하며 수용해 온 우리 철학계의 풍토에서 일탈해 있기 때문이다. 그의 일탈은 작위나 고의가 아니다. 한국인으로서의 그가 지닌 체질이 동서의 지배적 세계관과 사고방식에 동화되기를 거부하기 때문이다. '3표(表)의 철학'은 한국인 철학자로서의 그가 동서의 대표적인 철학자들의 사상과 평생에 걸쳐 대결하며 찾아낸 한국의 자생철학이라 할 만하다.

철학에서 찾아야 할 것은 고유성이 아니라 보편성이라고 사람들은 말할지 모른다. 옳은 말이다. 그리고 박 교수가 동서양의 대표적 철학들에 동의할 수 없었던 것도 바로 그들의 철학이 보편성을 결여하고 있다고 보기 때문이다. 그들의 철학은 그것을 창안해 낸 민족의 특수한 삶의 양식을 반영할 뿐이다. 박 교수는 그들의 철학을 추종하며 연마해도 완전히 동화될 수 없는 한국 사람들의 기질과 삶의 양식 속에서, 오히려 보다 보편적인 철학의 바탕을 발견한다. 그러므로 그의 철학이 지니는 특수성은 역설적으로 철학의 보편성을 실현하기 위한 것이다.

---

* 『안티호모에렉투스』에 대한 최세만 교수의 서평 "'3표의 철학', 나는 이렇게 생각한다." 교수신문, 제263호 (2003년 3월 24일)

필자가 3표의 철학이 진정한 의미의 자생철학으로 평가될 수 있다고 생각하는 이유는 그것이 동서의 대표적인 철학자들의 사상을 설득력 있게 유형화해 한계 짓고, 그것을 넘어선 보다 보편적인 영토에서 이루어질 제3철학의 가능성을 제시하고 있기 때문이다. 그리고 그러한 작업이 논리비판이라는 가장 근본적인 차원에서 수행되고 있기 때문이다. 즉 3표의 철학은 흔히 보편논리로 간주되는 아리스토텔레스적 형식논리를 비롯해 헤겔식의 변증법 그리고 중국의 상반상성(相反相成) 또는 대대(對待) 논리 등 동서 철학사에 나타난 대표적 논리 패턴들을 상대화하고 보다 보편적인 논리의 모델을 제시함으로써, 제3철학의 가능성과 필연성을 동시에 예고하고 있는 것이다.

존재자들의 현상태를 규정짓다

3표의 철학은 존재자들의 현상태에 대한 관찰에서 출발한다. 우리는 자신의 의사와 관계없이 하나의 개체로서 태어나, 그 자신을 유지하며 실현하기 위해 애쓰다가, 어디로 향하는지도 모르는 채 사라져 버려야 하는 운명에 처해 있다. 세상에 나타난 모든 생명체들이 처해 있는 이 실존적인 상황은 그의 어법에 따르면 다음과 같이 정식화될 수 있을 것 같다. "세상의 모든 개체들은 다른 모든 개체들과 수평적(생물 · 사회 · 정치적) 모순관계 속에 그리고 미지의 [ ]와 수직적(신학적) 모순관계 속에 놓여 있다."('모순'이라는 말은 박 교수의 철학의 중심개념이며 필자에게는 '어떤 개체의 존재 또는 정체성을 무화(無化)시킬 수 있는 모든 가능성'이란 뜻으로 이해된다. 그리고 [ ]는 형이상학적으로 말하자면 개체가 영원히 이해할 수도 동화할 수도 없는 절대타자를, 그리고 인식론적으로 말하자면 개체의 존재와 무화에 대한 이유를 알 수 없음을 뜻하는 것으로 이해된다.)

위의 정식에 비춰보면 한 개체가 자신을 유지하는 과정은 자신의 존재 또는 정체성을 무화시킬 수 있는 가능성으로서의 모순을 제거하거나 해소하거나 회피하는 과정이다. 그리고 박 교수에 의하면 동서의 여러 철학들은 그것들을 만들어낸 종족의 삶의 양식들을 반영하는 모순해법에 다름 아니다. 그가 말하는 '표(表)'란 바로 그 모순해법의 이념적 틀을 뜻한다.

박 교수는 먼저 서구 문명권과 중국 문명권에 두드러진 모순해법의 이념을 각각 1표와 2표로 유형화한다.

1표는 개별자들의 사회 정치적 모순을 유(類)가 지닌 보편적 성향에 호소해 해소하고자 하는 데서 비롯된 것이다. 그런데 보편적인 것이 무엇인가에 대한 개별자들의 이해는 서로 다를 수 있으므로, 여기에서는 정당화 또는 근거제시를 통한 쟁론이 중요해진다. 모든 개별자들을 그 아래에 포섭할 수 있는 가장 일반적 원리를 발견하고, 그것을 정점으로 무모순의 이론체계를 구축하고자하는 서양적 지적 탐구의 전통은 여기에서 생겨난 것이다. 이 표는 모순은 현상적인 것일 뿐이며 결국 하나의 무모순적 체계 속에 환원될 수 있다는 신념에 근거해 있다. 박 교수는 이것이 모순 대립하는 것들을 쟁론을 통해 무모순적 체제 속의 정당한 구성요소들로 규정되도록 하려는 방법이라는 점에서 '정체쟁의(正體爭議)의 표'에 의한 것이라고 한다. 그리고 흔히 보편논리로 생각되는 아리스토텔레스적 모순배제의 논리는 이러한 정치 사회적 모순 해법을 반영하는 특수논리라는 것이다.

2표는 다음과 같다. 고대 중국의 주요한 철인들에 의해 개발된 모순 해법은 무모순적 체제 속에 환원될 수 없는 모순의 존재를 인정한다. 그래서 그들은 모순 대립되는 것들이 각기 그 정체성을 유지하며 하나의 집체질서 속에서 화해하도록 이끄는 방법을 모색한다. 자신과 모순 대립하는 타자를 자신에게 동화시키거나 제거하려 하기보다는, 오히려 그 타자에 비추어 자신을 조정하는 반구(反求)의 논리, 모순 상반되는 것들이 서로 의지하여 자신의 자리를 얻게 하는 상반상성의 논리 등은 바로 이러한 모순해법의 표현이다. 박 교수는 이를 '집체부쟁(集體不爭)의 표'에 의한 논리 패턴으로 본다.

박 교수는 1표와 2표에 의한 모순해법은 보편적인 것일 수도 성공적인 것일 수도 없다고 주장한다. 이들은 모두 수평적·수직적 모순을 향해 끝없이 열려있는 유한한 개체의 실존적 상황을 충실히 반영하지 못하고 있기 때문이다. 1표는 수직적 모순 뿐 아니라 수평적 모순의 근본성도 수용하지 않는다. 2표는 수평적 모순을 체제 내적으로 수용하지만 수직적 모순을 외면한다. 박 교수에 의하면 이 두 표는 성곽 안의 완벽한 지배질서를 모색하는 고대의 도시 문명에서 비롯된 이념이다. 즉 인간이 성곽이라는 폐쇄된 공간 속에서 살아가기 시작하면서, 미지의 절대 타자와 담을 쌓고 만들어낸 인문주의 또는 인본주의적 모순해법이라는 것이다. 이러한 해법들은 그것이 간과해버린 수평적 모순 그리고 성곽 밖에서 밀려드는 수직적 모순의 반격으로 어느 날엔가 알 수 없는 파국을 맞을 것이 예정되어 있는 실패한 기획이다.

"고생태학으로 돌아가자!" 이것은 위 두 표에 대한 급진적 반성을 위해 박 교수가 내놓는 다소 엉뚱해 보이는 제안이다. 그것이 바로 3표이다. 그러나 철학이 모순 해법에 다름 아니라는 그의 주장에 동의한다면 이러한 제안의 의미를 이해할 수 있다. 인간은, 그리고 나아가 모든 생명체는 고대 그리스나 고대 중국으로부터가 아니라, 수백만 년 아니 수억 년 전 지상에 출현한 이후부터 끊임없이 모순 해법을 실천해 왔다. 그리고 그러한 생명체의 원시적 모순 해법은 모든 개체들이 처해 있는 실존적 상황을 보다 충실히 반영하고 있다는 것이다.

이 해법은 모든 개체에게 다가오는 모순의 보편성과 불가피성을 인정하는 데서 출발한다. 사실 다른 개체들과 공존 가능한 재배치를 끊임없이 모색해야하는 수평적 모순관계에, 그리고 결국 그 속으로 함몰할 수밖에 없는 [ ]와의 종속적 모순관계에 무한히 연루되어 있는 개체의 정체성이란 1표나 2표가 생각하듯이 규정되거나 설명될 수 있는 것이 아니다. 그리고 우리가 일상적으로 말하는 개체의 정체성이란 것도 극단적으로 임시적인 것이다. 즉 모든 개체는 쉼 없이 움직이는 무한한 수평적·수직적 네트워크상의 임시적 지점들에 불과하다는 것이다.

생명체들의 세계 속에서 개체들은 자신의 임시적 정체성을 유지하기 위해 모순을 동화시키기도 하고 모순과 화해를 모색하기도 하지만, 피할 수 없는 모순을 해소하기 위해서는 분절을 통해 자신의 정체성을 포기하고, 연합을 통해 여전히 임시적인 새로운 정체성을 획득하기도 한다. 이것이 원시생명체의 운동 속에서 발견되는 모순해법이며 동시에 3표의 모순 해법이다. 1, 2표와 비교할 때 이 해법의 특징은 첫째, 동화되거나 화해될 수 없는 모순의 항시성을 인정한다는 점, 둘째, 개체의 정체성을 임시적인 것으로 그래서 언제든 양보될 수 있는 것으로 본다는 점에 있다. 박 교수는 이러한 삶의 양식이 한국인을 비롯해 1, 2표의 철학에 동화되지 못한 제3세계인들의 삶의 양식 속에 구현돼 있다고 본다. 그는 또한 이것이 도시의 논리에 기초한 패권적 문명을 넘어 새로운 문명이 갖게 될 삶의 양식을 예고하는 것으로 보는 것 같다. 정보화의 혁명을 통해 지구상의 개인들이 국가와 사회의 장벽을 넘어 저마다의 가치실현을 위해 이합집산(분절연합)하게 될 때, 정체쟁의나 집체부쟁은 더 이상 모순해법의 이념으로 작동하기 힘들 것이기 때문이다.

이러한 3표의 삶의 양식 속에서는 무모순의 형식논리나 상보(相補) 대대(待對)의 논리는 도시의 논리일 뿐이다. 도시의 성곽을 허물어버리는 야생의 논리는 모순의 논리이다. 이것은 헤겔류의 변증법에서와 같이 총체 속에서 해소되는 임시의 모순이 아니라, 결코 해소될 수 없는 절대모순의 논리이다. 박 교수에 의하면 이것이 임시적 정체성만을 지니고 부단히 분절 연합하는 보편적 생명현상을 반영하는 논리라는 것이다.

3표 철학의 보편성에 대한 의문

3표의 철학이 기존의 동서철학을 넘어 새로운 철학의 영토를 개척하고 있다는 사실을 인정하면서도 필자가 여전히 갖게 되는 의문은 다음과 같은 것이다. 3표의 철학은 모든 존재는 개체로 존재하며 개체는 그 유한성으로 인해 필연적으로 타자와의 모순관계 속에 놓여 있다는 세계관에 기초해 있다. 그러나 이러한 세계관은 보편적인 것일까. 대부분의 위대한 신비가들은 존재의 개체성과 그에 기인하는 모순을 미망(迷妄)이라고 본다. 개체성이나 모순성은 인간이 감각 지성적 의식이라는 의식의 표층에 머물러 관찰한 세계의 특징일 뿐이다. 그들에 의하면 의식의 가장 심층적 차원에서 자각되는 존재의 본래 모습은 개체성을 초월한 미분화(未分化)의 통일이다.

이 차원에서는 개체도 모순도 없다. 그러므로 이들에게는 바로 이러한 의식의 가장 심층적 차원을 체험하는 것이, 그리고 그 체험에 기초한 삶을 사는 것이 일상적 표층의식 속에서 부딪치는 모순들에 대한 가장 근본적인 해법이다. 존재의 참모습을 체험했다고 주장하는 신비가들이 실천하고 가르친 삶의 양식은 생물학적 자기보존의 양식과는 이념과 방법에 있어 전혀 다르다. 이러한 세계관, 이러한 삶의 양식은 3표의 틀 안에서 설명되거나 포섭될 수 있는 것인가, 아니면 4표를 기다려야 하는가.

생명의 개체성과 신비주의

박동환

1970년대, 80년대에 한국 철학계를 대표한다고 하는 분들이 효력이 다한 이런저런 전통의 아니면 외래의 철학을 원용해서 당시의 정권이념을 정당화하는 일들을 했다. 그런 시대를 등지고 자신의 철학적 진로를 따로 찾고 있는 사람들 아니면 나를 향해 사제(私製)철학자, 은둔자라고 부른다는 소문이 있었던 것을 기억한다. 그때 나는 강의실에서 자주 이렇게 말했다. "나의 철학은 현재를 향해 말하는 것이 아니다."

살아있는 존재에게 생명은 너무나 익숙하게 되어버린 습관이다. 그렇게 습관에 빠져있는 생명은 살아있는 동안 자신의 죽음에 대한 상상을 멀리한다. 생명은 대개 개체로서 실현된다. 그래서 세상에 실현된 생명은 그의 개체성을 방어하는 데 전력투구를 한다.

그런데 오늘의 생명 이론가들에 따르면 개체생명이라는 것은 그 자체의 독립성이 없는 것이다. 개체생명은 그가 소속해 있는 계통의 종(species)이 기억하고 있는 수백만 년 그리고 더 소급해 올라가는 수십억 년을 통과해온 유전체들의 분화현상에 다름 아닌 것이다. 그러한 분화현상으로써 나타난 한 개체생명은 세상에 있는 잠깐 동안 다음 세대에게 그의 유전체 기억을 물려주고 사라져 간다. 그는 그가 소속한 계통의 생명이 영원히 지속하도록 그가 간직하고 있는 기억체계를 다음 세대에게 전달하는 잠깐의 임무를 수행하고 있는 것이다. 그의 개체성은 영원의 기억에 소속한 한 조각 기억체계 x 이다.

그래서 한 개체생명은 이 세상에 사는 동안 대략 두 가지 차원의 문제를 해결해야 한다. 하나는 그의 유일 고유한 기억체계로서 주어진 개체성을 그 밖의 수많은 유일 고유한 기억체계들을 가지고 움직이는 개체들의 성격에 대결하거나 연합하는 관계를 숙고해야 한다. 이것은 상대와의 다름이라는 투쟁과 양도의 다양한 관계체계를 모색 평가하는 사회학의 과제이다.

다른 하나는 한 개체생명에게 피할 수 없게 다가오는 절대에의 다름이라는 자체소멸의 관계를 어떻게 받아들이느냐 하는 문제이다. 나는 이 문제를 넓은 의미의 신학의 과제로서 이해한다. 사람들은 궁극적으로 그들의 한계가 격파당하는 아니면 초월당하는 관계 곧 절대에의 다름에 빠져 있다. 사람들은 살아있는 동안 무의식 가운데서 때로는 의식적으로 절대에의 다름에 빠져서 겪는 자체소멸 또는 자체망각을 간헐(歇)적으로 연습한다. 신비주의 철학자들은 개체성의 소멸 또는 망각을 무의식화 하는 연습을 하고 있는 것이다.

왜 고생태학(paleo-ecology)을 말하는가? 신비주의를 비롯한 각양각색 철학자들의 담론은 결국에 모두 고생태학의 부분으로 함몰하는 것이다. 철학자들의 담론이란 모든 생명의 유(類)들이 수백만 수십억 년 동안 부딪혀온 문제의 이해와 해법들 또는 그에 따르는 존재양식들 가운데 아주 미미한 한 부분에 지나지 않기 때문이다. 그래서 개체생명들이 자연과 역사에서 겪어야 하는 상대의 다름과 절대의 다름이라는 보편의 관계체험을 영원의 시간 가운데로 투영해 근본적으로 이해하기 위한 사고실험을 『안티호모에렉투스』에서 그리고 다시 『x의 존재론』에서 하고 있는 것이다. (161128)

해석과 재구 3

박동환의 3표론과 현대 차이의 철학 *

김상환 (서울대)

나는 한동안 무책임한 자연의 비유를 경계하느라
거리에서 시를 만들었다. 거리의 상상력은
고통이었고 나는 그 고통을 사랑하였다.
그러나 가장 위대한 잠언이 자연 속에 있음을
지금도 나는 믿는다. 그러한 믿음이 언젠가
나를 부를 것이다. 나는 따라갈 준비가 되어 있다.
눈이 쏟아질 듯하다. (1988.11)[1)]

기형도가 29세라는 아까운 나이에 요절하기 몇 달 전에 남긴 시작(詩作) 메모이다. 나는 가끔 이 글의 저자를 혼동한다. 횔덜린이나 랭보 혹은 김수영이 남긴 글로 착각할 때가 있다. 사실 시적 진리에 충실하고 어떤 언어적 혁명을 예감했던 시인이라면 누구나 이런 영감의 글을 기록했을 법하다. 그러나 어찌 시인뿐이랴. 철학자 또한 어떤 과격한 전회를 가져 올 진리에 대한 믿음 없이, 그 진리가 자신

---

* 김상환 교수의 "박동환의 3표론과 현대 차이의 철학," 『人文科學』(연세대학교 인문학연구원), 제93집 (2011년 3월). 이 논문은 약간의 수정을 거쳐 그의 저서 『철학과 인문적 상상력』(서울: 문학과 지성사, 2012), 547-587쪽에 실려 있음.

1) 기형도, 『입 속의 검은 잎』(문학과지성사, 1989), 5쪽.

을 통해 육화되리라는 희망 없이 태어날 수 없을 것이다. 아무나 철학자라 부를 수 없는 이유는 여기에 있다.

박동환은 우리나라에서 모종의 변혁을 꿈꾸었고 그 꿈속에서 예감된 진리에 헌신했던 소수의 사례에 속한다. 가장 위대한 잠언이 진정 자연 속에 있음을 믿고 그 믿음의 부름에 응하기 위하여 세속의 비유와 도시의 학설을 모두 버린 거의 유일한 경우가 여기에 있다. 우리나라에서 철학하는 그 누가 동서의 역사에 있었던 이러저러한 혁명에 그토록 주목했던가. 그 누가 자신의 행로에서 혁명이라는 말을 그토록 자주 입에 올렸던가. 박동환은 동서 철학사 전체와 작별을 고하는 "마지막의 논리혁명"(2: 95)[2]을 꿈꾼 철학자이다.

이 꿈은 몇 차례의 우여곡절 끝에 일단 3표론(三表論)으로 일단락된다. 여기서 3은 서양적 사유의 전통, 중국적 사유의 전통, 그리고 동서 사상사의 주변부에 놓인 한국적 사유의 흐름을 가리킨다. 표(表)는 표준, 기준, 준거 틀 등이란 뜻이다. 그것은 각각의 사유 전통과 삶의 방식을 꼴 짓는 배후의 기저 문법이다. 세 가지 이념, 세 가지 논리, 세 가지 무늬. 이것이 3표이다.

3표론을 통해서 표현되는 혁명은 논리혁명이자 역사혁명이다. 그것은 기지(旣知)의 것을 중심으로 미지(未知)의 것이 설명, 평가, 단죄되는 과거와 작별하고 기지의 것이 미지의 것을 중심으로 규정, 심판되어야 할 시대를 연다는 의미에서 어떤 논리혁명이다. 그것은

---

2) 여기서 인용되는 박동환의 주요 저서는 『서양의 논리, 동양의 마음』(까치, 1987); 『동양의 논리는 어디에 있는가』(고려원, 1993); 『안티호모에렉투스』(길, 2001) 등인데, 출판 순서에 따라 이 세 저서는 각각 1, 2, 3으로 표시하고 인용 쪽수는 콜론 뒤에 밝힌다.

역사의 주류 속에 휘말려 사라질 듯한 주변부가 거꾸로 주류가 함몰되는 회오리로 뒤바뀐다는 의미에서 어떤 역사혁명이다. 우리는 이런 코페르니쿠스적 전회에서 주체의 죽음과 그것을 대신하는 주변체(周邊體)의 탄생을 목격한다. 만일 박동환의 철학에서 어떤 주체를 말할 수 있다면, 그것은 한(恨)을 기본 정서로 하는 주변체인 한에서 주체일 수 있다. 박동환의 철학적 여정에 대한 논평은 이런 3중의 혁명이 지닌 과격성과 현대성을 가늠하는 것에서 시작해야 할 것이다. 그러나 그 모든 혁명은 철학의 동쪽에 대한 이러저러한 긍정과 같다. 박동환 철학은 동쪽의 철학, 박동하는 동쪽의 철학이다. 당신은 그쪽으로 따라갈 준비가 되어 있는가?

1. 다름과 잉여

박동환 철학은 어떤 다름 혹은 차이의 논리학에 의해 선도되고 있다. 서양철학에는 연역, 귀납, 변증의 논리가 있었다. 중국에는 반구(反求), 대대(待對), 무대(無待)의 논리가 있었다. 3표론에서 첫 번째 부류의 논리는 모순배제를 꽤하는 정체쟁의(正體爭議)의 형식이고, 두 번째 부류의 논리는 전체화해(全體和諧)와 집체부쟁(集體不爭)의 형식이다. 이 가운데는 (결론을 전제에서만 끌어내는) 내재함축의 논리도 있고 (결론을 전제 밖에서 획득하는) 잉여함축이나 잉여포섭의 논리도 있다. 여기에는 모순감수의 논리마저 있다. 그러나 이제까지의 논리는 시원의 다름, 본연의 차이를 잊었다는 점에서는 다르지 않다. 그 모든 논리는 호모에렉투스가 자연을 전유하기 위해 만들었던 돌도끼의 연장선상에 있다(3: 10-11, 23-24).

다름의 논리학을 추구해왔다는 점에서 박동환은 데리다나 들뢰즈로 대변되는 현대 차이의 철학과 경쟁하는 관계에 있다. 우리는 현대 차이의 철학에 의지할 때만 헤겔의 차이의 논리학이 지닌 핵심을 구체적으로 파악할 수 있고, 거꾸로 헤겔을 안내자로 할 때만 구조주의 이후 차이의 철학의 역사적 위상을 올바로 자리매김할 수 있다.[3] 마찬가지로 현대 차이의 철학이 이 땅에 접목되기 위한 줄기를 찾는다면 3표론보다 좋은 것은 없을 것이다. 거꾸로 박동환의 차이의 철학은 현대 차이의 철학 이외에는 다른 가늠의 척도가 없을 것이다.

박동환의 차이론에서 중요한 것은 다름을 두 가지로 구별한다는 점이다. 상대의 다름과 절대의 다름(2: 95, 3: 14-15). 여기서 상대의 다름으로 인도했던 이정표는 라이프니츠의 함께-가능함 혹은 공-가능성(compossibilité)이다. "세상에 나타나는 개체는 그 있음의 모양이 세상에 있는 타자와 함께 가능함의 관계, 곧 상대와의 다름에 의해 규정되는 것이므로 그의 같음은 이미 그와의 다름에 의해 매개 규정된 것이다."(3: 16) 개체는 저 홀로 있을 수 없다. 다른 개체들과 더불어 어떤 공-가능성 안에서만 존재할 수 있다. 따라서 주체라는 것이 있다면 그것은 이미 서로-주체성이다.

함께 더불어 있다는 것은 병렬적으로, 상호 무관심하게 있다는 것이 아니다. 그것은 서로 제약하고 한정하면서, 서로 부정하면서 존재한다는 것이다. 여기서 부정은 박탈을 가져오지만 선물도 가져온다. 그것은 정체성이라는 선물이다. 개체는 공-가능성 속에서 함께 존재하는 상대의 제약과 부정에 힘입어 다른 개체와 구별된다. 규정

3) 졸고, 「헤겔과 구조주의」, 『헤겔연구』 제23집(2008년 6월), 9-33쪽 참조.

성은 구별에서, 구별은 다름, 부정에서 온다. 헤겔의 "모든 규정은 부정"이라는 공리가 말하고자 하는 것도 이것이었다. 개체의 규정성과 그것에 기초한 자기 동일성은 다른 개체들과의 상호 부정과 대립 혹은 차이 관계에서 온다. 그런 의미에서 '이다'는 '아니다'와 겹쳐있다(3: 14). 개체의 같음(이다)은 상대와의 다름(아니다)으로 매개되는가 하면 또한 환원된다. 이것이 박동환이 말하는 상대환원이다.

모든 개체가 다름으로써 같고 또 같음으로써 다르게 된다는 직관은 헤겔의 규정 개념과 통하지만, 그것은 또한 구조주의가 몰고 온 존재론적 혁명의 발단이기도 하다. 구조주의에서 역시 고립 가능한 실체적 동일성은 철저하게 부정된다. 실체적 동일성이 있다면, 그것은 배후의 대립이나 대조의 관계망을 잊었기 때문에 일어나는 착시현상에 불과하다. 실체적 동일성의 진리는 그 동일성을 선물하면서 스스로 후퇴하는 차이의 관계망에 있다. 개체는 끊임없이 타자와의 관계 속에 얽혀들어 간다는 조건에서만 특정한 동일성을 획득할 수 있다. 하지만 그런 역동적인 얽힘의 운동은 자신이 잠정적 효과로 낳은 동일성에 충격을 몰고 온다. '아니다'라는 부정은 동일성을 부여하는 동시에 뒤흔들고, 그런 양방향의 운동 속에서 개체는 촛불처럼 흔들린다. 대기에 얽힐 때만 타오를 수 있지만 스스로 불러들이는 대기 속에 흔들리는 불꽃. 그 차이의 불꽃이 개체이다.

그런 의미에서 개체는 "조건부 동일자"(3: 17)이다. 모든 조건을 거두자마자 있는 그대로의 사물은 순수한 관계에 불과하게 된다. 헤겔과 구조주의는 이런 존재론적 직관을 공유한다. 우리는 똑같은 직관이 박동환의 차이의 철학에서 꿈틀대고 있음을 읽을 수 있다. 그러나 헤겔의 규정 개념에 담긴 차이나 구조주의적 차이는 박동환의 용어로 하면 상대의 다름으로 그친다. 그것은 상호 규정 관계에 있는

요소들의 공존 가능성이라는 제약 속에서 성립하는 차이일 뿐이다.

서양에서 헤겔적 차이와 구조주의적 차이의 공통된 한계를 공존 가능성이라는 화해의 논리를 최후의 조건으로 한다는 점에서 찾은 것은 들뢰즈였다.[4] (라이프니츠는 박동환과 들뢰즈에게 똑같은 것을 가르쳤다. 놀라운 일치.) 들뢰즈는 공존 불가능성이나 비-공존 가능성을 바탕으로 한 차이가 어떻게 구조주의적 차이 못지않게 분절화나 유기적 조직화를 가져오는 원리일 수 있는가를 보여주고자 했다. 이것이 들뢰즈의 개체화 이론의 근본 의도일 것이다.

공-가능성의 바탕에 놓인 다름이 최후의 차이가 아님을 강조한다는 것은 (들뢰즈와 달리) 헤겔에게서 탈구조주의적 차이 개념의 효시를 보려는 데리다에게서도 마찬가지이다.[5] 데리다의 차연(différance) 혹은 글자(gramme)은 이 세상의 모든 단위가 솟아나는 구멍이지만, 그 똥구멍에서는 무질서하고 발작적인 설사가 함께 쏟아진다. 차이는 유기적 질서의 원리인 동시에 비유기적 생명의 원리이기도 하다. 현대 차이의 철학을 끌고 가는 공통의 과제는 차이를 유기체론이나 구조주의적 안정성에서 해방하는 데 있고, 이 점에서 중요한 영감의 원천이 되는 것은 니체의 디오니소스적 차이이다.

아폴론적 차이에서 디오니소스적 차이로. 박동환은 데리다나 들뢰즈와는 전혀 다른 원천과 경로를 통해 유사한 전회를 가져온다. 그것은 상대의 다름(-A)에서 절대의 다름(-(A∩-A))으로 일어나는 이행이다(3: 17). 상대의 다름이 임시적이나마 안정된 규정성을 가져

4) 들뢰즈, 『차이와 반복』, 김상환 옮김(민음사, 2004), 127-128쪽, 134쪽, 556쪽 등 참조.

5) 데리다, 『글쓰기와 차이』, 남수인 옮김(동문선, 2001년), 397쪽, 494쪽 등 참조.

오는 아폴론적 차이라면, 그 속에는 이미 그런 규정성을 무자비하게 깨뜨리기 시작하는 디오니소스적인 차이, 절대의 다름이 숨 쉬고 있다. 구조주의적 언어로 옮기자면, 상대의 다름이 이항 대립적 질서에 국한되는 구조 내적 차이라면, 절대의 다름은 그 구조 밖에서 파도치는 광기이다.

박동환을 상대의 다름으로 인도한 이정표가 라이프니츠의 공-가능성이라면, 절대의 다름으로 인도한 이정표는 부정신학(théologie négative)이다. "부정신학, 그것은 논리적 추적의 귀결이다. 그것은 부정의 귀결이다. 그것은 신의 죽음을 뜻하는 것이 아니다. 오히려 신을 향한 인간의 죽음을 뜻한다. 신을 향한 절대에의 다름으로써 전적인 자기 부정에 이르는 것이다."(3: 17) 부정신학 속에 함축된 인간의 죽음은 단순히 의식이나 주체의 죽음이 아니다. 그것은 차라리 사이즈, 인간적 사이즈를 포함한 모든 사이즈의 죽음이다. 인간이 생각할 수 있는 모든 형상, 합리적 크기, 인본-인문주의적 기준의 소멸. 칸트의 숭고 또한 그 언저리의 여담이다(숭고의 문제가 원래 크기에 있음을 기억하자). 부정신학 속에서, 그 신학과 함께 있는 무한의 절대자 아래에서 우리는 동양의 장자가 그렸던 세계와 만난다. 여기서 천사는 악마보다 선하지 않다. 미녀는 괴물보다 아름답지 않다. 철학자는 천치보다 절대 지혜롭지 않고, 본질은 우연으로 전락한다. 정상은 비정상과 마찬가지로 비정상적이며, 따라서 똑같이 부정될 수 있다. 부정신학이 인간적인 것의 무덤이라면, 그 무덤(그로타, grota)은 "그로테스크 리얼리즘"[6]의 동굴이다. 이른바 탈근대적인 기괴함의 고전성은 바로 여기에 있다.

이런 절대의 부정과 다름은 상대의 다름에, 그리고 자신의 정체성을 보존하려는 개체의 코나투스(conatus)에 대하여 어떤 관계에 있는가? 차이의 철학은 이 물음에 도달하자마자 서로 달라지고 각기 다른 방향으로 분화된다. 가령 들뢰즈의 자연철학은 상대적 차이에 대한 지나친 평가절하와 절대적 차이에 대한 일방적 숭배 속에서 철저한 질료 내재주의에 빠져버린다. 무제약적이고 통제 불가능한 변이(탈주)의 가능성을 노래하는 그의 마술적 존재론은 모든 형상과 크기와 속도를 잠재적으로 머금은 어떤 절대적 질료를 중심으로 펼쳐진다. 반면 데리다는 상대적 차이와 절대적 차이를 똑같이 존중하는 듯한 모습을 보여준다. 규정이 성립하고 소멸하는 위치를 상대적 차이가 만드는 동일성의 체계에서 찾지 않는 것처럼 그 바깥의 절대적 차이가 일으키는 혼돈 속에서도 찾지 않는다. 그 위치는 상대적 차이와 절대적 차이의 경계에 있다. 데리다가 말하는 차연이나 쓰기는 그 경계에서 일어나는 어떤 폭력의 교환이자 경제이다. 그것은 두 차이의 차이를 가리킨다.

개체적 규정성의 발생 위치를 생각하는 박동환의 위상학은 들

6) 그로테스크 리얼리즘은 기형도의 최초 해설자 김현이 기형도의 시 세계에 붙인 이름이다. 김현은 기형도의 시를 "아주 극단적인 비극적 세계관"의 표현으로 읽었고, "그 도저한 부정성은 벤이나 첼란에게서나 볼 수 있는 부정성"이라 평가했으며, 이제 다시는 기형도가 갔던 길을 다시 가는 시인이 없기를 기원했다. 어떠한 긍정적 전망도 없는 철저한 허무주의라는 것이다. 이에 대해서 기형도 시집의 해설 「영원히 닫힌 빈방의 체험: 한 젊은 시인을 위한 진혼가」, 135쪽, 142쪽 등 참조. 그러나 기형도의 시, 가령 「빈집」같은 작품은 민족 정서라 일컬어지는 한(恨)의 현대적 표현이 아닐까? 또 이렇게 읽어야 기형도 시가 지닌 긍정적 의미와 탈-허무주의적 차원이 드러날 수 있는 것이 아닐까? 기형도 시는 서양의 이론으로는 읽히길 거부하는 차원으로 나아가고, 따라서 한국적 사유와 정서의 논리가 어떻게 가능한지의 문제를 제기하는 것이 아닐까? 우리는 이 글 마지막 부분(5절)에서 이 문제와 씨름할 것이다.

뢰즈보다는 데리다 쪽에 가깝다. 여기서 지속적으로 강조되는 것은 두 차이 사이에서 혹은 두 차이와 개체 사이에서 벌어지는 엇갈림과 얽힘이다(3: 15-17). 현실적으로 존재하는 모든 존재자는 두 차이가 엇갈려 만드는 역학적인 얽힘 속에 있다. "세상에 그 몸을 드러낸 자치고 상대와의 공존관계와 절대에의 복종관계라고 하는 얽힘을 물리칠 수 있는 자는 없다. 이것이 세상에 주어지는 모든 조건부 동일자의 피할 수 없는 논리적 숙명이며 한계이다."(3: 17) 조건부 동일자에 해당하는 개체의 존재론적 생애는 이 엇갈림과 얽힘 속에서 일어나는 "굴절과 연합, 변이와 지연, 함몰과 입몰"(3: 17)의 단계를 거친다.

여기서 문제는 개체가 두 종류의 다름에 대해 이중으로 관계하는 방식에 있다. 개체는 자신의 외부에서 자신의 생명을 유지할 요소와 에너지를 얻으므로 다름의 제약을 완전히 부정할 수 없다. 개체는 외부에 대한 의존관계 속에서만 존속할 수 있다. 하지만 외부의 직접적 유입은 정체성의 동요와 파괴로, 내부 자체의 소멸로 이어진다. 따라서 개체는 외부의 직접적 유입을 방어, 지연, 왜곡하면서 자신의 내부에 매개해야 한다. 개체의 생애는 외부가 개체에 가하는 폭력과 그에 대해 내부가 행사하는 반-폭력 사이의 타협과 균형이 끊임없이 반복되는 과정이다.

개체에게 임시의 정체성을 선물하는 상대의 다름은 그런 폭력의 경제학이 도달하는 어떤 아슬아슬한 균형에 불과하다. 그러나 그 균형 속에는 절대의 다름이 어떤 진동을 남기고, 그 진동은 그 폭력의 경제 속에 점점 더 감당하기 어려운 비평형적 여건을 조성한다. 물론 그 진동과 비평형적 여건은 개체의 조직에 활력과 변화를 가져오는 일차적 요인이지만, 드디어는 그 조직의 와해를 초래한다. 개체가 영위하는 폭력의 경제가 항구적으로 지속될 수 없는 이유는 여기에 있다. 그것은 임시의 경제에 불과하고, 마침내 절대의 다름에 휘말려 함몰해갈 수밖에 없다. 이것이 박동환이 말하는 절대환원이다.[7)]

절대의 다름. 그 다름은 어디서 시작하고 누구에 의해 주재되는가? 절대의 다름에 따라 개체가 돌아가는 마지막 장소는? 박동환은 개체가 탄생하는 궁극의 모태이자 개체가 함몰해가는 마지막 장소를 [ ]로 표시한다. 물론 이것은 시간적인 것도 아닐뿐더러 공간적인 것도 아닐 것이다. 그 어떤 형상도 아닌 것처럼 어떠한 힘도 아닐 것이며, 현실적인 것이 아닌 것처럼 잠재적인 것도 아닐 것이다. 그것은 부정신학의 신처럼 그 어떤 것도 아닌 것으로 몸을 숨기는 *X*이다. 그것은 개체를 데려오는 것이면서 대려가는 것이고 규정하면서 또한 그 규정의 안과 바깥에서 내속(內續)하는 어떤 것이다. 언젠가 닫았던 개체의 배꼽을 언젠가 다시 여는 [ ]. 개체는 언제나 그곳에 빠져 있다. 그것이 존재자로서의 존재자이다. 개체는 절대의 *X*가 만드는 잉여 속에서 진동하고 있다. 존재하는 모든 것은 그 미지의 *X*가 남기는 흔적이자 암호에 불과하다. 사물과 관계한다는 것, 가령 지각한다는 것은 그런 암호와 관계한다는 것이다.

---

7) 박동환의 미발표 노트 「간추린 마디의 가설」(08.1.11)은 이런 함몰의 절차를 좀 더 상세히 부연한다. 즉 개체는 타자에 저항하여 자기보존과 확장을 꾀하는 것 못지않게 자신의 한계를 넘어 "주변의 타자 또는 무한으로 탈출하려는 꿈"(1.4)을 지닌다. 개체는 "타자를 향한 자기 감소의 길을 갈 수도 있고 때로는 자기 확장의 길을 갈 수도 있다."(1.4) 이 두 가지 길에 대한 성찰은 최근의 노트 「*Xx*에 대하여」(10.2.20)에서 프로이트의 기억이론과 사르트르의 상상이론과 결부되어 좀 더 구체적으로 전개되고 최종적으로 *Xx*라는 핵 개념으로 수렴된다.

2. 경험과 논리

시원의 파생 흔적이자 암호인 한에서 존재자는 결코 정연하게 풀어헤칠 수 없는 실타래와 같다. 그것은 인위적으로 풀리지 않는 매듭과 얽힘을 간직한 어떤 사구체(絲球體)이다. 기존의 논리학은 이 사구체를 두 가지 방식으로 풀어왔다. "얽힘을 찾는 두 갈래의 길이 있다. 주어진 것에 대해 안으로 혹은 필연으로 얽혀 있는 것을 찾는 내재함축의 길과 주어진 것에 대해 밖으로 혹은 우연으로 얽히는 초월함축의 길이 있다."(3: 5) 내재함축과 초월함축. 그것은 각각 전제 안으로 얽히는 추리의 길과 전제 밖으로 얽히는 추리의 길에 해당한다.

그러나 상대의 다름과 절대의 다름이 만드는 잉여의 무늬는 내재함축의 형식도, 외재함축의 형식도 따르지 않는다. 개체를 이루는 실타래는 외적 분석에 저항하되 어떤 끈-풀리기(ana-lysis) 운동 속에서 종잡을 수 없이 사라져버린다(lysis는 원래 끈, 실을 뜻한다). 사라짐과 소멸. 그것이 존재자의 가장 일반적이고 보편적인, 그러나 가장 신비로운 사태이다(3: 1-2). 그렇다면 외부로부터의 풀기에 저항하는 개체의 신비한 "자체소멸"(3: 28) 속에서 자기를 알리는 미지의 X에 도달하는 방법은? 직관인가 여전히 논리인가?

논리적 지성(오성)의 한계를 넘어서고자 하는 시도는 종종 직관주의로 돌아간다. 계몽주의에 반발해서 나온 독일낭만주의가 대표적인 사례이다. 낭만주의가 비판하는 계몽주의적 오성의 한계는 주객 대립에 기초한 이분법적 논리에 있다. 주체와 객체의 대립을 반복, 심화하면서 연쇄적으로 파생되는 대립체계, 가령 내면과 외면, 동일성과 차이, 일(一)과 다(多), 보편과 우연, 정신과 신체 등의 대립체계. 그것이 칸트에서 세계 자체가 되어버렸다.

주체의 동일성과 객체의 차이가 대립하는 이런 세계상은 오성적 판단의 불가피한 속성이다. 판단은 그야말로 이 세계의 존재를 근원적으로 나누어 쪼개버린다(ur-teil-en)는 횔덜린의 말처럼, 오성은 판단하면 할수록 존재의 원초적 통일성을 파괴한다. 그렇다면 판단 이전의 존재론적 통일성, 그 존재의 단순함을 어떻게 회복할 것인가? (예수: "천지의 주재이신 아버지시여, 이것을 지혜 있고 슬기 있는 자에게 감추시고 어린아이에게 나타내심을 감사하나이다.") 이런 신념 속에서 판단과 추리의 길을 버리고 잃어버린 존재론적 통일성으로 되돌아가는 길을 가리키는 것이 셸링의 지적 직관과 야코비의 감성적 직관이다.

헤겔은 계몽주의가 배제했던 절대자를 철학의 중심 주제로 회복한 점에서 독일낭만주의의 역사적 위업을 치켜세우는 반면, 그것의 직관 숭배를 비판하면서 자신의 역사적 위상을 찾고자 했다. 절대자를 개념적으로 표현하는 논리학(변증법)을 확립하는 데 모든 것을 건 것이다.[8] 독일낭만주의는 언어나 개념에 의해 왜곡되기 이전의 순수한 실재와 직접적으로 접촉하고 훼손되지 않은 처녀의 내용을 있는 그대로 경험하는 길을 택했다. 반면 헤겔에게 직관은 추상적 빈곤으로 전락하고 경험주의는 철학으로 성립할 수 없다. 이것을 논증하는 대목이 『정신현상학』 초두(1장)를 장식하는 '지금 여기'의 분석이다. 이 분석을 끌고 가는 근본 신념은 실재는 개념적 언어에 의해 매개될수록 구체성을 획득하는 반면, 언어와 분리될수록 추상

8) 헤겔, 『정신현상학』, 임석진 옮김(한길사, 2005), 서설, 39-47쪽 참조.

성을 띤다는 것이다.

기존의 논리에 의해 풀리지 않는, 다만 절대의 다름에 이끌려 미지의 잉여 속으로 풀려 사라지는 존재자의 자기분석(자체소멸)을 철학적 주제로 설정한다는 점에서 박동환은 독일낭만주의와 헤겔이 대결하던 지점에 서 있다. 그리고 주체와 자아 그리고 반성이라는 계몽주의 시대의 범주를 버리고 절대자와 더불어 있는 마음에 대해 언급한다는 점(3: 22)에서 낭만주의가 갔던 길을 선택한다는 인상을 줄 수도 있다. 마음을 통해 절대자를 경험해야 한다는 것은 야코비나 슐라이허마하의 명제를 반복하는 것이 아닐까? 그러나 박동환은 절대자와 하나가 되는 경험이나 해탈에 대해 말하면서도 무매개적 직접성을 찬양하는 직관주의자가 아니다. 오히려 반대로 무매개적 직접성을 단호하게 거부한다. 개념의 감옥에 갇힌 의식의 철학을 벗어나되 개념의 한계와 제약을 수용하면서 벗어나는 길을 가리킨다. 이런 방법적 전략은 "한계 보존적 해탈"이라 명명된다. "인식의 구조를 해소해서 인식의 한계를 넘어간 사람들은 이성의 논리, 지식의 체계와의 관계가 단절되어버리는 반면에, 한계 보존적 해탈의 길을 택한다면 인간 지성의 정수로서의 과학적 지식 또는 논리적 이해력과의 관계를 유지하면서 객관을 또는 해탈의 경지를 얻을 수 있다."(2: 30)

낭만주의적 의미에서 매개한다는 것은 훼손하고 더럽히는 것이다. 반면 헤겔적 의미에서 매개한다는 것은 보존하고 순화한다는 것이다. 이 사이에서 데리다는 헤겔을 편들어 말한다. 개념의 매개는 절대자를 훼손하지만 절대자를 보존하는 유일한 방법은 개념의 매개밖에 없다. 오염과 훼손을 두려워하지 말라. 그리고 다시 덧붙인다. 그러나 개념은 자신이 매개하여 보존하는 절대자에 의해 불안과 불행을 겪을 수밖에 없다. 분열과 파탄의 길로 들어서게 되고 스스로 변신하지 않으면 죽음에 이르게 된다. 변증법은 개념이 절대자를 매개, 보존하면서 필연적으로 겪는 변화와 소멸의 논리이다. 절대자는 변증법이라는 새로운 논리에 의해서만 사유될 수 있다. 다만 헤겔은 이 논리를 아폴론의 이념 속에 선험화하고 목적론적 구도 속에 단순화시켰을 뿐이다. 차연, 쓰기는 아직 술에서 깨어나지 않은 디오니소스적 매개와 변증의 리듬이다.

박동환은 한계 보존적 초월의 길을 간다는 점에서 헤겔과 유사한 길을 간다. 논리학을 존재론이나 철학 자체와 동의어로 사용할 때가 많다는 점에서도 헤겔과 같다. 여기서 다시 박동환이 일반적인 평가와는 달리 부정신학을 식관주의가 아니라 오히려 "어떤 논리적 추적의 귀결"(3: 17)로 간주한다는 점을 기억하자. 마찬가지로 그는 절대의 미지자 [ ] 역시 어떤 논리적 분석의 산물임을 강조한다. 즉 미지의 절대자 X는 보편의 바탕으로 소급해가는 "시원분석"(3: 4)의 마지막 도달점이다. 이런 시원분석의 사례로 거명되는 것은 플라톤이다. 플라톤은 현실의 감각을 가능하게 하는 형상으로, 다시 형상의 형상으로 거슬러 올라 마침내 존재를 넘어서는 것(epekeinas tes ousia)에 도달한다. 모든 존재를 결정하면서 사라지고 사라지면서 결정하는 마지막의 것에 도달하는 시원분석은 내재함축을 따지는 증명의 논리가 아니라 잉여함축이나 잉여포섭의 길을 따르는 "발견의 논리"(3: 6)이다.

박동환이 이런 발견의 논리의 연장선상에서 발견하는 것은 소멸하지 않는 것은 없다는 사실이다. 자체소멸과 자기분석(스스로 풀려감)보다 더 근본적인 존재자의 속성은 없다. 존재는 존재자의 자체분석 속에서 언명되어야 한다. 사라진다는 것, 그것이 모든 존재자의 보편적 바탕이 숨어 있는 장막이다. 바로 거기에 모든 존재자의 단일한 통일성이 있다. 박동환은 이 통일성에 관계하는 어떤 초월론적 논리학의 가능성을 묻곤 했다. "모든 임시의 기회를 다투는 것들이 사라져 가며 던지는 암호 가운데서 세계에는 실현될 수 없을 원시의 통일자에 초월적으로 관계하는 어떤 논리학이 쓰여질 수 있는가?"(2: 5) 이것이 박동환이 말하는 마음의 논리학이다.

헤겔의 논리학이 오성적 논리의 한계를 표시하면서 출발하는 것처럼 마음의 논리학은 기존의 논리 일체에 대한 거부를 수반한다. 서양에는 연역과 귀납의 논리, 그리고 변증법이 있었다. 동양에는 대대(對待)와 반구(反求)의 논리가 있었다. 하지만 자체소멸과 분석 속에서 암시되는 비밀은 미처 논리적으로 재현된 적이 없다. 그 비밀스런 존재론적 보편성은 "노자가 말하는 무명(無名)의 상도(常道)에서조차도 실현될 수 없었다"(2: 5). 문제는 기존의 어떠한 논리로도 제거할 수 없는 존재론적 잉여와 그 잉여가 함축하는 무한한 부정의 가능성을 논리적으로 표현하는 데 있다. 마음의 논리학은 절대의 다름에 휘말려 미지의 [ ]로 함몰하는 개체의 존재론적 운명을 정식화하고자 한다.

마음의 논리학은 어떤 순수한 형식의 추구가 아니다. 그것은 동양의 논리처럼 실천적 경험과 분리되지 않는 문법이나 틀이고, 오히려 서양의 귀납법처럼 유의미한 경험을 향도하는 리듬이다. 또는 헤겔이 변증법을 설명할 때 강조하는 것처럼, 그것은 경험적 내용 자체의 자기순화 운동이다. 분석과 종합이라는 자기자극을 통한 반복적 자기고양 운동. 박동환은 그것을 "버리기"라 했다. "왜 많은 것을 관찰하고 경험하는가? 많은 것을 얻기 위해서가 아니라 버리기 위해서이다."(3: 29) 그러므로 이렇게 물어야 한다. 과연 어떤 리듬을 따를 때 최상의 존재론적 보편성에 이르는 경험의 자기순화 행렬이 가능한가? 자신의 진리에 이르는 참된 경험의 진로는 어디에 있는가?

여기서 주목해야 할 점은 이런 물음 속에서 논리와 경험이 구별되지 않는다는 점이다. 논리에 대한 연구는 경험에 대한 연구가 되고 경험에 대한 연구는 논리에 대한 연구가 된다. 논리실증주의에서 논리와 실증적 경험은 발견과 정당화 혹은 종합명제와 분석명제라는 서로 다른 두 문맥으로 분리된다. 하지만 논리실증주의의 세례를 받았던 박동환에게 그 둘은 한없이 수렴된다. 근대 합리론의 정점인 라이프니츠를 경험론자로 해석하는 그의 청년시절 논문 "Leibniz as Empiricist"(3: 158 이하)는 이런 일반적 경향의 전조이다. 만일 라이프니츠가 논리주의자이면서 흄과 동일한 진리를 말하는 경험주의자라면, 박동환 역시 논리주의자와 경험주의자라는 두 얼굴을 가지고 있다.

경험주의자로서의 박동환을 향도하는 것은 라이프니츠와 흄 이외에도 오캄과 포퍼가 있다. 라이프니츠와 흄은 관계의 외부성을 말한다는 점에서 똑같은 경험주의자다. 즉 관계는 사물 속에 내재적이지 않다. 사물들 사이의 관계는 어떤 필연적인 속성처럼 사물들의 개념으로부터 연역되거나 선험적으로 규정, 제한되지 않는다. 관계는 본성상 무관심하고 고립되어 있는 원자적인 사실들 사이에서 사후적으로 고안되거나 지각의 차원에서 후험적으로 엮이는 것이다(1: 118). 이것은 흄의 인과율 분석에서만이 아니라 라이프니츠의 '창 없는 모나드'라는 개념 속에서도 강렬하게 암시되고 있다(3: 169-71).

관계의 외부성은 관계의 무한한 변이 가능성을 의미한다. 여기서 관계를 미리 제약하는 모든 조건이 사라지고 정상과 비정상을 판정하는 영원하고 선험적인 기준은 코미디가 된다. 관계가 어떠해야 할지 사전에 지정하는 규칙은 없다. 이 지점에서 박동환의 경험론을 더 높은 차원으로 향도하는 것은 오캄이다. “절대의 섭리자 신에 대한 몰아(沒我)의 헌신 때문에 어떤 선험적인 법칙도 거부하는 14세기 유명론자들의 경험주의로부터 새로운 철학사가 시작될 수 있었다.”(3: 6) 이미 지적했던 것처럼, 박동환을 절대의 다름으로 이끌던 이정표는 부정신학이었다. 오캄의 유명론은 부정신학과 동일한 것을 가리킨다. 즉 피조물의 세계에서는 어떠한 것도 선험화될 수 없다. 그 무엇도 영원하거나 필연적일 수 없다. 정상은 비정상과 마찬가지로 비정상적이고 비정상은 정상과 마찬가지로 정상적이다. 이런 그로테스크 리얼리즘이 유명론의 귀결이다. 박동환은 그런 귀결을 경험주의의 진수로 간주하고, 이를 데리다의 해체론보다 훨씬 더 과격한 것으로 평가한다. “해체를 말하는 데리다조차도 하이데거나 니체나 헤겔로 시론하면서도 유명론자 오캄이나 경험주의자 흄을 말의 믿음에 해체를 일으킨 선구자로 잡지 않는 것은 서양철학의 흐름에서 모처럼 자각된 그의 해체의 바탕이 아직 보편에 이르지 않았음을 알린다.”(1: 144)

데리다는 헤겔과 한편에 서서 말과 분리된 순수 타자의 경험이 불가능하거나 무의미하다는 것을, 경험주의가 하나의 주의로서 바로 설 수 없음을 자주 역설한다. 이것이 데리다가 푸코, 레비나스, 아르토, 바타유, 레비스트로스 등을 역설의 곤경으로 몰아넣는 단초이기도 하다. 반면 오캄과 흄이 주는 영감을 본격적인 그로테스크 리얼리즘으로 발전시키고 여기에 초월론적 경험론이란 이름을 붙인 것은 들뢰즈이다. 들뢰즈는 선험성의 부재를 통째로 선험화하여 경험론의 극치인 마술적 경험론에 이른다. 이런 대척관계에서 볼 때 박동환은 데리다와 멀어지고 들뢰즈와 공유하는 것이 많아 보인다.

이는 박동환과 들뢰즈가 헤겔이나 데리다와 달리 가장 위대한 잠언이 자연 속에 있음을 믿는다는 사실과 이어져 있다. 이들은 "언어체계와 그 조작 이전의 철학, 그것을 어떻게 말할 수 있는가"(2: 31)를 묻는다. 하지만 똑같은 마술적 경험론 속에서도 두 사람은 서로 다른 길을 걷는다. 들뢰즈는 경험세계 속에서 인간적인 사이즈를 벗어나는 무한히 다양한 형식의 종합이 가능하다는 점에 역점을 둔다. 반면 박동환은 경험 속에서 일어날 수 있는 통제 불가능한 반란의 가능성에 주목한다(3: 6-7). 다시 말해서 일체의 외부적 분석을 거부할 만큼 무제약적인 자체분석(자체소멸)에 초점을 맞추고, 그로 인해 임시의 동일자가 상대의 다름과 절대의 다름으로 열리는 무한한 개방성에 역점을 둔다(2: 97).

이런 그로테스크 리얼리즘을 인도하는 가장 중요한 이정표는 포퍼의 반증 가능성 개념인 것처럼 보인다(3: 58-59). 들뢰즈가 선험적 관계의 부재를 마술적 종합의 가능성으로 끌고 간다면, 박동환은 그 부재에서 인간의 규모를 초과하는 반증 가능성을, 초월적 타자를 개시하는 경험 자체의 자체 환원적 고양을 본다. 이제 절대의 다름이 마지막 보편성이자 최후의 진리를 가리킨다면, 그 진리는 무제약적 반증의 가능성 속에서 빛나고 있다. "초월의 타자는 증명되지 않고 반증되는, 타자를 자기화하지 못하고 자기가 타자화되는 고통스러운 자아 해체의 순간에 다가온다. (...) 보다 높은 진리는 증명으로서 주어지는 것이 아니고 반증과 반전으로서 '부딛히는' 것이다."(2: 248-49) 마음의 논리는 이런 반전의 리듬 속에서 경험이 자신의 최후 진리에 도달하는 자기순화의 절차와 크게 다르지 않을 것이다.

3. 역사와 3표

이런 관점에서 인류의 역사를 바라보자면, 소멸의 보편성이 반증되는 가장 탁월한 장소는 강자들이 패권을 다투는 가운데 결국 자멸해가는 주변부이다. 강대국들이 서로 번갈아 차지하다 사라지는 주변부가 지배자의 무덤으로 현상할 때, 그때야말로 역사적 경험의 보편적 바탕이 극단적으로 반증된다. 박동환은 종종 이런 첨예한 반증의 장소로서 한반도를 언급한다. 일제 식민지, 전쟁과 분단, 이데올로기 갈등과 냉전, 독제와 경제개발, 쿠데타 등 주변 강대국들의 세력균형이 깨질 때마다 파국과 단절, 수모와 치욕을 겪어야 했던 한반도는 소멸을 존재자의 진리로 낳는 절대의 타자가 순화된 형식으로 경험될 수 있는 독특한 지역이다.

그러므로 불행한 역사 속에서 한국인이 경험한 수모와 좌절은 헛된 것이 아니다. 반증의 논리는 실패가 주는 선물을 설명한다(2: 17). 강대국이 패퇴하기에 이르는 주변부는 해체 일반의 존재론적 의미를 가르치고 최후의 보편자에 대한 감각을 부여한다. 이런 관점에서 박동환은 "존재의 뜻하지 않은 반전과 허무를 수없이 체험한 민족에게, 한(恨)을 체질화한 우리에게 지금 다가오는 보다 성숙한 해체시대의 비전"(2: 241)에 대해 언급한다. 그러므로 한은 이러저러한 감정들 중의 하나가 아니다. 그것은 경험의 자기순화로 귀결되는 상승적 반증의 절차가 선험적 초월성의 경계에서 일으키는 비극적 정서이다. 그 고통은 탁월한 존재론적 경험이 그 경계를 넘기 위해 치러야 하는 대가와 같다. 그러나 그것뿐인가? 왜냐하면 수난이 초월의 능력뿐만 아니라 심판의 권리를 가져온다는 것은 그 옛날부터 예수의 십자가가 예증하던 것이기 때문이다. 한국에서는 이것이 무속신앙이 펼치는 한의 논리로 자리잡아왔다. 즉 스스로 한이 맺혔던 마음만이 타인의 한을 풀어줄 권리와 능력을 얻을 수 있다. 수난과 한의 장소인 주변부는 중심지역의 능력과는 다른, 다르므로 오히려 우월한 어떤 새로운 초월과 심판의 능력이 자라나는 곳이다. 박동환의 다음과 같은 문장은 이런 시각에서 읽어야 할 것이다.

> 오늘날 벌어지는 현대 철학자들 사이의 논쟁은 주변에 놓인 자에게는 구경거리에 지나지 않는다. 그 논쟁에서 어느 한편에 끼어들 만한 자기로부터의 이유나 동기를 찾을 수 없는 주변자에게도 그것이 호소할 만한 보편의 진리가 되려면 그 대부분이 깨어져버려야 할 만큼 그것을 만들어낸 민족의 특수한 삶의 형식과 뿌리 깊은 기질에서 나온 것에 지나지 않기 때문이다. 보편의 허구를 선전하는 패권의 철학이 주변자에게서 거부될 수밖에 없다.(3: 30)

주변부는 주류 사상사의 문턱이다. 패권의 철학이 선전하는 보편의 허구가 검증되고 그 진정성이 확인되는 위기의 문턱. 주변부에 고집스럽게 서있는 박동환에게 아직 그 문턱에 걸려 넘어지지 않은 주장은 없다. 동서고금의 사상이 교차하는 한반도는 모든 이념과 논리의 무덤에 해당한다. 새로운 철학은 이 무덤처럼 두터운 자각 속에서 출발해야 한다. "인류는 아직 그의 출현과 소멸을 좌우하는 자의 주변을 방황하고 있다. 그 동안의 해법이 그 자신을 변함없는 주변자의 자리로 추락하게 하는 것이었을 뿐이라는 자각, 이것이 남아있는 철학적 해법의 출발점일 수 있다."(3: 29) 3표론은 이런 출발점에서 이르게 된 일정한 도달점일 것이다.

서양과 중국 그리고 주변부로서의 한국에서 각각 구조화된 사유의 패턴(혹은 역사적 삶의 형식)을 정리한 박동환의 3표론은 동아시아의 정치경제학적 부흥과 더불어 요구되는 새로운 비교철학의 모델로 부상할 만한 잠재력을 지녔다. 그것은 해체론적 영감의 비교철학이 무엇인지 보여준 선구적인 사례이다. 세계 부(富)의 중심이 동쪽으로 이동하면서 사상의 중심도 다원화될 조짐이 보이고 있거니와 오로지 비교철학적인 작업만이 기존 사상사의 순화를 의도하는 해체론을 완성할 수 있다. 왜냐하면 하나의 전통 안에서만 이루어지는 철학사 해체론은 하이데거나 들뢰즈에게서 극명하게 드러나는 것처럼 보편성을 얻을 수 없기 때문이다. 가령 철학사의 새로운 시작은 다시 서양에서만, 고대 그리스로 다시 돌아갈 때만 일어날 수 있다는 말로 끝나는 만년의 하이데거 슈피겔誌 대담을 보라. 철학의 지리학적 조건을 묻는 들뢰즈/가타리의 『철학이란 무엇인가』에서도 동양적 사유는 철학 이전의 단계에 불과한 전제적(專制的) 사유로 비하된다. 즉 수직적 초월성에 구속되어 있는 동양적 사유는 철학의 조건인 어떤 전-철학적인 평면, 이른바 내재성의 평면을 아직 수립하지 못했다.[9)]

이런 사례는 기존의 철학사가 또 하나의 대대적인 혁명을 기다리고 있음을 말해준다. 어떤 혁명인가? 그것은 동양과 서양에 모두 공정한 관점에서 인류 사상사의 통합으로 나아가는 입구가 열리는 사건이다. 이를 위해서는 무엇보다 서양 사상은 동양 사상에 의해,

---

9) 이상 M. Heidegger, "Spiegel-Gespräch (23. September 1966)," 전집 16권 (Frankfurt am Main: Klostermann, 2000), 652-683쪽, 특히 677쪽 이하; 들뢰즈/가타리, 『철학이란 무엇인가』, 이정임 · 윤정임 옮김(현대미학사, 1995), 2부 3장, 특히 127-138쪽 등 참조.

동양 사상은 서양 사상에 의해 환원, 순화되는 절차가 있어야 할 것이다. 또한 동서 주류사상사와 주변부의 토착적 사유 사이에서도 그런 상호분석과 교차반증의 절차가 있어야 할 것이다. 해체론의 완성은 오로지 그런 이중의 조건에서만 기대할 수 있고, 박동환의 궁극적인 철학적 의도도 사실 여기에 있는지 모른다. (기형도: "그러한 믿음이 언젠가 나를 부를 것이다.") 3표론은 서양의 탈근대 담론이나 탈서양 담론이 아직 미완의 담론이자 과거에 속하는 담론임을 표시하는 말뚝과 같다.

이런 전망 속에서 다시 강조해야 할 것은 한국적 사유의 고유한 특성을 살리는 이론적 실천도 역시 비교철학적 구도 안에서 펼쳐져야 한다는 점이다. 한국 사상사의 전통이 동서고금의 사상사와 부딪혀 어떤 반증의 논리 속에 환원, 식별되는 절차가 생략된다면, 우리는 결코 한국적 사유의 고유한 특성을 입체적으로 복구할 수 없을 것이다. 3표론은 이 점에서도 탁월한 예증 사례이다. 박동환은 서양적 사유나 중국적 사유와 구별되는 한국적 사유의 고유한 초월성을, 그리고 이 초월성이 지닌 논리적 구조를 밝힌 철학자이다.[10)]

---

10) 이는 초기 한국문학사를 초월론의 관점에서 해석했던 김우창의 비관적 진단과 대조를 이룬다. 김우창이 바라본 한국문학사의 특징은 초월적 동기의 부재나 약화, 혹은 자연스러운 초월의 어려움에 있다. 여기서 김우창이 말하는 초월은 조화롭고 자유로운 인간의 발전을 허락하는 민주적 공동체를 조건으로 하며, "보편적 인간에로의 초월"을 의미한다. 식민지 시대의 한국문학사에서는 이런 정상적인 초월이 불가능했고 "유일한 보편적 입장은 부정의 보편성의 입장이다."(민음사 전집2권, 1977, 133쪽) 김우창은 그 부정의 보편성이 구현되는 탁월한 사례를 한용운에서 찾는다.(전집1권, 「궁핍한 시대의 시인」 참조) 즉 궁핍한 시대의 초월은 부정의 보편성, 보편적 부정이다. 그러나 박동환에게는 공동체 안에서 성립하는 초월은 거세된 초월에 불과하고, 오로지 부정의 보편성의 입장에서만 참된 초월

사실 박동환은 일찍부터 독특한 스타일의 비교철학적 계획을 구상하고 있었다. 결정적인 대목은 1980년에 발표된 논문「禮의 논리적 근원」에서 찾을 수 있다. 유가의 예(禮)와 도가의 도(道)가 동일한 자연관에 뿌리내리고 있으며 따라서 동일한 논리적 구조를 구현하고 있음을 밝히는 이 글은 다음과 같은 과제를 남기며 끝난다.

> 그것은 2500년 동안 중국 및 한국 사상사 (또는 역사) 전개에 그렇게 큰 영향을 끼친 논리적 구조란 어떤 것인가를 논리학적으로 명백히 형식화하는 일이다. (...) 그리고 2500년 동안의 서양의 과학 및 철학 사상사 전개에 결정적인 역할을 해온 논리적 구조는 무엇인가를 밝히고 형식화해서 앞의 것과 대조 또는 모순을 이루는 논리적 관계의 진상을 검토해보아야 할 것으로 생각된다.[11]

1999년에야 발표되는 3표론은 근 20년 전의 이 멋진 계획에서 시작된 대장정의 성과일 것이다. 그렇다면 3표란? 그것은 원래 묵자의 용어였다. 묵자는 올바른 사회적 질서를 도모하기 위해, 특히 사람들 사이의 시비이해를 가리기 위해 따라야 할 준칙으로 3표를 언급했다(3: 73-74,『墨子』「非命上」참조). 과거 위대한 통치자의 사례를 본받는 본지(本之), 백성의 눈과 귀를 따르는 원지(原之), 백성의 이로움을 따지는 용지(用之)가 그것이다. 박동환은 3표라는 말에 담긴 이런 원래의 뜻을 비우고 거기에 인류 사상사를 지배하는 세 가지

을 생각할 수 있다.

11) 박동환,「禮의 논리적 근원」,『인문과학』43집(연세대학교 인문과학연구소, 1980년 6월), 171쪽.

패러다임이라는 새로운 뜻을 담는다.

표는 표시한다는 말이 가리키는 것처럼 겉으로 드러내거나 밝힌다는 뜻이다. 그러나 아무 것이나 드러내는 것이 아니라 천문과 인문의 결, 그 무늬의 시종과 리듬을 드러내는 경우가 있다. 이런 관점에서 박동환이 가장 먼저 주목하는 것은 『周髀算經』의 비(髀)와 『易』의 괘(卦)이다(3: 63-66). 주비(周髀)는 햇볕이 떨어지는 각도와 그림자의 길이를 재는 푯말로서 주야의 장단은 물론 4계절의 마디를 드러낸다. 8괘는 천지만물의 변화를 설명하는 근본적인 도식이자 최후의 분류범주이다. 표란 이런 주비나 8괘처럼 측정과 예측, 분류와 판단을 뒷받침하는 준거, 표준, 척도, 모델, 체계 등을 의미한다.[12] 박동환에 따르면 동시 고대철학을 관통하는 문제는 이런 의미의 표를 구하는 데 있다(3: 68). 그것은 천문과 인문, 우주의 질서와 도시의 삶을 동시에 조형하기 위해 필요한 표를 제시하는 문제이다. 표의 의미는 이 지점에서 이렇게 일반화된다. "표는 우주와 도시 안의 서로 다른 類들이 지향하는 마지막 준거의 틀이다. 표는 일반적으로 類들이 소속한 영역, 영토에서 그 존재 또는 생명을 실현하고 지속하기 위하여 의존하는 관계의 틀이다."(3: 114)

---

12) 서양 철학사에서 이런 의미의 표와 유사한 용어가 등장하는 대목은 니체의 ***Also sprache Zarathustra***, K.G.W.판 전집 VI-1권(Berlin: W. de Gruyter, 1968), 제3부 "Von alten und neuen Tafeln," 242쪽 이하이다. 다른 역자와 달리 최승자는 Tafel을 정확히 표(表)로 옮겼다. 『차라투스트라는 이렇게 말했다』(청하, 1984), 「낡은 표들과 새로운 표들에 관하여」, 238쪽 이하, 가령 242쪽 참조: "이제까지 모든 '지식'은 양심의 가책 곁에서 자라 왔다. 부숴버려라, 부숴버려다오! 너희 인식하는 자들이어, 낡은 표들을!" 그러나 박동환은 표의 번역어로서 table보다는 criterion을 염두에 두고 있다.

이런 일반적 의미의 3표 중에서 첫 번째 표는 고대 그리스에서 확립된 서양적 사유의 패러다임을, 두 번째 표는 선진(先秦) 시대에 형성된 중국적 사유의 패러다임을 가리킨다. 마지막 제3표는 이 두 사상사의 주변부에서 지속되어온 표로서 궁극적으로는 동서 분기 이전의 자연 상태에 귀속시켜야 하는 논리적 문법이다. 그런데 인류가 자연 상태에서 도시적 문명으로 이행하기 위해서는 어떤 전회의 사건이 일어나야 했다. 그것은 인본도덕주의나 인문주의적 질서가 탄생, 진화하는 사건이다. 인문주의적 질서의 등장과 더불어 후퇴하는 것은 종교-신화적 사유의 지배력이자 그것이 함축하는 수직적 질서의 세계관이다. 동양에서든 서양에서든 인문주의적 세계의 탄생은 "천인(天人) 관계"를 축으로 하는 수직적 세계관이 "인아(人我) 관계"를 축으로 하는 수평적 세계관에 의해 대체된다는 것과 같다(3: 79, 86).

박동환은 인문주의적 전회가 함축하는 존재론적 단절을 "무후(無厚)"라는 말로 표현한다. 무후는 원래 춘추 말 시비양가(是非兩可)론을 펼쳤던 등석(鄧析)의 문장에 등장한다. "하늘은 사람에게 두터움이 없다(天於人無厚也)"(『鄧析子』「無厚」; 3: 84 재인용). 이런 무후의 체험은 노자의 "天地不仁(천지는 인자하지 않다)"이나 "天道無親(천도는 친밀함이 없다)," 혹은 공자의 "敬鬼神而遠之(귀신을 우러러보되 멀리한다)" 등과 유사한 체험을 담고 있다(3: 85). 어떤 체험인가? 그것은 전통적인 준거의 표이던 천명이 도시의 수평적 인간관계를 조정하는 데 부적합하다는 체험, 어떤 무효의 체험이다. 그러나 이것뿐인가? 왜냐하면 무후 혹은 무친의 관계는 인간들 사이에서도 성립할 수 있기 때문이다.

사실 등석의 문장은 이렇게 이어진다. "임금은 백성에게 두터움이 없고 아비는 자식에게 두터움이 없고 형은 아우에게 두터움이 없다." 사람과 사람의 관계가 두터움을 잃고 얄팍해진다는 것은 단순히 높낮이를 잃고 평평해진다는 것만을 뜻하지 않는다. 그것은 또한 끈끈함을, 따라서 끈 자체를, 어떤 항구적인 끈을 잃어버린다는 것과 같다. 무후란 무계(無繫) 혹은 무연(無緣)과 같다. 앞에서 그로테스크 리얼리즘의 중요한 특성으로 거론된 관계의 외부성을 여기에서 다시 기억하자. 도시적 군집이 심화될수록 인간들을 묶어주는 관계의 끈은 선험적 필연성을 잃어버리고 끊임없이 재구성되어야 할 과제가 된다. 정상과 비정상을 가르는 경계는 오늘 달라지고 내일 또 달라진다. 도시적 군집이 필연적으로 수반하는 사막화. 왜냐하면 개체들은 습기가 날아가사마자 서로 분리되는 모래알로 변하기 때문이다. 개체들은 이제 정(情)이나 연고(緣故)에 따라 모이는 것이 아니라 이익이나 계약에 따라 모인다.

동서 사상사를 움직인 실제의 동인은 도시적 문명에 잠재하는 이런 존재론적 사막화의 위험에 있는지 모른다. 사상의 역사는 그런 사막화의 공포에 대한 방어의 역사일 수 있다. 기존 철학사는 도시적 공간에 내재적으로 발생하는 혼돈을 배제하고 예측 가능하고 항구적인 질서를 설계하는 어떤 거주 전략의 역사였다. 그 역사에서 미지의 존재 X는 점점 어떤 울타리 바깥으로 배제되고 그것을 대체하는 어떤 것이 중심, 기원, 근거 등의 이름으로 그 안쪽을 장악한다. 1표와 2표는 그런 역사의 배후이자 산물이다. 여기서 추구되는 것은 "우주를 도시에서 구축하는 공적(公的) 체제에 다름 아닌 유(類)들의 정합체계"(3: 114)이다. 그 두 가지 표의 유래는 존재론적 재난을 방어할 수 있는 어떤 도시적 정주 체제를 수립해야 할 필요성에 있다.

4. 3표와 철학의 동쪽

박동환은 이 두 가지 표를 창조적인 문헌주석을 통해 재구성해 간다. 역사가 만드는 무수하고 번잡한 갈래들을 헤집고 그 사이에 감추어진 어떤 규칙적인 얽힘이나 반복의 구조를 추출한다는 점에서 그 작업은 푸코의 역사 방법론을 상기시킨다. 즉 3표란 세 지역의 에피스테메에 해당한다. 그 에피스테메 발굴 작업이 진행됨에 따라 표면상 서로 무관하거나 대립하는 사조들이 하나의 고고학적 평면으로 배치되거나 하나의 공통된 문제를 남기며 사라진다. 그 결과 한편으로는 은나라 시대 갑골점(占)의 시행자 정인(貞人)에서 제자백가에 이르는 사상사의 흐름이, 다른 한편에서는 탈레스에서 아리스토텔레스에 이르는 고대 그리스 철학의 흐름이 간결한 표의 형식으로 단순화된다. 이 표의 형식을 좌표화하는 준거점으로는 세 가지 문제가 있다. 모임살이의 형식(사회의 문제), 논리의 방법(언어의 문제), 형이상학의 방법(존재의 문제) 등이 그것이다.[13]

1표와 2표는 모임살이의 형식으로서 정합적인 도시체제를 지향한다는 점에서 같다. 그러나 그 체제를 구축하는 논리에서는 상반

13) 박동환은 이 세 가지 문제를 중심으로 3표론의 전체 내용을 다음과 같은 하나의 표로 정리한다(3: 124 참조).

<table>
<tr><th colspan="2">모임살이의 형식</th><th>논리의 방법</th><th>형이상학의 방법</th></tr>
<tr><td rowspan="2">도시 체제</td><td>1표, 類들의 正體爭議</td><td>굴절어계의 類化</td><td>상대환원,
logocentrisme, 通分</td></tr>
<tr><td>2표, 類들의 集體不爭</td><td>고립어계의 類化</td><td>상대환원, 道通, 體會</td></tr>
<tr><td>자연 생태</td><td>3표, 類들의붙음살이</td><td>첨가 복합어계의 特化</td><td>절대환원, [ ]에
준거하는 함몰 또는 入沒</td></tr>
</table>

된 모습을 보여준다. 즉 1표는 유(類)들의 정체쟁의(正體爭議)를 통해, 2표는 유들의 집체부쟁(集體不爭)을 통해 정합성을 추구한다. 1표에서 유들은 서로 정의(dike)를 다투는 관계, 따라서 쟁의에 의한 심판을 기다리고 있다. 이런 쟁의의 상황 속에서 유들은 자신의 정체성과 권리를 정당화해야 한다. 이런 정당화는 결국 정의의 척도를 찾는 문제로 귀결되는바 고대 그리스 철학은 일관되게 그 척도를 동일보존 및 모순배제의 법칙에서 찾았다. 반면 2표에서 유들은 타자에 맞추어 자신을 조정하는 반구(反求), 혹은 타자의 보완점을 자신에서 찾는 대대(對待)의 관계에 있다. 서로 대립을 피하면서 원만한 전체를 이루려는 경향은 때로 무대(無待)의 관계를 연출한다. 1표에서 공적 질서의 정당성은 의도적으로 초래된 모순, 갈등, 쟁의의 상황 속에서 확인된다. 반면 2표에서는 쟁의가 지속적으로 배제되는 가운데 사회적 질서의 안정성이 확보된다.

이런 두 가지 도시적 삶의 형식은 형이상학적 차원에서 상대적 다름만을 인정한다는 점에서 다시 일치한다. 하지만 그 상대환원의 방법에서도 양자는 여전히 현격한 차이를 보인다. 즉 1표의 세계에서는 로고스중심주의와 통분(通分)의 방법이 발달하고, 그런 방법에 의거하여 유들의 정합관계와 도시체제가 구축된다. 반면 2표의 세계에서는 도통(道通)이나 체통(體會)의 방법이 그런 구축에 이르는 상대환원의 방법이다.

그렇다면 세 번째 표, 3표의 특성은? 때로 주변부 혹은 잉여지대라 불리기도 하는 3표의 세계는 도시문명의 바깥, 국가체제의 바깥에 해당한다. 그러나 인공적으로 구축된 도시와 국가의 울타리를 넘어서면 그것에 의해 가려져 있었던 원래의 울타리가 나타난다. 그것이 "무한 [ ]"(3: 114)이다. 자연의 존재론적 바탕이되 "빛으로 뚫을 수 없는 미지의 바탕"(3: 116). 생명체는 이 불가해한 "암호상자"를 기준으로 지각, 판단, 대응한다. 원시적 생명의 탐구행위나 정보수집을 인도하는 준거의 표는 이 상자에 있다. 3표의 세계는 "암호로 싸인 밤 [ ]"(3: 118) 안에서 펼쳐진다.

데리다의 해체론은 서양 형이상학의 울타리(clôture), 다시 말해서 형이상학의 논리-역사적 가능조건과 한계 그리고 그 운명을 설명할 울타리를 그리는 작업이다.[14] 박동환의 3표론에서 돌이켜보면, 해체론은 서양적 사유가 준거하는 마지막 표를 찾는 작업이었다. 반면 해체론의 관점에서 출발하면, 3표론은 동서 분기 이전의 야생적 사유(레비스트로스적인 의미의 pensée sauvage, 3: 31)의 마지막 울타리를 그리는 작업이었다.

헤겔과 하이데거는 그런 해체론적 의미의 울타리가 자각되는 역사적 현실을 "세계의 밤(Weltnacht)"이라 불렀다.[15] 서양적 사유가 위대한 하루의 노동을 끝내고 변신의 잠에 빠져드는 밤은 역사의 새로운 시작, 새로운 동트기를 기다리는 어떤 묵시록적 시간이다. 회상과 애도, 작별의 예식이 여기저기 축제처럼 벌어지는 밤. 새로운 사유가 거주할 미지의 대륙을 향하여 항해를 준비하는 밤. 사실 헤겔 이후의 서양 철학사는 동쪽으로 향하고 있다. 그러나 새로운 항해 속에 예감되는 철학의 동쪽은 어떤 곳인가? 그 땅은 마치 아메리카 개척자들의 눈에 들어왔던 신대륙과 마찬가지로 여전히 이방의 지

---

14) 데리다, 『그라마톨로지』, 김성도 옮김(민음사, 2010), 28쪽, 54-55쪽, 644-645쪽 외 여기저기; 졸저, 『해체론 시대의 철학』(문학과지성사, 1996), 186-198쪽 등 참조.
15) 헤겔, 『역사철학강의』, 권기철 옮김(동서문화사, 2008), 108-109쪽; 하이데거, 『숲길』, 신상희 옮김(나남, 2008), 395-400쪽, 469-470쪽, 479쪽 등 참조.

배자를 기다리는 땅, 서양적 로고스나 뮈토스의 후예가 주인공이 될 땅, 따라서 아직 주인이 없는 불모지에 닮았다. 서양의 탈근대론과 탈서양론이 가리키는 동쪽은 언제나 서쪽보다 더 먼 서쪽으로 남아 있다. 그것은 서양적 사유의 자기갱생이 일어나야 할 대지에 불과하다.

박동환 철학의 의미는 일단 이런 점을 교정할 관점을 제시한다는 사실에서 찾을 수 있다. 3표론은 철학의 동쪽에 거주하는 원주민의 존재를, 그들의 엄연한 권리를 천명한다. 나아가 서양적 사유가 기다리던 미래가 그들 원주민의 주권 아래 펼쳐질 가능성을 암시한다. 박동환 철학은 동쪽의 철학이다. 철학의 동쪽을 있는 그대로 긍정하는 최초의 철학. 이때 철학의 동쪽이란 아직 어떤 고유한 철학사가 전개된 적이 없는 지역을 말한다. 그것이 박동환적 의미의 동쪽, 박동하는 동쪽이다. 박동하는 동쪽. 왜냐하면 그 동안 그늘에 묻혀있던 야생적 경험과 거기에 내생하는 어렴풋한 관념들이 역사의 수레바퀴가 부여하는 새로운 기회에 따라 개념적 신체와 이념적 날개를 얻기 위해 막 깨어나고 있기 때문이다. 그것은 드디어 주류 사상사의 그늘에서 벗어나 새로운 주기의 철학사가 시작될 위대한 전회의 잠재력을 드러내는 장소이다. 3표는 그런 잠재력, 전혀 다른 백가쟁명을 폭발적으로 낳을 핵에 해당한다.

이런 세 번째 핵 또는 씨앗도 역시 1표나 2표와 마찬가지로 어떤 모임살이의 형식을 반영한다. 그 형식은 붙음살이에 있다. 자연생태의 삶은 약육강식의 논리가 여과 없이 관철되는 삶이다(3: 2). 붙음살이란 정확히 그 철저한 약육강식의 질서에 직접적으로 노출된 약자의 삶을 의미한다. 군림하거나 지배하지 않는 삶, 외래의 지배 이데올로기에 물들지 않은 삶, 그러나 수난 속에 연명되는 삶, 따라서 고정된 질서에 붙박인 정주적인 삶이 아니라 여기저기 정처 없이 떠도는 삶, 잡초처럼 이어지는 삶, 다시 말해서 어떤 기생적인 삶, 붙어먹고 사는 삶, 주변적인 삶. 그것이 붙음살이다.

그런 붙음살이에서는 쟁의의 상황과 자율적 주체를 전제하는 민주주의적 개방성 또는 수평적 개방성을 기대하기 어려울지 모른다. "자연생태의 사람들은 카리스마(karisma)에 의해 칸(Khan)과 부족, 왕초와 똘마니(오야붕과 꼬붕), 교주와 신도라는 관계로 무리를 지으며 칸, 왕초(오야붕), 교주가 거느리는 또는 대리하는 체제에 함몰하는 붙음살이를 한다."(3: 124)[16] 붙음살이를 정의하는 것은 어떤 함몰이자 그런 함몰을 가져오는 수직적 개방성이다. 정치의 차원에서 그것은 카리스마로 나타난다. 카리스마는 여기서 어떤 물리적 폭력이나 억압에서 오는 것이 아니다. 그것은 어둠의 초월자를 대리하는 능력에서 온다. 그러나 그 대리의 능력은 어디서 오는가? 자체소멸의 진리를 스스로 증빙하는 능력, 증빙할 수 있을 만큼 자기 자신을 부정하는 능력에서 올 것이다.

도시체제를 밑받침하는 형이상학적 방법은 미지의 절대자를 원환적으로 구축된 어떤 정합체계의 바깥으로 밀어놓거나 횡적으

16) 3표론에 대해 예상할 수 있는 어떤 저항이 있다면, 그것은 무엇보다 이런 지점에서 성립할 것이다. 3표론은 어떻게 민주주의 질서와 화해할 수 있는가? 또는 3표론이 함축하는 전혀 새로운 민주주의의의 가능성은? 이런 물음은 "철학자는 현재에 대해 말하지 않는다"(2: 32)는 입장을 고수하는 박동환의 철학을 현실 비판과 교정의 원동력으로 끌어올릴 수 있기까지 거쳐야 할 먼 거리를 암시한다. 이런 거리를 해소하기 위해서는 아마 3표 세계의 개체인 주변체에 대한 분석이 우선되어야 할 것이다. 우리가 이 글의 결론(5절)에서 제기하는 문제, 즉 주변체의 초월론적 정서로서 한(恨)을 설정하는 것과 관련된 문제는 그런 거리를 좁히는 하나의 디딤돌이 될 수 있을 것이다.

로 구축된 어떤 수평적 구도의 개방성을 통해 여과한다. 반면 자연생태에서 미지의 절대자는 어떠한 여과도 없이 개체에 수직적으로 작용한다. 그것이 함몰의 의미이다. 물론 개체는 그런 함몰에 저항하고, 저항하기 위해서 해석한다. 그러나 그 해석은 동일자에 의거한 환원도, 분류를 위한 일반화나 유화(類化)도 아니다. 통분이나 체통에 따르는 상대환원도 역시 아니다. 그것은 다만 특화와 변이를 거쳐 절대의 다름을 긍정하는 해석, 절대환원으로 이어지는 해석이다. 주변체의 삶은 "특화(specifying), 변이(variation), 입몰(入沒)이라는 절대환원의 단계"(3: 125)를 따른다.

이 절대환원의 단계는 어떤 폭력의 경제에 따른다. 존재의 마지막 울타리가 반증의 전치를 통해 경험된다면, 특화는 반증적 경험에서 일어나는 최초의 접촉과 능동적 포착을 가리킨다. 이 단계에서 개체 x는 미지자 X와 분절, 연합한다. 그러나 개체가 자신의 능동성을 극대화하여 붙든 절대의 힘은 다시 개체를 압도한다. 개체는 그 압도하는 힘에 말려들어 통제력을 잃어버리고 수동성에 빠져든다. 그것이 변이와 굴절의 단계이다. 특화와 분절은 개체 역량의 극대화에, 반면 변이와 굴절은 극소화에 해당한다. 개체는 이런 상반하는 두 경향 사이의 "격렬한 엇갈림, 곧 모순회전운동"(3: 122) 속에서 자신의 삶을 이어간다.

특화연합과 변이굴절이 교대하면서 일어나는 폭력의 경제. 그런 경제는 데리다의 해체론에서 차연이나 글쓰기라는 말로 집약된다. 들뢰즈의 초월론적 경험론에서는 극화(劇化)라는 용어로 개념화된다. 하이데거가 존재론적 차이나 사-건(Er-eignis)이라는 말로 표현하고자 한 것도 그런 폭력의 경제였다. 박동환은 그런 원초적 경제를 자연생태에서 개체가 살아가는 삶의 형식인 붙음살이에서 발견한다. 일견 저열해보일 수 있는 주변체 x의 삶, 특화와 변이를 반복하는 그 붙음살이는 미지의 울타리 X를 드러내는 가운데 지연, 왜곡, 전치하는 가장 탁월한 존재론적 사건 그 자체(Xx)[17]에 대한 이름이다. 일반경제 X와 제한경제 x 사이의 제3의 경제(Xx). 그러나 붙음살이를 규정하는 폭력의 경제는 점점 더 절대의 힘에 의해 주도되고, 마침내 개체는 물거품처럼 미지의 울타리 속으로 소멸해버린다. 이것이 절대환원의 마지막 단계인 입몰이다.

그 마지막 단계에서 주변체는 "유후(有厚)의 깊이"(3: 118)로 빠져 들어간다. 그러나 유후란? 그것은 존재론적 깊이 자체에 해당하고, 그 깊이는 소멸하는 것들의 무덤(그로타)과 같다. 그러나 또한 유후란? 그것은 사물의 존재를 이중화하는 두터운 그림자, 죽음의 그림자, 그리고 그것이 촉발하는 감정의 두께이다. 3표의 존재론이 유후의 존재론이라면, 유후의 존재론은 소멸의 깊이에 의해 중심화되고 죽음에 의해 삼투되는 존재의 비극적 구조를 가리킨다. 주변체는 그 존재론적 구조에서 필연적으로 발생하는 어떤 연무현상, 감정의 연무현상을 호흡하며 살아간다. 어떤 감정, 가령 한(恨)이 단순한 경험적 우연의 지위를 넘어 초월론적 정서(tränszendentale Affekt)로 승

---

17) 박동환은 최근의 미발표 원고 「Xx에 대하여」(2010.2.20)에서 자신의 초월론을 최종적으로 Xx라는 '핵 개념'으로 압축, 정리했다. 그러나 이 핵 개념은 박동환의 초월론만이 아니라 기존 동서 사상사의 모든 체계와 갈래, 모든 주요 개념들을 수렴, 압축하는 '미니멀 포인트'이자 새로운 철학사의 '빅뱅'이 일어날 수 있는 '원점'으로 제시된다. 그것은 세상 밖에 있으면서 세상의 모든 것을 들어올리는 '아르키메데스의 포인트'와 같다. 이에 대해서는 박동환이 자신의 학문적 여정과 야망을 회고하는 대담, 「가에로의 끝없는 탈주: 박동환의 철학적 문제」, 『東方學志』 151집(2010년 9월), 433-496쪽, 특히 463-467쪽과 493쪽 참조.

격될 가능성은 여기에서 찾을 수 있다.

5. $\mathcal{X}x$와 恨

철학자는 세계의 비극적 구조에 감도는 공포의 안개를 걷어내고 그 구조의 논리적 형식을 드러낸다. 반면 시인은 그 정서의 안개가 만드는 풍경 자체를 논리학만큼 냉혹한 시선으로 재현한다. 시인이 포착하는 것은 세계의 존재론적 구조가 자체적으로 분만하는 초월론적 정서이자 그 정서가 연출되는 극적인 장면이다. 그렇다면 박동환의 논리학에 상응하는 시적인 장면은? 그것은 여전히 기형도의 그로테스크 리얼리즘에서 구할 수 있다. 가령 그의 「빈집」을 유후의 깊이를 드리우는 [ ]나 존재의 비극적 구조 $\mathcal{X}x$, 혹은 이 구조 안에서 성립하는 절대환원(특화, 변이, 입몰) 등을 염두에 두고 읽는다면, 우리는 그 시적인 정확성에 놀라지 않을 수 없다.

사랑을 잃고 나는 쓰네

잘 있거라, 짧았던 밤들아
창밖을 떠돌던 겨울안개들아
아무것도 모르던 촛불들아, 잘있거라
공포를 기다리던 흰 종이들아
망설임을 대신하던 눈물들아
잘 있거라, 더 이상 내 것이 아닌 열망들아

장님처럼 나 이제 더듬거리며 문을 잠그네

가엾은 내 사랑 빈집에 갇혔네

「빈집」 전문[18]

칸트는 『실천이성비판』의 중요한 대목에서 법에 대한 존경의 감정을 이성에 내재하는 유일한 선험적 정서로 기술했다.[19] 그 존경의 감정을 선험적인 것으로 전제하지 않는다면 자율적 의지사용(이성의 자기규정)의 가능성을 정당화할 수 없고, 따라서 그에 기초하는 도덕의 가능성 전체가 붕괴되기 때문이다. 그러나 칸트가 대표하는 1표의 세계와 다른 세계, 3표 세계의 존재론적 구조에서는 초월론적 위상을 차지하는 정서가 달라질 수밖에 없다. 우리는 3표의 존재론과 기형도 시를 잇는 횡단선 위에서 한(恨)이 그런 초월론적 정서가 될 가능성을 생각할 수 있다. 「빈집」에는 소월과 만해가 살고 있다.

3표론의 관점에서 보면, 위의 시는 존재의 마지막 유래이자 한계인 X에 대해 주변체 x가 겪을 수 있는 여러 가지 관계와 그 관계 각각에 상응하는 감정들을 장면화하고 있다. X를 잡으려는 열망과

---

18) 이 시는 기형도의 세계에서 존재의 구조가 소멸에 의해 중심화되어 있음을 보여주는 많은 사례를 중의 하나이다. 우리가 결론 부분에서 인용할 「오래된 서적」 외에 다음과 같은 대목도 그의 작품에서 소멸이나 죽음이 차지하는 위치를 분명히 드러내고 있다.

> 휴일의 대부분은 죽은 자들에 대한 추억에 바쳐진다
> 죽은 자들은 모두가 겸손하며, 그 생애는 이해하기 쉽다
> 나 역시 여태껏 수많은 사람들을 허용했지만
> 때때로 죽은 자들에게 나를 빌려주고 싶을 때가 있다.
>
> 「흔해빠진 독서」 부분

19) 칸트, 『실천이성비판』, 백종현 옮김(아카넷, 2002), 170쪽(A 130) 참조.

좌절, 글쓰기를 통해 특화하려는 충동과 인내, 그 가운데 있었던 시련과 망설임, 비상과 추락을 거듭하는 변이와 굴절, 그와 더불어 회집되는 다양한 정서들과 거기서 움트던 시(視)의 가능성, 그리고 그 가능성과의 싸움에 함께하던 주변 사물들에 대한 기억들..... 위의 시에서 사랑을 잃는다는 것은 정념 속에 움트는 그런 시의 가능성을 잃는다는 것이다. 혹은 그런 가능성을 배태하는 정서적 회로를 잃는다는 것, 요컨대 삶의 향유 가능성 자체를 상실한다는 것과 같다. 그것은 가능한 특화와 변이의 주기 뒤에 오는 입몰의 사건에 해당한다. "사랑을 잃고 나는 쓰네/ (...) 장님처럼 나 이제 더듬거리며 문을 잠그네/ 가엾은 내 사랑 빈집에 갇혔네."

빈집 [ ]로의 갇힘. 그리나 '나'는 또한 스스로 문을 걸어 잠근다. 이는 자신의 좌절을 존재의 자기소멸적인 구조 속에 가두는 행위이다. 그것은 빈집 [ ]에 고유한 암흑의 개방성, 그것의 수직적 개방성 안에 자신을 강제로 폐쇄한다는 것과 같다. 사건은 이 폐쇄와 더불어 일어난다. 결론적으로 말해서 그것은 혼돈이 질서로, 정념론이 기하학으로 전도되는 사건이다. 우리는 여기서 이전과 이후를 가르는 선, 다시 말해서 시적인 의미가 발생하는 표면을 목격한다. 그 경계선은 정념론의 차원에서 경험적인 것과 선험적인 것을 나누는 선과 같다. 그 선을 지날 때 정서는 개인과 분리되어 객체화된다. 한의 차원에서 그 경계선은 맺힘과 풀림, 묶기와 풀기 사이에서 성립한다. 참을 수 없이 무거웠던 한은 그 사이를 지날 때 미치도록 가벼운 정서가 된다.

위의 시 중간 부분에서 반복되는 '잘 있거라'로 표현되는 것처럼, 입몰의 운명에 대한 자각과 그에 대한 몰입은 어떤 작별의 예식을 통과한다. 그것은 경험적인 것, 따라서 시간적인 모든 것에 대한 작별이다. 그러나 그 가운데 새로운 감정이 모습을 드러내고 있다. 경험적인 모든 것을 단일한 소멸의 구도 속에 호명하고, 호명하면서 구제하는 이 새로운 감정은 경험적인 차원을 넘어선다. 그것은 소멸의 혼란을 유후의 깊이 속에서 일어나는 질서정연한 소멸로서 경험하기 위해 전제해야 하는 감정이다. 기형도의 "모든 것이 엉망이다, 예정된 모든 무너짐은 얼마나 질서정연한가"(「오후 4시의 희망」 중)라는 시적 서사의 배후에는 그런 경험 선행적인 정서가 자리하고 있다. 이런 정서를 설명하기 위해 니체가 언급했던 운명애(Amor fati)를 끌어들여도 좋다. 그 사랑은 모든 위대한 창조의 가능조건이자 존재론적 경험의 가능조건에 해당하는 정서, 특히 존재 일반의 긍정으로 이어지는 영원회귀 경험의 가능성과 결부된 사랑이다.[20] 그런 의미에서 그것은 초월론적 사랑에 해당한다. 위의 시를 시로서 일으켜 세우는 극적인 구조는 그런 두 종류의 사랑, 경험적 사랑과 선험적 사랑이 교차하는 데 있다.

한(恨)의 논리적 구조는 이런 역설적 교차에 있다. 한편에서 보면 한은 도저히 넘을 수 없는 장벽(艮)에 막혀 움직이지 못하는 마음(心), 정지된 가운데 차갑게 응어리지는 마음과 시선, 요컨대 사랑의 가능성을 상실한 맹목의 고통이다. 한 맺힌 마음에는 눈물도 소용이 없다. 정서의 회로가 이미 마비되었기 때문이다. 그러나 다른 한편 한은 움직이는 마음이다. 마음은 지독한 고통에서 탈출하기 위해, 이제 무의미해진 모든 경험적 희노애락의 대상들과 이별하기 위해 움직인다. 한이 3표 세계에서 치유의 원리이자 미학적 원리일 수 있는

20) 니체, 『즐거운 지식』, 안성찬 · 홍사현 옮김(책세상, 2005), 276절, 341절; 『차라투스트라는 이렇게 말했다』 3부, 「해뜨기 전」 등 참조.

가능성은 이 분리가 어떤 폐쇄 속에서 일어난다는 데 있다. "장님처럼 나 이제 더듬거리며 문을 잠그네." 소월의 노래 "죽어도 눈물 아니 흘리오리다"(「진달래꽃」 중) 역시 그런 자발적 폐쇄의 논리 안에서 펼쳐지고 있다.

이 폐쇄는 개인이 경험했던 상대적 부정을 [ ]의 절대적 부정 속에 가두어 용해, 순화하는 절차이다. 전회는 여기서 일어난다. 그것은 한이 주체와 분리되어 탁월한 객체적 존재자로 다시 일어서는 사건, 다시 말해서 자체소멸의 운동 속에 어떤 시공간적 구도를 만드는 사건이다. 여기서 마음은 [ ]의 폭력적 개방성 안에서 전율하되 자신의 고통을 뿌리를 드러낸 세계의 존재론적 고통 안에서 수긍할 가능성을 획득한다. 그것은 부정과 긍정이 교차, 반복하는 다짐의 계기이다. 이때 자체적으로 풀려가는 한의 감정은 스스로 고개를 끄덕이는 감정, 춤추는 감정이 된다. 그리고 그 춤 속에서, 그 춤을 통하여 경험적 정서 일반이 자유롭게 유희할 수 있는 공간을 창출한다. 그 공간은 특수한 좌절의 경험이 존재론적 비극의 일부로 연출되는 무대이자 경험에 속한 모든 것이 소멸의 진리 속에 평등하게 현상하는 무대이다. 그런 점에서 그것은 어떤 초월론적 평면에 해당한다. 그것은 감정의 드라마가 존재의 드라마와 겹치면서 어떤 유후의 두께를 획득하는 평면이다. 한은 그런 평면을 낳는 어떤 시공간적 간격화나 도식화의 원리, 다시 말해서 초월론적 정서이다.

이런 관점에서 볼 때 한은 제자리에서 경험적인 차원과 선험적인 차원을 오가며 널뛰기 춤을 추고 있다. 한은 널뛰기 춤과 같은 어떤 자기자극 운동, 자기함량 운동이다. 경험과 선험, 묶기와 풀기 사이를 왕복하는 그 제자리 뛰기는 결코 주체성의 비중을 더해가는 절차가 아니다. 오히려 반복적인 다짐을 통해 자신을 타자로 전도시키는 자기 객체화 운동이자 자신을 비우는 자기해체 운동, 나아가 존재의 자체분석과 하나를 이루기 위해 빈집 [ ]로 몰입하는 자기 주변화 절차이다. 이 주변화 절차는 수직적 초월성을 견디는 어떤 광기 속에서 마침내 굿판 같은 무대를 맞이한다. 존재론적 리듬과 장단에 맞추어 자유로운 감정의 유희가 일어날 수 있는 굿판. 그런 굿판이 열리는 순간 한이 풀리기 시작한다. 한이 풀린다는 것은 그것이 맺힐 때 마비되었던 정서적 회로가 새로운 형태로 복구된다는 것과 같다. 이런 결말은 존재의 자체분석을 자기 안에 반복, 연출하는데 따른 귀결이다. 한이 치유의 차원 못지않게 미학적 차원과 분리되어 정의될 수 없는 이유는 여기에 있다.

칸트가 1표 세계의 도시적 군집을 조건짓는 초월론적 정서로서 도덕법칙에 대한 존경을 가리켰다면, 니체는 그것을 양심의 가책(schlechte Bewußtsein)에서 찾았다.[21] 즉 자연 상태에서 외부로 향하던 본능적 충동이 도시적 체제에서는 개체의 내면으로 향한다. 자유로운 외향적 발산이 금지된 공격적 본능은 안으로 향하여 개체 자체를 물어뜯게 된다. 인간이 동물의 세계에서 벗어나 문화의 세계로 들어가기 위해 갖추어야 하는 의식과 양심의 기원은 여기에 있다. 의식은 그런 자기 학대와 내향적 공격이 반복, 심화되면서 비로소 생겨났고 그에 비례하여 내면적 부피를 키워갔다. 자발적으로 도덕 법칙을 따르는 양심적 자아, 그리고 그것을 수반하는 죄책감은 그런 심화된 자기학대의 마지막 귀결에 불과하다. 그렇다면 1표가 아니라 2표 세계의 실천적 행위나 존재이해가 전제해야 하는 초월론적 정서

21) 니체, 『도덕의 계보』, 김정현 옮김(책세상, 2002), 제2논문, 특히 16-18절 참조.

는? 우리는 공자의 인(仁)이나 성리학의 4단(四端)을 아마 이런 물음에서부터 접근해야 할 것이다. 조선 유학자들이 몇 백 년 동안 이어간 사단칠정(四端七情) 논쟁은 초월론적 정서를 둘러싼 다양한 의견이 진리를 다투던 싸움이었다. 이제 그 논쟁은 한의 논쟁으로 이어져야 할 것이다.

경험적 차원에서 한은 이미 원한이나 증오 혹은 복수의 감정과 구별된다. 한은 복수에 의해 풀리는 것이 아니라 극적인 연출, 감정의 드라마와 존재의 드라마를 일치시키는 연출을 통해 풀린다. 한이 어떤 광기를 포함하되 단순한 광기가 아닌 이유도 여기에 있다. 한은 마지막에 가서 자체분석에 도달하는 광기, 해소되고 있는 중의 광기, 해소되는 가운데 새로운 정서적 향유의 가능성(사랑)을 분만하는 광기이다. 그렇다면 이런 독특한 의미를 갖는 한은 3표 세계의 초월론적 정서라는 자격에서 어떻게 존경이나 양심 같은 1표 세계의 선험적 감정과 구별되는가? 인이나 4단 같은 2표 세계의 기본 정서와는 또 어떻게? 한은 왜 3표 세계의 삶의 형식인 붙음살이의 선험적 가능조건에 해당하는가? 어쩌면 한은 자기자극 운동을 포함한다는 점에 양심이나 인(克己로서의 仁)과 유사할 것이다. 그러나 다른 종류의 선험적 정서들과 비교되는 한에서 한의 고유한 특성은? 게다가 한을 주변체의 초월론적 정서로서 상정할 때 예상되는 윤리학이나 정치학은 무엇일 수 있는가? 나아가 그것에 기초한 상상력 이론과 미학은?

우리는 이렇게 꼬리를 물고 이어지는 물음들을 따라 박동환의 3표론이 가리키는 땅, 그 3표 세계의 구체적인 지형을 더 깊이 탐사해 들어갈 수 있을 것이다. 다시 강조한자면 박동환 철학은 박동하는 동쪽의 철학이다. 3표론의 역사적 의미는 철학의 동쪽을 처음으로